CHINA FINANCE 40 FORUM

中国金融四十人论坛

致力于夯实中国金融学术基础，探究金融领域前沿课题，引领金融理念突破与创新，推动中国金融改革与发展。

破局

中国经济如何
于变局中开新局

黄益平◎主编

中国友谊出版公司

图书在版编目（CIP）数据

破局：中国经济如何于变局中开新局 / 黄益平主编
. -- 北京：中国友谊出版公司，2021.1
ISBN 978-7-5057-5021-0

Ⅰ. ①破… Ⅱ. ①黄… Ⅲ. ①中国经济－经济发展－
研究 Ⅳ. ①F124

中国版本图书馆CIP数据核字（2020）第201066号

书名	破局：中国经济如何于变局中开新局
作者	黄益平
出版	中国友谊出版公司
策划	杭州蓝狮子文化创意股份有限公司
发行	杭州飞阅图书有限公司
经销	新华书店
制版	杭州真凯文化艺术有限公司
印刷	杭州钱江彩色印务有限公司
规格	710×1000毫米　16开
	20印张　255千字
版次	2021年1月第1版
印次	2021年1月第1次印刷
书号	ISBN 978-7-5057-5021-0
定价	58.00元
地址	北京市朝阳区西坝河南里17号楼
邮编	100028
电话	（010）64678009

中国金融四十人论坛书系
CHINA FINANCE 40 FORUM BOOKS

中国金融四十人论坛书系专注于宏观经济和金融领域，着力金融政策研究，力图引领金融理念突破与创新，打造高端、权威兼具学术品质与政策价值的智库书系品牌。

中国金融四十人论坛是目前中国最具影响力的非官方、非营利性金融专业智库平台之一，专注于经济金融领域的政策研究与交流。论坛正式成员由40位40岁上下的金融精锐组成。论坛致力于以前瞻视野和探索精神，夯实中国金融学术基础，研究金融领域前沿课题，推动中国金融业改革与发展。

自2009年以来，中国金融四十人论坛书系及旗下新金融书系、浦山书系已出版100余本专著。凭借深入、严谨、前沿的研究成果，该书系在金融业内积累了良好口碑，并形成了广泛的影响力。

代　序

改革和开放是保持持续增长的关键

2020年岁末，中国经济再次站在了一个历史的关口。2019年年底，一场百年未遇的疫情突然袭来，对全球经济的冲击甚至超过了90年前的大萧条。截至2020年10月底，全球新冠肺炎确诊病例达到4600万例。中国虽然在疫情暴发初期采取强有力的封城与隔离措施，很快控制住了病毒的传播，国内生产总值增速也从第1季度的-6.8%恢复到第3季度的4.9%，但疫情的阴影依然笼罩在中国经济的上空，欧美一些国家正在经历疫情的第二波反弹，国内个案病例也时有出现。什么时候人类才能彻底摆脱新冠肺炎的影响，还是一个未知数。

更大的挑战来自国际经济环境的变化。由于国际经济环境变得更为复杂，各国的全球化政策也随之发生了一些变化。过去4年来，特朗普总统领导下的美国不仅处处突出"美国优先"政策，更是对中国挑起全面的贸易争端——不仅对进口的中国产品征收高额关税，还一再制裁中国的科技企业。与此同时，中国也从早年的低收入国家成长为今天的中高收入国家，从小国经济发展成为大国经济。因此，中国对外贸易与投资的增长，已经面临更为复杂的国际市场环境。未来经济的可持续增长很难继续依靠国际需求来推动。

2020年既是"十三五"规划的收官之年，也是全面建成小康社会、实现第一个百年奋斗目标的关键时间点。过去5年，中国的经济实力、科技实力和综合国力大幅提升，脱贫攻坚战成果举世瞩目，5500多万农村贫困人口实现脱贫。十九届五中全会提出了到2035年实现社会主义现代化的远景目标，争取人均国内生产总值达到中等发达国家水平。

从长期看，成功"破局"的关键是实现可持续的经济增长。决策层提出的两条主要应对之道：一是构建以国内大循环为主体，国内国际双循环相互促进的新发展格局；二是把科技自立自强作为国家发展的战略支撑，深入实施科教兴国战略、人才强国战略、创新驱动战略，完善国家创新体系，加快建设科技强国。直白地说，既然国际市场环境变得更为复杂、困难，而国内已经形成了超大规模的市场，那么将来的经济增长可以更多地依靠内需拉动，同时实现国内、国外两个循环之间相互促进。而所谓"循环"，就意味着不仅仅是需求端的问题，而是供需双方的良性互动。供给侧的关键是创新，过去中国经济增长依赖低成本优势，现在人均国内生产总值已经超过一万美元，增长模式需要从要素投入型转向创新驱动型，唯有如此，才能通过持续性的产业升级实现长期增长。

上述两条应对之道，非常及时，也很恰当。但在实施过程中需要谨慎从事，国际投资者担心双循环演变成新的"闭关锁国"，担心"科技自立"引发更多的政府对资源配置的干预。从大的方向上看，这样的担心并无必要，但在具体的执行过程中，这类风险可能是实实在在存在的。而消除这类担忧、减少这类风险的有效做法则是坚持市场化的原则。

1978年以来中国经济创造了一个经济奇迹，背后的促成因素非常多，但概括起来就是"改革"和"开放"两条。现在国内、国际经济条件发生了一些变化，所以在具体的政策安排上也需要做出相应的调整，但改革、开放的政策大方向不应该改变，在重视国内经济大循环的同时，要努力构建经济开放的新格局。在实现科技自立自强的同时，也不能放弃技术与资源的市场化配置基本原则。

从短期看，成功"破局"还取决于如何走出新冠肺炎疫情的阴影。在各国经济持续下滑的情况下，中国经济快速复苏，这是一件值得自豪的事情。但这也意味着中国经济的国际环境依然面临着巨大的挑战，中国经济与多个发达经济体，特别是美国经济的差距进一步缩小，这有可能会触发更大的双边矛盾。这些关系都需要小心调节。与此同时，世界各国在新冠肺炎疫情期间出台了许多"不计一切代价"的政策措施，包括超常的货币政策和激进的财政政策，在大危机的背景下，这些做法都是理所应当的。但这些政策将来能不能平稳退出，会不会造成新的危机，值得我们密切关注。

我国政府也在疫情期间采取了许多措施支持中小微企业，为维持社会与经济的稳定做出了重要贡献。货币政策相对稳健，财政政策变得比较积极，只不过我国的政策性责任主要落到了金融机构特别是银行的肩上。银行发放了大量的中小微企业贷款，甚至尽可能做到"应续尽续"，虽然这也算是中国特色的稳经济政策机制，但政府并没有明确承诺承担相应的财务后果。如果2021年上半年这些贷款的质量出现问题，不仅可能影响银行业的稳定，同时也会影响金融支持实体经济的能力。

中国经济在40多年的改革期间取得了举世瞩目的成就，目前正处于从努力实现第一个百年奋斗目标转向努力实现第二个百年奋斗目标的关键时刻。行远自迩，眼下的当务之急是控制住疫情、增强内需、建设创新能力，一步一个脚印地沿着改革、开放的道路走下去。

中国金融四十人论坛学术委员会主席　黄益平

2020年10月31日

目
录

全球经济下半场

对未来中国经济怎么看

金融市场危与机

房地产业变局

供应链如何破局

新经济，新机会

资产管理新拐点

高度不确定性下的政策制定

战略部署新重点

01

全球经济下半场

"大流行病"下全球各国经济走势[①]

CF40成员　孙明春[②]

疫情大流行

受新冠疫情在全球扩散的影响，全球金融市场近期出现了剧烈波动，绝大多数风险资产价格暴跌，一些避险资产的价格也出现大幅度波动。但整体而言，一改2019年全球风险资产与避险资产价格比翼双飞的现象，2020年前两个月风险资产价格整体下跌，而避险资产价格则普遍上扬（见图1-1）。

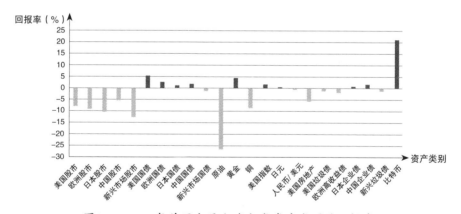

图1-1　2020年前两个月全球大类资产类别的回报率

数据来源：彭博，海通国际

金融市场短期内的走势难以预测。风险资产价格暴跌之后，市场出现强劲反

---

①本文写作于2020年3月3日。
②作者系海通国际证券集团有限公司首席经济学家。

弹并不意外，但其可持续性如何，最终将取决于疫情的发展、全球经济受疫情影响的程度、各国政府及中国人民银行（央行）的政策应对，以及市场对这些政策效果的评估。

新冠疫情下的全球经济前景

新型冠状病毒性肺炎疫情发生前，全球经济正处于下行周期中，许多经济体处在衰退边缘。疫情的扩散对此无疑是雪上加霜，很可能会把全球经济迅速推入衰退之中。

◎ 世界第2～10大经济体

疫情发生前，经济学家已普遍预测，世界第二大经济体中国的实际国内生产总值（GDP）增长率将于2020年"破六"，这将是30年来的第一次。而2019年第4季度，第三大经济体日本的实际GDP大幅度下跌6.3%（环比折年率）；第四大经济体德国和第五大经济体英国的实际GDP都是环比零增长；第六大经济体法国的实际GDP仅增长0.9%；第七大经济体印度的实际GDP增长率4.7%，为7年来最低；第八大经济体意大利的实际GDP环比下降0.3%，全年仅增长0.2%；第九大经济体巴西尚未公布2019年第4季度的GDP增长率，市场对其2019年全年增长预期仅为0.9%；第十大经济体加拿大的实际GDP环比折年率仅增长0.3%，几近为零。

显然，在疫情发生之前，这九大经济体中，有6～7个已徘徊在衰退边缘。目前受疫情影响最大的是第二大经济体中国。由于病毒传染性很强，防控疫情的最有效手段就是加强人员间的隔离、减少人群的聚集，但这些措施对生产和消费活动造成了巨大打击。2020年2月，中国的制造业采购经理人指数（PMI）从50暴跌到35.7，非制造业PMI从54.1暴跌到29.6。这些数据都是中国历史最低，显示防控疫情的隔离措施严重拖累了经济活动，其中尤其对服务业打击惨重。

截至2020年3月，世界第三大经济体日本、第四大经济体德国、第六大经济体法国和第八大经济体意大利已成为新冠疫情的重灾区，各国确诊人数都超过100例，而且还在迅速攀升。而英国、印度、巴西、加拿大这4个经济体虽然目前确诊人数有限，但如果中国、日本、德国、法国、意大利等国的经济大幅放缓，那么在经济高度全球化的今天，其他经济体也很难独善其身。

◎ 世界第一大经济体：美国

在世界前10大经济体中，只有美国在2019年表现亮眼，实际GDP增长率达到2.3%，失业率处于50年来最低，通货膨胀温和，低失业率与低通胀率形成多年罕见的"梦幻组合"。与此同时，2019年美国房地产价格与股市指数也屡创新高，直至2020年2月中旬，金融市场都是一片乐观与繁荣。

美国经济在过去11年里实现了历史上最持久的复苏，这主要得益于2008年世界金融海啸之后美国政府财政刺激、利率下调、"量化宽松"（QE）等一系列扩张性财政与货币政策。美国联邦储备系统（美联储）的减息与量化宽松政策除了通过降低融资成本来增强投资与消费的愿望，更重要的是通过推升债券、股票、金融衍生品与房地产等资产价格来帮助家庭、企业和金融机构修复其资产负债表。这些政策让美国既避免了一场日本式的旷日持久的"资产负债表衰退"，又快速恢复了企业部门的投资能力和家庭部门的消费能力。唐纳德·特朗普（Donald Trump）当选总统后，又推出高达1.5万亿美元的减税举措。但是这种顺周期的政策虽然延续了美国经济扩张的时间，却加大了"寅吃卯粮"的风险，透支了未来的经济成长空间与财政政策的应对空间。

另外，由于美联储宽松货币政策的支持，美国过去10年来资产价格的大幅度上涨也带来了巨大的"财富效应"——刺激了消费，促进就业率和人均收入的增长，并形成良性循环。例如，美国股市总市值已从2007年上一轮牛市高点的19万亿美元上升到此次金融市场暴跌前的36万亿美元，几乎翻了一番；比起2009年初金融海啸最低点时的9万亿美元更是翻了两番（+300%）。然而，靠"财富效应"推动的经济成长很容易超调，不可能长期持续。一旦反转，也很容易形成恶性循环并出现超调①，导致宏观经济与资产价格的大起大落。

考虑到这些因素，在美国经济一派大好的表面之下，也隐藏着诸多令人不安的暗流。实际上，在过去几个季度里，美国一些领先指标已现疲态。例如，2019年第2季度起美国的私人投资连续3个季度下降，同年第4季度环比下降6.0%（季节调整后折年率）；其中企业基建投资在2019年第1季度到2020年第2季度的这6个季度中有5个季度负增长，2019年第4季度跌幅达8.1%；企业设备投资也连续2个季度下跌。然而，多项调查却显示，未来计划增加资本支出的美国企业还在减少。2019年第4季度美国商业圆桌会议（The Business Roundtable）首席执行官调查显示，美国企业未来6个月的资本支出计划已连续7个季度下降，从2018年第1季度的峰值115.4降至2019年第4季度的64.5。各大区联邦储备银行的调查也显示类似情形。

与此同时，美国生产和就业的相关数据也开始趋于弱势。工业生产月环比增长率已连续5个月下降。美国供应管理协会（ISM）制造业采购经理人指数近一年来以来一直呈下降趋势。最新的就业机会和劳动力流动调查（JOLTS）显示，就业市场上的非农就业机会总数从2019年1月的760万峰值下降至2019年12月的642万。尽管这一水平仍然不低，但较2018年下降了14%，创下2009年以来的最大跌幅。这表明就业的二阶导数已经为负。如果趋势延续，劳动力市场降温，那么就业和收入增长将面临挑战，而消费的可持续性就值得怀疑了。

---

① 超调（overshooting），即调整过度。

上述数据表明，美国经济前景并没有金融市场期望的那么乐观。2019年第3季度，美国国债收益率曲线一度倒挂，引发了投资者对经济衰退的担忧。即便在疫情发生之前，2019年8月纽约联储银行就根据10年期国债与3个月国债的收益率利差预测，未来12个月内美国经济衰退的概率最高达38%（高点在2020年8月）。在过去60年里，这个模型预测的衰退概率将8次超过30%，其中除1967年那次，在其他7次发生之后的1~2年里，美国经济都陷入了衰退。这也是2019年美联储在"梦幻组合"般的经济环境下还3次降息的原因吧！

经过美联储2019年第4季度以来的一系列操作（主要是给货币市场注入了5000亿美元的流动性），美元短期利率大幅度回落。再加上市场对经济前景的信心改善，国债收益率曲线一度恢复正常。但好景不长，由于投资者担心新冠疫情在全球扩散，近期美国长期国债收益率再度跳水，10年期国债收益率最低跌至1.0%，连续刷新历史新低，国债收益率曲线也再度倒挂。从历史数据看，每次美国国债收益率曲线出现倒挂后的1~2年里，美国经济几乎都陷入衰退。考虑到新冠疫情的"杀伤力"，估计如今美国也很难逃脱这一魔咒。

另外，美国总统大选在即，相信2020年美国的政治舞台将上演一场大戏。鉴于中美贸易战的长期性和艰巨性已成共识，无论共和党还是民主党候选人，都不可能在大选之年对中国采取温和态度。这意味着，虽然中美之间签署了第一阶段的贸易协议，但中美贸易战的硝烟并未散尽，甚至有可能狼烟再起。这些政治上的不确定性与新冠疫情一起左右着企业家信心和其生产、投资、雇用决策，成为美国经济今年"不进则退"的主要因素。

最后，如果美股及各类资产价格的下跌持续，前文提到的美国经济成长中的"财富效应"也会从正反馈转变为负反馈，削弱消费这一美国经济中独立支撑的引擎，加速就业市场降温，形成恶性循环。如果疫情在美国（和全球）扩散，迫使各类生产和消费活动放缓（即便不像中国式的停滞）的话，美国经济这几年靠资产价格、财富效应、消费、就业所形成的良性循环很快会逆转，美国经济在 1～2个季度内陷入衰退的概率将大幅度上升。这应该是近期美国长期国债收益率大幅度下降与美股遭遇恐慌性抛售的主要原因。

如果世界第一大经济体美国陷入经济衰退，或者哪怕只是一个季度的环比负增长，考虑到全球经济的联动性及美国作为大国经济的外部性，那么本已徘徊在衰退边缘的其他主要经济体估计很难逃脱衰退的命运。在这种情况下，全球前十大经济体中很可能有7～8个在2020年就会陷入衰退之中，能避免衰退的可能只有中国和印度。

大变局下的全球政策应对与效果评估

在新冠疫情来势汹汹、全球金融市场大幅度波动的背景下，各国政府和中央银行都在密切关注事态的发展，并已开始采取必要的措施防控疫情、稳定经济、维护社会公众和投资者信心。除中国内地外，新加坡、日本、意大利、中国香港等经济体已经采取紧急措施来防控疫情，并推出一些纾困措施来帮助本地居民、企业和金融机构渡过难关。美联储主席及欧洲中央银行的行长也声称会视形势进展采取必要的行动，试图稳定市场情绪。

然而，新冠疫情对经济的影响不只是需求侧的消费与投资活动停滞，还包括供给侧的生产停滞和交通阻断，因此会在供需两侧同时对经济造成冲击。在防控疫情扩散的背景下，货币政策放松只能刺激需求，却无法提振供给，反而有可能引发短缺和通货膨胀，导致停滞性通货膨胀（滞涨）。对此，各国央行行长应该心知肚明。因此，货币政策放松只是为了维护市场信心所做的姿态，或是防止金融体系出现流动性干涸和资金流断链而采取的防守性举措，对此不可期望太高。

实际上，考虑到欧洲、日本等许多经济体的政策利率及国债收益率已经为零甚至为负，美国的政策利率也在低位，国债收益率也屡创历史新低，通过减息来应对此轮经济衰退的空间已非常有限。而量化宽松政策所带来的资产荒与资产价格泡沫的问题这些年已在全球经济、社会及政治领域制造了许多副产品，危害性极高，在通胀缺失的情况下尚可维持，但如果疫情带来的是全球滞涨的环境，量化宽松政策可能不得不以沉重的代价退出历史舞台。

在疫情背景下，财政政策（尤其是给企业和家庭纾困的福利性政策）才是最有效的应对手段。然而，除了中国、德国等少数经济体外，全世界大部分经济体的政府债务都已不堪重负。许多经济体的政府或许有能力一次性增加财政开支来为企业和家庭纾困，但在此之上通过额外的财政支出刺激经济的空间却非常有限。诸如意大利、西班牙这种经历了上一轮欧洲主权债务危机、债务负担较重、经济增长比较疲弱，且目前已经受到新冠疫情冲击的经济体来说，搞不好会因此引发新一轮的主权债务危机。

总之，我们认为，在新冠疫情的背景下，全球各国政府和央行应对冲击的政策工具相当有限。在全球金融海啸之后，各发达国家的政府和央行已竭尽全力来刺激经济、稳定金融市场，这严重透支了它们应对未来冲击的政策空间。即便如此，全球经济（尤其是发达经济体）的增长在过去10年依然疲弱，很多经济体至今尚未摆脱通货紧缩的阴影。因此，在新冠疫情的冲击下，这些经济体的政府和央行很可能无力应对，而只能象征性地采取一些措施。

最重要的是，无论是货币政策和财政政策，都无法制止疫情的扩散。只要疫情得不到有效防控，生产、消费活动不能正常进行，再多的财政与货币刺激都是无源之水、无本之木。只有疫情得到控制之后，财政与货币政策对经济的刺激才会产生可持续的效果。这是本次冲击与传统的经济与金融危机最本质的不同。

对投资者的启示

前述分析表明，新冠疫情演变成为一场全球性的"大流行疾病"，除了经济影响和市场影响之外，对各国的社会、政治、文化甚至国际关系也可能产生冲击，其演变很可能是非线性的。因此，投资者在过去10多年全球量化宽松背景下所积累的投资经验很可能并不适用。在当前形势下，投资者切忌刻舟求剑，对未来事态的发展要做好最坏打算，把困难估计足。

其实，除了新冠疫情，投资者需要意识到，2020年的全球宏观环境还存在着许多其他风险和挑战。美国总统大选、中美关系、英国退欧谈判、澳大利亚山火、极端气候事件、原油价格低迷、印度骚乱、土耳其/叙利亚军事危机、意大利的财政可持续性、伊拉克局势、美国/伊朗关系、法国"黄马甲"示威、西班牙加泰罗尼亚的独立运动、南美国家（如智利、玻利维亚、委内瑞拉等）的政治稳定及时不时制造"国际噪音"的朝鲜等，都有可能成为2020年的一只又一只"黑天鹅"。

当然，经历上周的市场暴跌和本周的强劲反弹，投资者"抄底"的愿望非常强烈。作者认为，由于各国政策刺激的空间有限，假使疫情能较快结束，之后的经济复苏力度很可能没有市场预期的那么强，企业盈利的复苏也很可能令人失望。因此，在抢反弹之后，投资者可能不得不面对现实，并调整对后市的预期。

疫情冲击下的美国资本市场①

CF40成员　王庆②

全球金融市场巨幅震荡

疫情的冲击使得全球资本市场产生巨幅波动。从资产价格的表现上看，这次冲击跟历史上的任何一次都不太一样，值得我们深入分析。产生差异性的原因在于，全球当前正在经历两类冲击：一个是公共卫生冲击，另一个是宏观经济冲击。冲击的叠加带来了巨大的不确定性。公共卫生方面，政府应当如何防控疫情且防控措施是否得当是不确定的；宏观经济方面，全球面临的短期冲击巨大，宏观政策能否应对得当及政策的效果如何同样是不确定的。这两类罕见的冲击叠加在一起，使得不确定程度更加巨大。

大的不确定性背后往往蕴藏着危机。当前，多重危机可能已经发生或正在发生，将来还有可能演变成更大的危机。从危机传导的链条上看，公共卫生危机将可能导致经济危机，经济危机又会导致资本市场的流动性危机，进而引发金融危机，而金融危机又会进一步引起经济危机加剧。对于疫情冲击会不会演变成类似1929～1933年美国大萧条的经济危机，或者类似2008～2009年的全球金融危机，暂时还不好判断，但存在可能性。并且，当前这一可能性越来越大，对此大家普遍存在担忧。总而言之，全球正处于多重风险集中爆发的时刻。

---

①本文为作者在2020年3月22日CF40双周内部研讨会第282期"疫情冲击下的资产配置、资本流动和汇率形势"上所做的主题演讲。
②作者系上海重阳投资管理股份有限公司总裁。

美国资本市场存在深层次脆弱性

尽管上述多重风险的源头是本次疫情的冲击，但"苍蝇不叮无缝的蛋"。从疫情冲击发展到全球流动性危机，背后一定存在深层次的结构性问题。

经济层面，在疫情暴发以前，美国乃至欧洲主要国家的经济便处在持续的低迷状态中，即便有一些复苏的迹象也并不明显。当疫情迅速扩散之后，对全球经济产生了非常巨大的冲击。随之，各研究机构纷纷调整了对中国、美国及全球经济增速的预期。全球经济的脆弱性是显而易见的。

资本市场内在同样存在着脆弱性和不确定性，且主要集中表现在信用市场和股票市场两个领域。而这两个市场又彼此相互影响，下面以美国为例来进行说明。

美国资本市场的脆弱性值得我们关注。一方面，信用市场的脆弱性长期被忽视，杠杆贷款（leveraged loan）恐怕是这个体系中最脆弱的部分。一旦杠杆贷款市场的风险暴露，其影响力和破坏力甚至堪比2008年世界金融危机期间的按揭次级债。杠杆贷款，简而言之就是提供给信用资质本身比较弱的机构的贷款，类似债券市场里面的"垃圾债"。目前，美国杠杆贷款的体量是非常大的，存量贷款的总规模不断上升。

存款贷款又可以分为三类：第一类是银行贷款，通常是提供给工商企业开展经营活动使用；第二类是非银行机构的杠杆贷款；第三类是私人直接贷款。2008年以来非银行机构的杠杆贷款规模快速增长，到2018年时已经超过了1万亿美元。这类贷款通常并不会用于支持工商业活动，多数实际上是用于资本市场运作，例如企业并购或者股票回购。杠杆贷款的融资成本比较高，因此只有用于资本运作这类高收益率活动，才有可能覆盖它的融资成本。从某种程度上说，杠杆贷款的大量积累本身就体现了实体经济的脆弱性，实体经济的投资回报率是难以支撑起如此高额的融资成本的。随着杠杆贷款规模的快速增长，贷款的内含杠杆倍数在不断增加，高杠杆比例的贷款份额也在不断提升。如果跟标准化债券产品相比，尤其是跟高收益债相比，目前美国杠杆贷款的规模与高收益债已经基本可以比肩，规模大约都为1万多亿美元。由此可见，杠杆贷款的影响是不容小觑的，它是信用市场脆弱性的重要体现。

另一方面，股票市场的脆弱性也值得关注。在本次疫情冲击之前，美国股票市场经历了长达十年的牛市。但牛市背后一个有趣的现象是，尽管标准普尔500指数（标普500）的每股收益（EPS）是持续增长的，但上市公司的整体利润自2014年以来却基本上是停滞不前的。这可能有两个原因：一是，标普500的标的公司都是大公司，随着市场份额的增加，利润增速会高于整体的公司利润增速，这一点并不难理解；二是，上市公司可能在大量回购股票，使得在利润总额保持不变的情况下，流通股的分母在减少，从而导致EPS的上升。

数据显示，美国上市公司的股票回购行为在2009年以后出现大规模增长，这或许才是驱动美股价格上涨的重要因素之一。在2018年美国标普500公司的现金流中，有72%用于股票回购，41%用于分红，两者加起来超过了100%，因此必须依靠借债来支持上述行为。借债资金不做资本开支，而是通过回购股票和分红来增厚EPS、提升股价，这是一个非常有趣的现象。或许美国的上市公司早已发现，无需再通过资本开支来为股东创造利润了，仅仅通过回购股票、分红这种方式就可以达到目标。而在股票回购过程中，有相当一部分资金来自信贷市场。之所以这么做，也是因为有利可图。当前，标普500公司最新的盈利收益率大概是6%，如果企业从信用市场借债，例如发行3A级公司债，那么还款利率只有2.7%。通过借债来回购股票，其中包含了可观的套利空间。自2008年以来，这个套利空间一直比较大。尽管上市公司的收益率持续下降，但公司债的利率下降得更快，因此依然能够提供一定的套利收益。这便是股票回购在美国上市公司中变得如此普遍的重要原因。

综上所述，美国经济非常脆弱，而资本市场更是包含内在的脆弱性。因此，在疫情冲击下，资本市场价格出现了非常剧烈的反应。最近，新闻媒体多在报道美国股票价格下跌得比较多，但实际上杠杆贷款指数的变化同样下跌了30%。

美国10年牛市或将终结

我们可以简单梳理一下本次疫情在资本市场的传导机制。新冠疫情自然是原始的冲击点，它通过影响上市公司业绩预期而直接冲击股票市场，这是非常直接的传导。同时，疫情也会影响到企业的现金流，叠加国际市场油价暴跌对现金流的冲击。此外，还会进一步直接影响到债券市场，再通过上市公司回购股票间接地影响股票市场，从而波及杠杆贷款市场，形成一整套传导体系。疫情对股票市场、债券市场、杠杆贷款市场等的冲击都在上述体系中得以实现。可以看到，这一轮疫情的传导是一个"由上到下"的风险传导过程，也是一个由直接到间接的传导过程。风险由股票市场、杠杆贷款市场传导到高收益债、投资级债、商业票据、国债，最后到回购市场。反过来，中央银行的干预救助，即流动性的注入，是一个从下到上的传导过程。国债、回购可以在公开市场中直接受惠于央行的救助行为，而商业票据市场也能在短期内得到支持，投资级高收益债则需要在中长期受惠。目前，美联储的干预手段是零利率和量化宽松，实在不行就直接干预商业票据市场，例如，2020年3月，美联储便启动了商业票据融资便利机制等干预手段。如果情况越来越糟糕，美联储很可能会效仿日本央行层级的手段，直接购买股票。

我们可以通过观察信用市场利差和资本市场价格来感受此次疫情冲击的程度。信用利差方面，疫情冲击发生后高收益债和投资级债的利差变化非常剧烈，商业票据和回购市场同样如此。波动的幅度仅次于2008年世界金融危机前后。资本市场价格方面，国债利率持续下行，10年期国债的利率已经下降到0.5%以下，接近于"零"利率水平。而2020年3月以来，随着疫情在全球的迅速扩散，美元的短缺逐渐体现，使得美元指数出现了冲高。目前，距离类似2008年的世界金融危机或许仅差一步。这一步便是，大型金融机构目前尚未出现问题。

对于这个问题，市场人士一定会有更加直观的感受。金融机构出现问题的背后，一定伴随着"市场踩踏行为"，这可以在投资策略和交易行为中得以体现，主要归纳为三类。一类是近期比较流行的风险平价策略，还有两类是与此相关的自动决策型交易以及股票市场的ETF（交易所交易基金）倾向。摩根士丹利的相关资料显示，2020年3月，风险平价投资组合策略的杠杆率比2019年12月时下降约50%。由此可见，过去一段时间以来，市场经历了非常惨烈的"去杠杆"过程。各类资产的价格共振也可以反映出这一点。资产价格的相关性经历了冲高回落，显示市场层面出现了一些积极的变化。

综上所述，无论这次疫情最终是否引发系统性金融危机，基于对资本市场的观察，我们都倾向于认为，美国股票市场和美元市场的"牛势"或将终结。这是因为美国经济的基本面本来就表现一般，而股票回购市场又积累了巨额风险。在这样的背景下，美联储已经重新回到了零利率、量化宽松的行列中，与欧洲央行和日本央行一样。宽松货币政策的长期效应将对美国经济产生根本性冲击，且主要体现在两个领域：一是科技领域，二是金融领域。这二者都是美国极具竞争力的领域。不难想象，如果真正实行"零"利率，那么就将会对金融行业的基础商业模式造成根本性打击，正如当前欧洲诸国、日本的金融企业遭受的重创一样。在这样的宏观环境下，金融机构是很难生存的。

美联储救市收效几何[1]

CF40学术顾问　余永定[2]

惊人相似的历史

为了更好地理解此次美国股灾、美联储政策及未来如何发展，我们首先需要回顾2007～2008年的美国次贷危机，以及美国政府在应对次贷危机时所采取的一系列政策。

美国的次贷危机可以划分为6个发展阶段。第一阶段，无收入、无工作、无资产的贫困阶层借入大量次级贷款。第二阶段，由于种种原因，这些贷款的违约率急剧上升。第三阶段，由于违约率急剧上升，以次贷为基础的资产价格大幅下跌，如抵押支持债券（MBS）、担保债务凭证（CDO）等。与此同时，货币市场出现流动性短缺，资产抵押商业票据（ABCP）等短期债券的利息率急剧上升。第四阶段，金融机构不得不压缩资产负债表以满足资本充足率的要求，于是出现信贷紧缩。第五阶段，金融机构特别是一些系统重要性的金融机构破产，整个金融系统陷入危机。雷曼兄弟公司的破产是美国次贷危机的爆发标志性事件。第六阶段，美国实体经济陷入衰退。

次贷危机的第三阶段（货币市场流动性短缺阶段）以及第四阶段（信贷紧缩的阶段）与2020年初美国所发生的股灾有很多相似之处。

---

[1]本文为作者在2020年4月7日的浦山讲坛第10期"美国股灾与美联储救市原因与含义"上的演讲。
[2]作者系中国社科院学部委员。

美联储应对次贷危机两步走

美联储为了应对次贷危机，分两步走采取措施：第一步，稳定金融；第二步，刺激经济。同样的，我们现在面临疫情冲击，想要恢复宏观经济也应该分两步走：第一步，稳定整个供应链，稳定恢复生产系统；第二步，刺激经济增长。

而美联储分三路出兵：第一路是资产方，第二路是负债方，第三路是资本金。

次贷危机的缘起是资产价格下跌，比如MBS、CDO等。这时，美联储首先要遏制这些资产的价格下跌。投资者不买入，政府就买入。所以第一次量化宽松（QE1）中的一个重要内容就是买进有毒资产。相同操作的还有1998年香港救股市，投资者抛出股票的时候，香港金融管理当局入市买股票，不让股票价格下跌。

总之，美联储应对金融危机时采取的第一步措施就是**买入资产**。当然也有可能几种措施同时进行，所以也可以说买入资产是美联储应对措施的其中一个途径。

应对措施还有**通过公开市场操作注入流动性**。短期投资者不愿意再买入ABCP，期满之后也不再重新购买，大型机构无法通过融入短期资金来持有长期资产。这时美联储向货币市场注入流动性，使短期投资者愿意继续购买ABCP这类短缺债券。同时可以向发售ABCP等短期资产债券的金融机构提供资金支持，使它们不再被迫低价出售此类资产。

此外，美联储还能通过**补充资本金**应对金融危机。例如英国在英国北岩银行（Northern Rock）面临倒闭时将其国有化，或者政府通过债转股等方式向金融机构注入资本金。

假设资产是5000个单位，负债是4900个单位，资本金是100个单位。一旦金融危机到来，如果没有政府施以援手，金融机构的合理反应通过合成推理的错误，使这些数字变得越来越小，那么最终将陷入恶性循环。

若想稳定这些数字，政府应在资产端使资产价格止跌；在负债端使金融机构免于被迫减少负债；在资本金项目上，通过增持股份、接管等方式为金融机构补充资本金。美国接管"两房"①和英国北岩银行的国有化都是从资本金入手遏制金融危机进一步恶化的具体例证。在次贷危机发生后，美联储就是通过以上3个途径来稳定整个金融体系的。

美国治理金融危机的第二阶段，是在稳定了金融市场之后，开始刺激经济。美国的主要政策是"QE+降息"。

QE操作有4次，各次目标有所不同。总体而言，美联储推行QE的目的主要是抬高资产价格。

美联储购入有毒资产（主要是MBS），也购入了大量的长期国债。前者稳定了MBS之类资产的价格，后者导致国债价格的上升。

国债价格上升，意味着国债收益率下降。国债是最安全的资产，一旦外部有风险，投资者都会涌向国债市场，这是美联储所不希望看到的。所以美联储压低国债利率，把投资者、公众投资者推向其他资产市场。

资金不会转向声名狼藉的MBS、CDO，于是大量地转向股市。如此一来，股票价格上升，产生强烈的财富效应，即投资者通过各种各样的基金购买了股票，其资产增值，进而增加消费。另外，股票价格上升，使企业比较容易融到资金。

QE导致股票价格飙升，后者通过财富效应、托宾Q效应刺激了消费和投资。有效需求的增加很快使美国走出经济危机，并维持了近10年的经济增长，而且对经济增长起到了推动作用。

①2008年，美国联邦政府接管美国住房抵押贷款融资机构房利美和房贷美。

QE还有其他两个重要目的：一个是制造通货膨胀，另一个是诱导美元贬值。两者都有利于美国经济增长，减少债务负担。但这两个政策目的似乎实现得并不理想。

QE这种通过大规模地公开市场操作来购买国债的行为算不算印钞？在10多年前QE政策刚刚推出的时候，美国和中国的学界就曾因这个问题争论过。因为QE跟平常的公开市场操作不同，区别有以下3点：第一，QE的规模巨大；第二，QE不仅买美国的国库券，还买MBS、CDO之类的有毒资产；第三，QE不但买一般的美国国债，还买长期国债，这些操作都是不平常的。

认为QE不属于印钞的理由主要有3个。第一，是不是印钞要看目的，如果目的在于赤字融资，就属于印钞；如果目的在于刺激经济增长，就不属于印钞。第二，QE是临时性的政策，当经济恢复正常增长的时候，美联储会退出QE，把多买的国债卖掉。现在买入的有毒资产，待其价格回升时也卖出，不但可以把多放出的货币收回，而且可以为财政部盈利。第三，美国现在所面临的主要问题是经济衰退，暂时还不需要担心通货膨胀。

我个人认为，QE就是印钞。从美国的角度来看，QE具有合理性，而且当时也没有其他更好的选择。但什么政策都是有代价的，QE也不例外。

美联储的QE等一系列政策，包括美国的财政政策，对美国的资本市场的大小和结构产生了很大影响。而次贷危机之后，美国资本市场的这些变化，尤其是结构变化与此次股灾的发生是密不可分的。变化有以下4方面：

第一，各类国债总额接近20万亿美元。次贷危机前，美国国债余额并不算高，但现在却变得很高，超出GDP。这是美国资本市场最重要的变化。

第二，股市在美国资本市场上一直占有最重要的地位。次贷危机前股市的重要性进一步提高。原来就是最重要的，现在更重要了。2019年底，股市市值有30万亿美元左右。其变动对美国的金融和经济的影响非常大。

第三，当前公司债大约有10万亿美元，较以前有明显的增长。

第四，以前美国资本市场中住房抵押贷款的重要性排在第二位，当前它的重要性有所下降。这是在次贷危机时，美联储实行QE这一系列政策之后，美国资本市场所发生的改变。

总的情况为，国债的份额增加，股市的重要性增加，长期公司债也有显著增长，住房抵押贷款的相对重要性就下降了。

新一轮金融危机能否避免？

本次股市暴跌之前，大多数人认为股价的飙升是美国实体经济表现良好的结果，不是泡沫。股灾的发生则再清楚不过地证明美国股市存在严重泡沫。为什么会产生泡沫？毫无疑问，这是QE的结果。可以说QE的目的本身就是制造股市泡沫，以刺激经济增长。

美联储把资金赶入股市的政策又是通过哪些具体途径实现的呢？似乎主要有两个途径：第一，因为QE所导致的长期低利率，保险金、养老金等长期投资者开始转向股票投资；第二，大公司回购自己公司的股票，美国股市上涨同大公司的回购有关。

总之，美国股市的上涨，从大环境上来讲，是美联储采取了极度扩张性的货币政策所致；从具体的操作层面来讲，是由于长期投资者转向股市以及大公司大量回购股票所致。同实体经济增长脱节的股票价格暴涨迟早会出现问题。新冠疫情和石油价格暴跌只不过是"压倒骆驼的最后一根稻草"。

在许多投资银行的研究报告中，对于美国股市泡沫和股市暴跌的原因除有政策层面的分析外，还有大量涉及资产市场参与者与金融机构投资策略的技术层面的分析。

次贷危机之后，一些金融市场参与者的角色发生了变化。次贷危机的罪魁祸首是投资银行。金融危机之后，投资银行变成了金融控股公司，它们业务领域和投资方式也发生了变化。

从投资策略的角度看，次贷危机在很大程度上是次贷过度证券化造成的。在此次美国股灾中，对冲基金和资产管理机构是资本市场上最活跃的角色。在股灾原因分析中讨论最多的投资策略大概是风险平价策略（Risk Parity Strategy）。这种策略是根据不同资产的风险和收益水平决定资产配置。基金管理者都有特定的波动性水平目标，一旦超标他们就会自动减持。

因为在美国股灾初期，桥水①等执行风险平价策略的基金抛售了大量的股票和其他资产，一些市场人士指责风险平价策略基金是本次股灾的罪魁祸首。另一些市场人士则指出，风险平价策略是为了降低外部冲击对资产价格的影响，风险平价策略基金是受害者而不是肇事者。

事实如何还可以讨论，但美国股灾的爆发证明：无论采取何种技术性措施，即便资产组合中资产种类非常不同，相关性很低，一旦大的冲击到来，如新冠疫情、石油危机等，任何分散风险的策略都会失灵。

一些交易员抱怨沃尔克法则②妨碍了他们在危急时刻得到必要的流动性。次贷危机之后，美国监管体系推出沃尔克法则的目的是隔离投行和商业银行业务，限制银行为对冲基金、避险基金提供资金。

沃尔克法则提高了金融市场的安全性，本身没有问题，但它确实限制了银行

---

①桥水基金（Bridgewater Associates），世界头号对冲基金。桥水创始人雷伊·达里奥（Ray Dalio）曾最早提出风险平价策略。

②沃尔克法则是由美联储前主席、前任美国总统经济复苏顾问委员会主席保罗·沃尔克提出的，其核心是禁止银行从事自营性质的投资业务，以及禁止银行拥有、投资或发起对冲基金和私募基金。由于该法则以空前强硬的态度对待银行自营性质的投资业务，曾被视为此次美国金融监管法案中最有影响的改革内容之一。

为流动性短缺的金融机构提供流动性。因此，当股票市场泡沫崩溃频频下跌时，沃尔克法则确实加剧了资本市场上的流动性短缺，不利于股市的回稳。但有更好的选择吗？

2020年2月中旬以来的新冠疫情和石油价格暴跌，可以看到新冠疫情是导致美股暴跌的最根本最重要原因。在从2月12日的高点到3月20日，美国各指数均出现暴跌，道琼斯下降了35.1%。这种情况与次贷危机时MBS、CDO等金融资产价格暴跌的情况类似。

一旦资产市场出现问题，很快会导致流动性短缺，货币市场利差开始上升。衡量流动性短缺程度的利差包括各类短期资产利率与隔夜指数掉期（OIS）之差以及3个月期AA金融短期融资券（CP）与OIS利差等。在2007年、2008年次贷危机爆发时，货币市场利息率急剧上升。在这次股灾爆发后，各种短缺资产利率与无风险资产利率也突然上升，这些都是流动性短缺基本标志。

还可以看到，虽然伦敦同业拆借利率（LIBOR）和OIS的利差也明显上升，但与2008年相比上升幅度相比还有些距离，这可能与美国在金融危机之后采取各种措施有关。股灾爆发后，黄金价格下跌也是流动性短缺的表现，当人们急需美元时，就会选择卖掉黄金。

金融危机爆发后，美元指数上升也是可以预料的。发达国家自20世纪80年代之后，经济金融危机一旦爆发，其本国货币不像发展中国家那样会出现贬值，相反要升值。这是由于国内出现问题时，金融机构和大公司要把海外资金调回，以解决流动性短缺，补充资本金不足等问题。

美国国债是避险天堂，一般情况下，当某种资产出了问题，资金就会逃离相应市场而进入国债市场。国债需求增多，价格会上升、收益率下降。但在这次股灾中，美国国债价格不升反降、收益率不降反升。这是怎么回事？美国国债收益率的上升说明货币市场上的现金已极度短缺，连国债都要抛售套现了。所以，同

2008年次贷危机时期相比，此次美国股灾发生后的流动性短缺可能更严重。

现在大家在谈论股灾，但对金融稳定来说更为巨大的威胁可能来自公司债。经济学家米尔顿·弗里德曼（Milton Friedman）曾经说过，"无论股市发生了什么事情，只要货币政策不出大问题，就不会出什么大事。"但对于公司债就很难这样说了。

前面已经提到，由于美联储的QE和零利率政策，美国资本市场上公司债的体量急剧增长。不仅如此，美国债券市场中，高收益债的比重非常高，高收益债一般指风险很高垃圾债。而高收益债中能源板块比例又很高。当沙特和俄罗斯出现问题，能源价格下跌、风险上升时，高收益债的收益率飙升是再自然不过的。

以美国国债利息率作为比较基准，美国不同等级的企业债的利差急剧上升。公司债利差普遍明显上升说明市场不看好美国公司债。可以看到，现在美国公司债利差还没有达到次贷危机期间的程度，但是已经明显在上升。

公司债和股市不同，股市在繁荣或萧条时期的价格走势一致性很强。由于不同的期限、品种，公司债价格走势的一致性较差，但这可能恰恰是我们必须高度关注公司债的原因。

由于杠杆率的急速提高，美国公司债本来就面临着很大的压力。而新冠疫情则使公司债的情况雪上加霜。

一切取决于新冠疫情形势的发展，如果疫情持续很长一段时间，那么大批高杠杆公司必然面临破产。而大量公司债的违约将使金融危机难以避免。在这种情况下，美国乃至全球都将陷入金融和经济的双重危机中。

在此次美国股市风暴中，风险资产下降的速度甚至高于次贷危机期间，但在次贷危机期间雷曼兄弟公司等超大规模金融机构破产的事件到目前为止还没有出现。所以，按照约定俗成的定义，现在还不能说美国已经发生了金融危机。

此次股灾与2008年世界金融危机没有根本性不同

可以说，到2020年3月为止，美联储应对股灾的一系列措施是正确的和及时的。理解了2008年以来美国货币当局采取的一系列反危机措施，我们就能比较好地理解自2020年3月以来美联储所采取的一系列措施，并比较好地评估这些措施的后果和对中国可能造成的影响。

股灾发生之后，美联储的主要措施包括：

3月15日，将贴现窗利率下调1.5个百分点至0.25%、法定存款准备金率降至零。

3月16日，宣布将隔夜利率降至零，恢复数量7000亿美元的量化宽松。

3月17日，重启商业票据融资便利机制（CPFF）和一级交易商信贷机制（PDCF）。

3月18日，启动货币市场共同基金流动性便利（MMLF）。

3月19日，美联储宣布为澳大利亚储备银行、巴西央行、韩国央行、墨西哥央行、新加坡金融管理局、瑞典央行分别提供高达600亿美元的流动性；为丹麦央行、挪威央行、新西兰储备银行分别提供300亿美元的流动性。

3月20日，纽约联储宣布进行每日1万亿美元的回购操作，时间持续1周。

3月23日，美联储宣布史无前例的"无底线"救市方案有以下三个：

一是推出定期资产抵押证券贷款工具（TALF），主要是向ABS融资模式的发行者提供融资，并由ABS融资模式的发行者提供资金给私人或小企业，该项政策在2008年曾经使用过。

二是推出一级市场企业信贷工具（PMCCF），设立特殊目的机构（SPV）并从一级市场购买期限在4年以下的投资级公司债。

三是推出二级市场企业信贷工具（SMCCF），设立SPV并从二级市场购买剩余期限在5年以内的投资级公司债和投资级公司债的ETF。

此外，特朗普推出刺激计划，提供1.2万亿美元财政刺激措施，其中包括向每位美国人提供的1000美元和500美元的支票，总额为2500亿美元，3000亿美元的小企业贷款，2000亿美元的稳定基金以及延期纳税。

根据2008年的经验，我们知道美联储的救市政策是从补充流动性、稳定资产价格、注入资本金这三个方面入手的。而这次救市就大方向来说与上次救市并无不同。

首先，在金融机构的负债方，美联储注入大量流动性，以缓和货币市场上的流动性短缺。

美联储的政策工具箱中有大量应对流动性短缺的工具。有些工具是原有的，有些是最近新创造出来的。这些工具包括商业票据资金便利、定期拍卖便利、贴现窗口和资产支持商业票据货币市场互助基金流动性便利。所有政策工具的目的都是解决危机期间流动性不足的问题。

我们已经知道，如果货币市场融资渠道受阻，金融机构就将不得不进一步压缩资产规模从而导致资产价格的进一步下跌。为避免产生这种恶性循环，必须立即给货币市场注入大量流动性。

其次，在金融机构的资产方稳定资产价格。原来是通过买入MBS、CDO等长期资产来维持价格，而现在主要是股市的问题，所以具体的操作不太一样。美联储推出了一些新的政策工具以便使投资者可以继续持有他们的长期金融资产，如公司债、股票等。美联储表示，在必要的时候也完全有可能大量购买公司债。3月18日前美国联邦储备委员会主席本·伯南克（Ben Shalom Bernanke）等人发表文章，提出美联储可以请求国会授权购买有限数量的投资级公司债券。

最后，在股东权益（资本金）方，国有化金融机构是维持金融稳定的一个重要方向。虽然在这个方面还没什么大动作，但美国现任财政部长史蒂文·姆努钦

（Steven Mnuchin）已经表示，美国政府将入股航空公司，作为向这些航空公司提供拨款的条件。

除货币政策外，财政政策也相继出台。特朗普上台前就强调美国要发展基建，借当下的时机，特朗普提出了近2.5万亿美元的刺激措施。

由于美联储和美国财政部采取的上述一系列措施，美国金融形势一度发生好转，美股一度回升，波动指数下降，美元开始转弱，黄金开始回升，这些似乎都是美国金融市场趋稳的信号。

不幸的是，美国疫情的恶化又使形势变得难以预料。2020年3月31日，美国又推出了临时性的回购便利工具（FIMA Repo Facility），凡是在美联储开设有账户的外国中央银行和国际机构，可以使用该工具，质押自己手中的美国国债向美联储换取存款（美元流动性）。

总体而言，美国此次股灾是否会发展为金融危机还很难判断，但美国经济陷入衰退已无悬念，进入萧条的可能性则是非常大。今后美国经济的发展方向要由疫情来决定。现在，所有国家都面临着空前的挑战，有很多不确定性需要注意并仔细研究。

从资产泡沫、流动性短缺等方面来看，此次股灾实质上与2008年世界金融危机没有根本性不同。所以，研究2008年的经验对分析现在、预测未来很有帮助。可以看到，美国稳定金融的政策大体与之前的政策相同，均包括增加流动性、稳定资产价格、补充资本金三个方面，仅在具体政策形式上有细微区别。

美联储应对股灾的措施同应对次贷危机的措施完全是一个路数，说到底就是印钞。3月23日，美联储宣布的无底线救市方案，即不顾一切阻止资产价格进一步下跌。这已经打破了所有的禁忌，当美国自身出现问题，它就会为维护金融市场稳定而不择手段。

美联储救得了美国金融市场，但却救不了美国经济。一切取决于医学科学是否能够战胜新冠疫情。当美联储开始无底线地印钞时，所有传统规则、理论禁忌都被颠覆。中国需要思考清楚如何保护自身利益。"直升机撒钞票"之后，美国正在用美元来淹没全球，美国今后政策方向很清楚：大幅度增加政府财政赤字，无底线地印钞。

大萧条与罗斯福新政的启示①

CF40资深研究员　张　斌②

大萧条的余音

"大萧条是宏观经济学研究的圣杯" 不只是溢美之词。病毒传播是人类面临的最大健康伤害，如果某项研究理解了广义的病毒传播的机理，并且找到了大幅降低病毒伤害的方法，那么它戴上"医学研究圣杯"的帽子应该是当之无愧。

失业和破产也像病毒一样会从一个区域传播到另一个区域，从一个部门传播到另一个部门，如果应对不当，就会造成经济大萧条。大萧条的相关研究帮助我们理解了为什么经济运行会发生大萧条，并总结了教训，为避免再次出现大萧条开出了"药方"。

大萧条的相关研究结论平时在论文和教科书上看起来平平无奇，只有将其放在更具体的场景下，才能了解这些研究的价值。大萧条期间错误的经济思想和政策选择加剧了经济伤害，百业凋敝，不仅致使全国许多家庭食不果腹、衣不蔽体，还限制了粮食生产，把棉花销毁在田地。

大萧条的研究和后来的宏观经济学研究极大改变了人们对宏观经济运行的认识，在这些认识的帮助下，当我们再次面临与大萧条前夜相似的负面冲击时，就

---

①本文为中国金融四十人论坛2020年第1季度宏观政策报告，报告执笔人为张斌、朱鹤、张佳佳、钟益。报告经过2020年4月25日CF40季度宏观政策报告论证会第43期暨"双周圆桌"第293期研讨会的现场论证。
②作者系中国社科院世界经济与政治研究所研究员。

不必付出同样的巨大代价。

罗斯福新政开始以后，美国经济结束了大萧条，并开始持续的经济复苏。罗斯福新政当中有帮助美国经济走出大萧条的内容，但更重要的内容在于"规模宏大的社会实验"。罗斯福新政和后来对政策的纠正是一连串的试错，它重塑了美国的政府职能，强化了民主社会主义，其影响至今仍随处可见。

大萧条和罗斯福新政是非常宝贵的历史财富，对后世如何避免大萧条，纾困，振兴经济，推进改革的借鉴价值有着持久的生命力。

"惊人的愚蠢"——大萧条

大萧条从1929年中期到1933年初，历时4年，且经济持续4年衰退。 工业产出下降37%，价格下降33%，实际国民生产总值（GNP）下降30%，名义GDP下降一半以上。1/4的劳动者失业，失业人数高达1150万人。1932年夏季超过半数的美国工人无法全职工作，劳动时间和报酬只有全职工作的59%。不仅是低收入群体难以度日，大量的中产阶级难以支撑生活。有轨电车上每天都有人晕倒，送到诊所后，就诊结果多数都是饿晕。[①]

在大萧条发生之前的20世纪20年代是美国经济最好的时代。 美国经济增速连续多年超过5%，这是美国经济历史上前所未有的繁荣。大量的汽油拖拉机进入农场。电报、电话、收音机、留声机、电冰箱、汽车进入普通美国家庭，美国汽车产量在20世纪20年代翻了一倍，截至20年代末全美有1.23亿人口，汽车数量达到2300万辆。20年代也是房地产市场的大繁荣时代，修建摩天大楼成为时尚，这十年修建的摩天大楼超过美国历史上任何时期，克莱斯勒大厦就是那个时代的标志

---

①埃里克·克劳威，《大萧条与罗斯福新政》，译林出版社，2018年。

建筑。

乐观的预期再加上投机盛行，股票和房地产市场泡沫自然而生。纽约、芝加哥等众多大城市的房价大幅上涨，佛罗里达州的房屋价值也大幅上涨，各种支持房地产投资的金融工具被广泛应用，1929年城市房地产抵押贷款余额为279亿美元，占当年国民收入的32%。1928年美国公开发行的公司债券和票据为471亿美元，是1920年的1.8倍；非联邦公开证券为336亿美元，是1920年的2.8倍[①]。著名的投机分子查尔斯·庞兹（Charles Ponzi）就是那个时代佛罗里达众多房地产投机分子中的一员。

宽松的货币条件进一步放大了泡沫。欧洲的政治家和银行家对20年代初一度放弃金本位后的通胀肆虐记忆犹新。美国也是当时金本位的捍卫者，他们相信金本位下货币的稳定价值是国际贸易和投资的关键保障。英国的国际收支不断恶化，德国和法国央行要把英镑资产兑换为黄金，英国黄金外流，维持英镑与黄金的比价愈发力不从心。

美国、英国、德国、法国四国央行行长之间协调的结果是美联储1927年降息，目的是减少英镑的压力，支持金本位。这样做也促成了股市上涨，标准普尔500指数从1928年初的17.1一路上升到1929年8月的31.7，一年多的时间里累计涨幅85%。

美联储加息后股市泡沫开始破灭，紧接着是商品价格暴跌。美联储对不断上升的股票价格早有担心。对此，美联储先是限制其会员银行发放贷款给股票经纪商和经销商，即所谓的"直接压力"政策，但来自非银行金融机构的影子银行体系很快就补上了这个缺口。1928年第1季度非银行渠道提供了近一半的经纪商资金需求。1929年美联储放弃了直接压力政策，转向提高利率。此后不久，股票市

[①]Bernanke B. S. Non-monetary effects of the financial crisis in the propagation of the Great Depression[J]. NBER Working Paper, 1983.

场开始自由落体式的下滑。标准普尔500指数从1929年8月的高点31.7持续下降到1932年5月的4.5。

第一次世界大战之后的农业生产大幅扩张，但农产品和原材料价格在20世纪20年代一直低迷。股市下跌以后，农产品和原材料的价格情况更是雪上加霜。美国麻省理工学院国际经济学教授查尔斯·P.金德伯格（Charles P. Kindleberger）认为农矿产品的价格下降是通货紧缩传播的主要渠道，价格下降从股价到农矿产品，再到进口商品价格。1930年6月相较1929年底农矿产品的批发价格下降了7%。

泡沫破灭后，巨大的经济结构失衡也露出水面。生产率快速进步带来众多新部门的同时，也会破坏很多传统部门。就像动物蜕皮一样，大规模破旧立新让经济结构处于非常脆弱的状态。农业机械的大规模使用大幅提高了农业生产率，提高了农产品产量，同时也大幅压低了农产品价格。许多中小农场破产，农民失去工作。工业部门也存在类似的问题，替代劳动的技术进步在提高产量的同时还消灭了大量就业机会。

20世纪20年代收入分配的恶化程度也达到了大萧条之前的最高峰。1928年美国仅占人口1%的最富有家庭的收入占总收入近25%，而这一占比在1918年约为15%，且1928年占人口10%的最富有家庭收入占总收入的比重近50%。[①]泡沫掩盖了产业结构失衡、收入分配失衡、支出结构失衡等矛盾。一旦泡沫破灭，失衡问题露出水面，劳动力市场和产品市场都将面临巨大压力。

银行破产接踵而至，对经济的伤害加剧。泡沫破灭和经济下行的大环境下，银行破产在所难免。1930年位于田纳西州的考德威尔家族下的银行和美国合众银行（U.S. Bancorp）等相继破产。这也增加了储户对其他银行的担心，银行挤兑风

---

①Atkinson A. B, Piketty T., Saez E. Top incomes in the long run of history [J]. Journal of economic literature, 2011 Mar, 49(1)：3–71.

险上升。

幸运的是，负责监管田纳西金融体系的亚特兰大联储银行在应对金融危机方面有着丰富的应对金融危机经验，考德威尔家族下的银行破产的情况并没有大面积扩散。虽然纽约联储没有出手救助合众银行，但是给纽约其他的银行提供了大量流动性支持，防止了恐慌性挤兑和流动性危机。也因此1930年的银行业危机并不严重。

弗里德曼和施瓦茨认为大萧条的主要传播机制是"银行恐慌"。[1]大萧条时期有三次银行危机，银行倒闭增加了银行对存款准备金的需求，增加了公众对现金的需求，影响了信贷和消费开支。伯南克认为银行破产产生的主要影响是信贷收缩。银行破产就不能提供贷款，没有破产的银行更倾向于提供高流动性贷款。企业贷款成本上升，高涨的信贷成本对家族公司和小公司的伤害远大于对大公司的伤害。

虽然出现了泡沫破灭和严重的经济结构问题，但大萧条研究的经济学者们并不认为经济要为此付出百业凋敝、1/4的劳动者失去工作的代价。资产泡沫破灭、价格下跌、银行破产、结构矛盾这些问题并不鲜见，出现大萧条更主要是因为错误的政策应对。

一场大规模的"病毒传播"开始了。大萧条期间各国政府采取的应对办法不仅没有控制传播，反而是加剧了传播。著名经济学家约翰·梅纳德·凯恩斯（John Maynard Keynes）认为大萧条期间美国政府的应对政策是惊人的愚蠢，后来的大萧条研究学者指出大萧条的产生主要由于过度的信贷紧缩。

货币政策加剧了经济萧条。美联储认识到了银行挤兑带来的恶性传染效应，采取了有效的流动性支持措施和其他方法防止银行过度破产。而货币政策的主要失误

---

[1]米尔顿·弗里德曼，安娜·雅各布森·施瓦茨，《大衰退：1929～1933》，中信出版社，2008年。

在于选择了不合实际的金本位政策目标和真实票据理论（Real-Bills Doctrine）。

为了维护金本位，美联储先是降低利率刺激泡沫，后又提升利率恶化信贷。1928年和1929年美联储开始紧缩货币政策，他们相信可以抑制流向华尔街的信贷而不会伤害实体经济。1931年货币危机冲击了欧洲国家，英国放弃金本位，德国保持马克价格但是限制外汇交易，事实上放弃了金本位。英镑贬值时，市场预期美元也会贬值，美联储选择坚守美元相对黄金的币值，提高了利率。而这进一步加速了货币供应量的下降，恶化了信贷生态环境。1931年货币供应量增加额降低到大萧条期间最低水平。

1932年美联储通过公开市场业务操作增加货币供应，但是由于联邦储备银行之间缺少必要的合作，这限制了公开市场业务的规模。法国和英国担心美元贬值，开始大规模提取美元头寸，纽约联储储备告急，芝加哥联储拒绝帮忙，美联储公开市场业务的策略因为缺乏资金也被放弃。

真实票据理论是20世纪20年代以前流行的货币理论，被当时的美联储高度认同。真实票据理论认为货币发行应该与实际经济活动相一致。经济扩张需要资金做生意的时候，银行应该提供信贷；经济收缩不需要资金的时候，银行就没有理由出手。货币政策对经济的作用只能"拉绳子"不能"推绳子"。

按照"推绳子"效应，当经济收缩的时候，唯一可以依赖的力量是市场的自发调节，用当时费城联邦储备银行行长乔治·诺里斯（George Norris）的话来说就是"减少产量和存货，逐渐减少消费信贷、结算证券和贷款，勒紧腰带增加储蓄"。这样的理论支持下，不难理解美联储在大萧条期间的紧缩政策作为。

贸易保护政策推波助澜。1930年6月美国第31任总统赫伯特·克拉克·胡佛（Herbert Clark Hoover）批准了《斯穆特-霍利关税法》，将可征税的进口品税率从38%提高到45%。这个政策的初衷是降低进口商品的竞争力，让美国消费者更多地去消费国内商品。但贸易保护式政策却带来了贸易伙伴的报复措施，对美国的出口造成不利。很多经济学家具体测算了这个法案对出口、投资和GDP的影响，结论是影响并不大。

彼得·特明（Peter Temin）曾在《剑桥美国经济史》中指出，美国1929年出口总值占GNP的7%，接下来两年减少的出口总值相当于1929年GNP的1.5%。考虑到在当时，世界需求普遍下降，出口下降的原因不能都归结于关税上升。以及考虑到所有的乘数效应，因此出口下降还是无法解释大萧条的出现。

但贸易保护政策带来的破坏不止于此。它还破坏了当时的全球资金流动格局，美国是净债权国，如果美国进口更少，那么其他国家就更难以获得美元还债，这把美国的债权人和其他国家债务人都推到了更艰难的局面。

经济学家巴里·埃森格林（Barry Eichgreen）曾在其著作《镜厅》（*Hall of Mirrors*）中说道，贸易保护政策的最主要不利影响不是由此带来的出口或者投资下降，而是破坏了当时的国际合作氛围，刺激了"全世界的民族主义情绪"。

财政政策无所作为。胡佛总统坚守传统价值观，他反对救济，宣称志愿组织和社区精神从未从美国民众身上消失，没有必要着急特别应对失业问题。他认为如果联邦政府直接向公民提供援助，美国民众就有"落入社会主义和集体主义圈套"的风险。他更情愿削减政府支出，以便向全国和世界展示预算平衡。他反对扩大联邦工程的立法。

胡佛总统相信语言的力量，相信世界靠语言生存。他是美国企业"拉拉队长"，呼吁通过企业合作才能走出经济困难，并且坚持企业在低迷时期也要扩大生产。他呼吁地方政府加快道路建设，并且相信地方财政蕴藏着足以支持快速扩张性政策行动的丰裕储备。他采取严格措施落实反移民法案，宣称为了缓解就业形势，把将近10万本来已经被接纳进入美国的外国人挡在国门之外。

因对美国劳工统计局界定的失业率概念和测算的失业率糟糕数据不满，他勒令劳工统计局局长退休，"请别把这种情况称为失业，词用得不对"。

"一连串的试错"：罗斯福新政

富兰克林·罗斯福（Franklin Roosevelt）在1933年3月就任美国总统，并实施了著名的罗斯福新政（New Deal）。但新政本身没有整体计划和实施的蓝图，是在实践中不断修正的一连串试错过程。

通常总结罗斯福各类新政措施为3R，即Relief（纾困）——立即采取行动遏制经济状况恶化，Recovery（复兴）——以临时性政策措施刺激消费需求，将经济恢复至正常水平，以及Reform（改革）——制定长期方案，避免再次发生经济萧条。

改变经济发展方向需要戏剧性的、极其清晰可见的政策变化信号。政策信号要能被广泛理解，不能轻易由旧的政策制定者发出。这些罗斯福新政都做到了。罗斯福新政在大萧条期间帮助了困难群体，稳定了经济增长，并给后来的制度建设留下了大量遗产。

与前任胡佛总统相比，罗斯福不再强调过去的教条，而是根据现实需要制定政策。新政强调恢复银行发挥正常功能，重新修订了美元对黄金价值，想方设法救济困难群体，这些措施对经济走出大萧条起到了作用，但也不乏争议。

新政毫不掩饰地动用政府力量干预经济，以《国家工业复兴法案》和《农业调整法案》为代表的两项方案的主要目的都是限制生产，提高产品价格。这些方案后来都被美国联邦最高法院判定违宪，但是法案中对保护劳动权益和农产品价格调控的做法后来以其他方式继承了下来。

1933~1937年期间，美国失业率从37.6%下降至21.5%，实际GNP从683.37亿美元增长至1039.17亿美元，年均增长率达到8.2%（以1929年为基准）。1938年经济有所回落，实际GNP同比增速为-7.0%，1939年又恢复到1937年水平。

美国1938年和1939年失业率为27.9%和25.2%。有对罗斯福新政持否定态度的人认为罗斯福新政期间美国经济一直未达到充分就业水平，直到第二次世界大战军工产业兴起，美国经济才实现了充分就业。从数据来看，1941年美国失业率降低至14.4%，1942年和1943年的失业率分别为6.8%和2.7%，堪堪回落到1929年的水平。

制度改革方面，罗斯福新政扩大了联邦政府的职责范围，重塑了政府与市场以及联邦政府与州政府的关系，比如，田纳西河流域管理局（Tennessee Valley Authority）就是很好的尝试。虽然最终没有实现在全国进行推广。新政强调帮助工人、少数族裔和黑人，推动了社会保障体系的建设，通过系列立法建立了养老保险和失业保险体系，同时也为妇女、儿童和残疾人士提供救济和基本保障，初步构建了全国性的社会保障体系，使美国步入福利国家行列。

在环境保护方面，罗斯福新政一方面通过了《农业调整法案》《水土保持和国内分配法》等法案，通过为农户提供补贴的方式鼓励休耕；另一方面也开展了农业、环境等方面的公共工程建设，做到保护环境。

具体来看3R政策的措施与争议：

◎ （一）纾困

金融的整顿。1933年3月6日，罗斯福宣布全国银行"休假"；3月9日，国会通过《紧急银行法》；6月16日，国会通过《1933年银行法》。这些措施不仅阻止了市场恐慌，恢复了公众对银行和证券交易的信心，还终结了银行挤兑，使黄金逐渐回流银行体系，让暴跌的股市得以恢复，从而稳定了金融体系。总统被赋予管制信贷、货币黄金、白银和外汇交易方面的紧急处理权力，美元对黄金大幅贬值。

确立直接救济和以工代赈的政府直接救助模式。直接救助的具体措施为，罗斯福政府于1933年5月创建联邦资金救援署（FERA），从复兴金融公司划拨5亿美元对各州划款进行救助。1933～1941年，各类直接救助金额达94.97亿美元，约占当时GDP的12%。这其中还包括对老年人、儿童、盲人、农业的补贴、一般救济以及联邦资金救援署的一些特殊项目。

以工代赈的具体措施为，1933年罗斯福于上任第二个月就设立了平民保育团（CCC），为19～24岁的失业青年提供临时性工作，工作时间最初为6个月，之后增加至2年。同时，还为该年龄段普遍不是熟练工的青年提供技能培训。工作内容主要为修筑公路、防水治虫等公共和农业类项目。

1933年5月联邦紧急救援署设立了土木工程署（CWA），为约400万失业者提供临时性工作，工作内容为扩大基础设施建设、水土保持工程、公共场所建设等。Fishback et al.（2005）[①]估算，救济支出每增加1美元，能够提高约83美分的收入。

◎（二）复兴

为了达到刺激消费需求、恢复经济至正常水平的目的，罗斯福政府立法通过了《农业调整法案》（*AAA*）、《国家工业复兴法案》（*NIRA*），成立了公共工程管理局（PWA）、公共事业振兴署（WPA）以及田纳西河谷管理局（TVA）等机构。复兴政策的具体做法和效果存在争议较大。

《农业调整法案》。该法案的主要目的是提高农民收入，主要内容是限制农产品产量，给予自愿减少生产面积的农民补贴，补贴资金来源于向食品加工商征税；对撂荒土地予以赔偿；由于法案颁布时，农户已经种植了大量棉花，政府和

[①]Fishback P., Horrace W., Kantor S.. Did New Deal grant programs stimulate local economies? A study of Federal grants and retail sales during the Great Depression[J]. The Journal of Economic History, 2005, 65(1): 36-71.

棉花种植者签订合同要求他们毁坏已经耕种好的部分作物。该法案1936年1月被美国最高法院宣布因联邦政府非法干预地方各州内部事务违宪而撤销。

后来研究表明农民的收入并没有因为该法案而得到提高。例如，菲什巴克等人曾于2005年研究发现，《农业调整法案》对零售销售和收入几乎没有，也可以说是完全没有积极影响，甚至还已经产生了实质性的负面影响。该法案最终使得农场主得到了大部分补贴，但农业从业者的收入反而下降了。

《农业调整法案》虽然被废除，但保护农产品价格和农民收入的初衷保留了下来。1938年罗斯福政府出台了替代法案，建立了农产品平仓制度，通过新修建粮食仓库以防旱灾。政府可以通过调整存粮来影响价格，该法案还要求对特殊农作物进行支持，并提供农产品播种面积分配值和消费配额作为达到目的的手段。

《国家工业复兴法案》。该法案的目的是提高工业部门的收入和就业，主要内容是调整劳资关系，减少劳动时间，支持工资上涨。从提高工资和物价水平角度来看，该法案发挥了一些作用，但总体效果不如人意。工资的上升并没有推动就业率的上升，过高的真实工资并没有增加就业机会。该法案1935年因被最高法院判定违宪而废除。尽管如此，该法案给后来的美国劳资关系和工会发展留下了深远影响。

《国家工业复兴法案》被废除不久后，国会通过了参议员华格纳提出的《国家劳动关系法》，通过立法保护工人的做法获得了广泛认可。该法案没有再设立像全国复兴总署那种建立在国家中心主义基础上、具有制定行业守则权利的行政机构，而是引入了力量制衡的理念。

缺乏对企业管理层的制衡，在当时被认为是造成经济危机的原因之一。此后，美国劳工联合会的规模急剧扩大。从1930年不到10%的制造业工人是工会会员，到1940年1/3的制造业工人成为工会会员。同一时期采矿业工人成为工会会员的比例也从20%上升到75%。罗斯福总统不仅强调劳动者对企业家的力量制衡，也强调消费者对企业家的力量制衡。他倡导成立消费咨询委员会，以代表广大消费者利益。

公共事业振兴署。公共事业振兴署是以工代赈的最重要机构。不同于纾困（Relief）中提供短期、临时性工作的平民保育团和土木工程署，公共事业振兴署通过公共工程为人们提供长期限的工作。WPA计划花费约110亿美元，修筑了上千座机场、上万个运动场、800多家校舍和医院。

尽管在制定政策时，为了避免对私人部门的影响，WPA避免选择与私人部门竞争的项目，工资也低于私人部门。但仍有研究结果表明，长期限的以工代赈计划会导致劳动力市场扭曲，使得私人部门雇工更困难。

诺伊曼等人曾于2010年使用20世纪30年代美国主要城市每月救济、私人部门就业和私人部门收入的面板数据，通过向量自回归模型（VAR模型）和脉冲响应函数来研究，罗斯福新政期间救济支出和当地私人劳动力市场之间的动态关系。研究结果表明，采取以工代赈的方式进行救济，虽然能够提高私人部门的收入（顶峰时期，WPA以工代赈的救济计划将私人收入从平均水平提高了0.2%以上。将36个月期间平均值的偏差加起来，累积效应为5.7%），但同时会导致私人部门就业率下降（WPA以工代赈的救济计划使得之后的36个月里，私人雇佣的工作月数累计减少4.9%）。[①]

以上研究结果的可能原因是，WPA给出了"安全工资"的概念，尽管WPA的工资低于私人部门，但在就业环境不稳定，失业率如此高的前提背景下，工人更愿意选择尽管收入较低但更稳定的工作。

以工代赈不仅使得私人部门雇佣更加困难，而且对私人部门的负面冲击又会让政府继续增加以工代赈的支出，进入恶性循环。哈佛大学经济学教授路易

---

①Neumann T., Fishback P., Kantor S.. The dynamics of relief spending and the private urban labor market during the New Deal [J]. The Journal of Economic History, 2010, 70(1): 195-220.

斯·卡普洛（Louis Kaplow）曾于1989年提出政府救济可能会对私人部门保险产生挤出效应。他认为政府救济措施会扭曲个人的保险决策和行为，因为个人只会考虑自己没有政府补偿的财产可能遭受的风险。在考虑到有政府救济的情况下，个人仅会对自身面临的除可能得到政府救济的全部损失进行投保。

田纳西河流域工程。 田纳西河流域工程探索和开创了美国国家资本主义的模式。国家资本主义模式虽然在环境治理（防止了河水侵蚀300万英亩农田）和提高流域居民平均收入上是成功的，但这种模式并没有在美国其他地区得到推广。

（三）改革

《1933年银行法》确定了商业银行和投资银行分业经营的原则。美国国会出台这项规定是担心银行用公众存款购买股票会带来过度投资，并且银行持有公司的股票可能会影响其贷款决策。但是反对者认为，银行分业经营会影响其应对风险的能力。此外，大萧条前许多州法律禁止银行设立分支机构，而《1933年银行法》还允许银行设立分支机构。

有研究认为美国许多州立法禁止银行建立分支机构削弱了银行抵御危机的能力，分支机构可避免银行与某些集中的地区和行业高度相关，在经济危机时免受其牵连。比如，加拿大的银行正是凭借大量的分支机构在金融危机中得以大部分幸存的。[1]《1933年银行法》还提出了存款保险制度，相关的机构于1933年正式成立。

通过修订《1933年银行法》《证券交易法》等法律，罗斯福政府建立了包括美国证券交易委员会在内的一批金融监管机构，加强了对市场的监管。

美国在罗斯福政府期间通过立法建立了初步的社会保障体系，从而进入福利国家行列。并且还建立了养老保险和失业保险，限定了企业工人的最低工资和最

---

[1]Carlson M, Mitchener K. Branch banking, bank competition, and financial stability[J]. National Bureau of Economic Research, 2005.

高工时。对于最低工资的批评较多，有观点认为最低工资减少了缺少技能和工作不熟练的青年人的就业机会。出于平衡财政的考虑，罗斯福政府养老保险和失业保险的资金部分源自对个人和企业的征税，也有批评者认为1937年企业开始缴纳的税收部分可能增加了企业的负担，影响了经济的恢复。

大萧条的启示

2020年，中国和全球经济正处于新冠疫情肆虐之中，经济活动大幅停摆，失业率急剧攀升。需要避免经济陷入严重衰退，需要为低收入群体纾困，也需要抓住时机推动改革。大萧条和罗斯福新政给当前的经济局面留下来众多宝贵的经验和教训。

◎ 1. 保持信贷增长和防止通货紧缩是避免过度萧条的特效药

金融体系是繁荣的扩大器，也是衰退的扩大器。大萧条的研究学者普遍认同，信贷过度紧缩带来了大萧条，信贷恢复以后大萧条也随之消失，依靠经济自身恢复力量走不出大萧条。[①]

经济下行有多方面的原因，泡沫破灭、外部经济环境恶化、经济结构失衡、意外灾害发生等，但是这些都不能充分解释为什么会发生大萧条。信贷的作用至关重要，经济下行往往会引起信贷紧缩，如果不能采取有效措施，信贷紧缩会放大需求下行和供给收缩之间的恶性循环，经济下行将会越来越严重。

保持合理信贷增长的边界在于通货膨胀率，货币当局最优先考虑的目标是温和的通货膨胀率，这是供求大致平衡的标志，也是经济发挥自身恢复力量的保

---

①Christina D. What Ended the Great Depression？ [J]. Journal of Economic History, 1992, 52(4): 757-784.

障。防范金融投机和资产价格泡沫，维持金本位或者汇率稳定往往是货币当局难以抵挡的诱惑，但是在通缩面前，其他货币政策目标应该让位。

应该通过依靠宏观审慎政策来防范金融投机和资产价格泡沫，而不是绑架货币政策。经济低迷时期，货币政策只能"拉绳子不能推绳子"的说法很流行，这只能说明单独依靠货币政策不足以让经济尽快摆脱低迷，不意味着货币政策不应该放松，也不意味着货币政策放松对防止经济萧条没有作用。

2. 打破财政平衡教条

大萧条是需求下行和供给收缩之间的恶性循环，打破恶性循环需要止住需求下行，在需求下行的背景下扩张供给只会让通货紧缩更加严重，且收入难以增加。止住需求下行除了信贷的支持，需要通过扩大财政支出提高需求。

胡佛和罗斯福总统在财政问题上都有失误。胡佛总统任期内在大萧条期间保持财政预算平衡，1930年，美国财政还实现了0.7%的盈余，对提振市场需求丝毫没有帮助。

罗斯福总统新政期间，财政支出在1933～1936年期间明显扩张，从46亿美元上升到82亿美元，财政赤字/GDP上升到5%左右，对恢复需求起到了帮助。然而罗斯福总统同样犯下了过于看重财政预算平衡的错误，1937年的财政支出下降到76亿美元，1938年进一步下降到68亿美元，这也是1938年美国经济再次陷入衰退的重要原因。1939年罗斯福政府再次重新启动政府投资，财政支出扩张至91亿美元，美国经济才走出衰退。

3. 避免国际贸易争端

破产和失业不仅会在国内扩散，也会从一个国家传递到另一个国家。困难的经济局面会激发国内民族主义情绪抬头，贸易保护政策呼声也会更高。贸易保护政策看似保护了进口替代部门的利益，实则代价更大。贸易保护政策不仅不利于出口，还会加速国际债权债务关系的恶化，破坏整体国际合作应对困难局面的氛围。

◎ 4. 纾困要有针对性，避免带来新的市场扭曲

针对不同类型群体要采取不同纾困策略。对于不具备工作能力的老弱群体以及特定人群需要提供直接发钱的救济。对于中青年失业群体则更重要的是提供工作机会，尤其是通过公共项目建设提供的就业机会。

比如平民保育团提供短期限和临时性工作，不仅为特定的失业青年提供了工作，还提供培训以增强其工作能力。WPA计划为包括刚毕业的高中生、大学生和失业的艺术家等提供长期工作，缓解了无工作经验的毕业生与衰退时期难以找到工作的艺术家等特定群体的就业问题，从而建设完成了许多重要基础设施，并留下了许多艺术作品。

但是政府工程以及提供的就业机会可能会扭曲劳动力市场、资源浪费，因此最好以短期限、临时性的就业计划为主。

给面临现金流断裂风险的部门提供融资。罗斯福新政时期通过《住宅贷款法案》和《农业调整法案》，分别成立了置业贷款公司和农场信贷联合会，为由于收入下降而面临住房和农场被收回的个人和农场主提供融资，《住宅贷款法案》还允许房主在非常时期可以延期还本付息。

◎ 5. 政策是一连串试错，重在纠错

国家之手干预经济的时候，政策设计考虑不周再自然不过。新政期间的《国家工业复兴法》《农业调整法案》有明显的重大缺陷，后被废除。全国复兴总署的价格管制措施也被批评是对大企业量身定做，小企业受到更残酷的压迫，后来调查发现全国复兴总署参与管制的行业当中有7个存在垄断行为，总署负责人

休·塞缪尔·约翰逊（Hugh Samuel Johnson）引咎辞职。以工代赈等一些纾困措施也存在着会扭曲劳动力市场的瑕疵。

这些法案和政策都是在特定背景下出台的，刚出台的时候可能因为政治和情绪绑架政策设计考虑不周，也可能在当时特定环境下利大于弊，但随着经济环境变化就弊大于利，因此及时对政策进行调整和纠错至关重要。罗斯福新政期间的很多政策虽然被废除，但是经过调整后的新政政策留下了很多遗产，新政后政府与市场的关系、联邦政府与地方政府关系都有了很大变化，民主社会主义在后来有了持续发展。

◎ 6. 关注对特权的制衡

罗斯福总统出生于当时美国社会的特权和精英阶层，儿童和青少年时期与美国平民阶层少有接触。但罗斯福个人却一直在站在特权和精英阶层的对立面，罗斯福新政各种政策背后都有一个重要的理念——对特权的制衡。

他发明了一种由政府创造制衡性的方法，并称相关的理念为"确立准绳"。罗斯福力图在政府不进行直接干预的情况下，确定一种人为的协调机制，激发市场参与主体的活力，让市场更加公平地运转。他支持劳工对企业家的制衡，支持消费者对生产者的制衡，支持西部南部发展对东北部形成制衡，支持低收入、少数族裔等弱势群体。

要让制衡性力量真正发挥作用，就必须要让参与者拥有话语权，能够独立地发出代表自己利益的声音。而西部和南部需要实现经济发展，才能具有话语权；工人和消费者需要组织起来，才能具有抗衡企业家和生产者的力量。这就需要国家为工人和消费者提供失业、养老等可能面临的各种收入损失的社会保障。

上述这些制衡性的理念对于缓解社会冲突、促进经济结构平衡都发挥了积极作用。

是否会迎来新一轮全球金融危机①

CF40研究部

全球经济即将正式步入衰退

从以下四个层面看，危机或许已经到来，全球主要经济体将在1~2个季度内步入衰退。**第一，在新冠疫情暴发之前，全球经济已经濒于衰退。**全球十大经济体中，日本、德国、英国、法国、意大利、加拿大六大经济体都处在衰退边缘，而美国、中国、印度的经济增速也在逐步放缓。**第二，新冠疫情已经演变为全球性大流行病，疫情防控将对各国经济增长形成冲击。**最有效的疫情防控措施是减少经济活动，但这样美欧等服务业、消费占比高的国家将会受到很大冲击。**第三，各国普遍缺乏政策空间。**货币政策方面，在疫情真正得到控制之前，货币刺激的作用有限。财政政策方面，考虑到债务持续性问题，全球许多国家的财政政策已没有能力刺激经济。**第四，全球金融市场的波动已接近甚至超过全球金融危机时期水平。**风险资产、避险资产出现了共振下跌的现象，这是全球危机步入流动性危机的征兆。2020年3月16日，在新闻发布会上，特朗普也首次承认，美国经济可能会由于新冠肺炎疫情陷入衰退。

当前，全球经济陷入衰退已经形成较强的共识。但对于衰退的性质是大衰退，还是较浅的衰退，仍有一定争议。偏悲观看法认为，当前疫情发展的不确定性很大，应做好最坏打算，把应对危机的困难估计足。

---

①本文为CF40战疫系列要报之16，完成于2020年3月17日。

持悲观看法的人们认为：首先，对比2008年世界金融危机，本次危机的产生并不是由于金融机构出现问题，而是疫情对经济形成拖累。经济活动被迫按下暂停键，企业财务受到影响，财务问题演变为信用问题，最后传导到金融机构与金融市场。其次，不应低估疫情对金融体系的影响。比如，前段时间欧美金融市场大幅波动，可能已经导致众多机构爆仓，而石油价格的暴跌则进一步加剧了风险。再来，更根源的问题在于欧美经济体所固有的财政、金融和债务沉疴。疫情冲击下，各国面临两难选择：若加强防控，可能打击本就脆弱的经济；若不加强防控，疫情又难以得到切实控制。目前来看，疫情已经在欧洲扩散，在美国的演变还较为不确定，但大多数专家认为对于欧美疫情防控形势不宜过于乐观。

也有部分专家的态度偏乐观，认为虽然短期内实体经济衰退难以避免，但更长期来看不用太悲观。 疫情演变都会经过暴发期、控制期、缓和期与平台期，当前虽然各发达国家疫情还在暴发期，但考虑到发达国家医疗条件等各方面水平较高，疫情最终应能得到控制。此外，随着疫情得到控制，经济需求端与供给端所受冲击将有所缓解，经济衰退可能较浅。

新一轮全球金融危机担忧再起

关于是否会迎来新一轮全球金融危机的担忧，目前众说纷纭。

其中一种观点是，全球性金融危机已经来临，而且还将继续演化，冲击银行资产负债表。 疫情冲击和油价暴跌只是此次危机的导火索，危机的根源在于2008年以来全球债务规模快速膨胀而产生的系统性衰退型的公司资产负债表。2008年以来非金融企业部门债务累积过高，国际清算银行（BIS）报告显示，全球非金融企业部门2019年杠杆率高达GDP的92%。美国企业债务占GDP比重也已经达到74%，远超2008年的47%。

近年来，美国企业发债呈现出与以往不同的三个特点。一是BBB级债券发行规模较大，许多盈利好、现金流充足的企业也大量投资债券，规模达千亿美元。二是兼收并购活跃，杠杆融资增多。银行对资产负债率较高的行业和企业，杠杆融资规模较大。三是企业发债用于回购上市公司股票。2019年标普500上市公司回购股票的半数资金都源自企业发行的债券。

企业杠杆率过高，在需求下降、企业盈利下降的情况下，新发行债券困难，势必导致债务违约、难以为继，由此将戳破股市泡沫。未来两三年甚至更长时间内，全球经济可能将处于低迷期。因此，此次股票市场和债券市场的大幅调整是必然的。但危机本身也是释放风险和市场出清的过程。在经历经济衰退、失业增加、企业破产和市场出清的过程后，经济又会进入新的周期。

另一种观点是，尽管经济陷入长期停滞风险上升，但发生系统性金融危机的可能性不大。首先，对比2008年世界金融危机。2008年是由金融危机引起的经济危机，美国的金融系统先出现危机，高盛、花旗、摩根以及AIG（美国国际集团）等最重要的金融机构都遭受重创，面临倒闭的风险，直接引发经济停摆。而此次是由疫情冲击和石油价格下跌引起的经济风险，美国的金融体系仍十分稳健。除了石油行业，经济基本面也相当稳健。其次，虽然美国一些企业的高息债会面临巨大调整，尤其是石油行业，但这对金融体系和经济造成的冲击有限。**有专家认为，虽然目前还不能判定美国已经陷入金融危机，但如今可能已经步入经济危机的前奏，形势演变会与1929～1939年的情况类似。**

加强国际协作，维护全球经济金融稳定

面临可能出现的新一轮全球金融危机，各国该采取怎么样的措施？

首先，在各国政策空间不足、政策边际效应递减的情况下，应当寻求新的

方法，推进结构性改革，同时加强国际协作。一方面，应对2008年世界金融危机时，主要依靠中央银行的量化宽松政策，但却消耗了货币政策空间，引发了零利率甚至负利率的问题。此次应对，各国必然会进一步加大量化宽松政策的力度，但仍需要考虑和研究：仅依靠宽松的方法能否应对这场危机，应对方法又是否可持续。另一方面，在逆全球化趋势下，国际合作受到明显阻碍。在各自为战的情况下，发挥国际组织和国际平台作用以治理全球共同面临的问题，其难度远高于2008年。各国有必要寻求共识、加强全球层面的协作。

其次，全球政策干预重心可分为应对当前现金流断裂和今后次生伤害的两个层面。第一个层面，在经济活动骤停时，必须保证企业和居民的现金流正常维持。这其中有两个异常脆弱的领域需要予以关注：一是高杠杆的企业和个人，因为其现金流断裂的次生伤害很难修复；二是低收入的企业和个人，因为它们是经济中最脆弱的群体，在可选消费经济活动下降时也最先遭受打击，将面临失业或者收入大幅减少的问题，但其本身又缺少储蓄或者资产，可能产生严重经济压力，甚至引发社会和政治问题。因此，政策应对思路，首先是通过普遍性较低利率维持现金流，其次是定向财政补贴，包括对低收入企业的财税补贴、减税以及对合约的重新组织等。

第二个层面，应对可能出现的美国原油行业被出清、美国高收益率债市泡沫破裂、企业的投资受到普遍和广泛的打击等次生伤害。为了避免债务–通缩的恶性循环，需要宽松的货币政策和必要的财政扩张。但在货币政策空间收紧、政府杠杆率较高的情况下，可采取的政策措施仍在讨论中，现代货币理论（Modern Money Theory， MMT）也成为被关注和讨论的重点。

再则，要充分发挥各层次金融安全网的作用，维护全球金融稳定。各层次金融安全网包括：

（1）多边协议方面，国际货币基金组织（IMF）资源得到充实、亚洲多边化协议层层推进、金砖国家储蓄安排不断取得进展；

（2）双边协议方面，中美等重要国家双边货币互换、双边安全网络逐步健全；

（3）各国不断探索和完善自身的宏观审慎政策框架。

各层次金融安全网可以在很大程度上帮助缓解疫情发展、防范金融风险，应充分发挥其积极作用。

假如危机再次到来①

CF40成员　缪延亮②

危机的演化路径难预测

2020年2月底以来，新冠疫情在全球范围内迅速蔓延，全球金融市场面临巨大冲击，经济衰退的风险不断加剧。对于当前全球经济金融形势如何演变，我们可以给出一些初步的判断。

推演金融危机面临这样一个悖论：事前很难被预测，事后回看则又是"必然"。如果事前能被预测，市场主体和监管机构就会采取措施，消灭危机于无形。正因为事前难以预测，才会有极度的疯狂和上涨。但危机事后看又是必然的，那么多错误的假设，不可理喻的乐观，膨胀的杠杆率和资产价格，起高楼、宴宾客直到轰然倒塌。预测不了危机是因为观察者想象力的匮乏。

总结起来，危机总是以出人意料的方式在出人意料的时刻爆发。那为什么还要推演危机演进路径？因为虽然引发危机的扳机（trigger）和恐慌时刻难以预测，但基本面和金融市场的脆弱性和放大机制却可以观察和推理。其演进一般会遵循如下路径：

（1）遵循阻力最小原则绕开监管，产生金融创新和新的影子银行。新的危机往往是逃避上次危机后强监管进行金融创新的产物，"危机—加强监管—金融创

---

①本文为作者在2020年3月13日的CF40青年论坛双周内部研讨会第119期"疫情冲击是否会导致全球金融危机？"上所做的主题演讲。
②作者系国家外汇管理局中央外汇业务中心首席经济学家。

新—新的危机"，如此循环往复。

（2）脆弱性积累的标准配方是：高杠杆率、期限错配和被挤兑的可能，总结起来就是"可被挤兑的短期杠杆融资（runnable short-term leveraged financing）"。

（3）金融市场和基本面相互作用，引发多米诺骨牌效应，直到发生标志性事件，引发E.coli效应。2008年危机后美国杠杆率最集中的企业部门和金融市场，也产生了以资产管理公司和被动投资为代表的新型影子银行，如果疫情冲击持续，那么我们无法排除出现实体经济衰退和金融市场危机相互强化的极端情形的可能性。

危机的具体演化路径很难预测。危机发生的演化中有一些偶然性。事后看来是必然，但是事先看就有很大的偶然性。现在来看2007～2008年的金融危机，很多文章写美国发了十万亿次级贷款、百万亿信用违约互换（CDS）对赌，整个金融市场泡沫化，发生危机是必然的。但是如果没有雷曼事件，可能就不一样。美联储没有救雷曼兄弟公司，救了贝尔斯登公司[①]。事实上雷曼兄弟公司总资产约7000亿美元，贝尔斯登公司约6000亿美元，前者比后者大不了多少。如果美联储把雷曼兄弟公司救了，可能就不会引发后面一系列连锁反应。

现在大家都把雷曼事件当作2008年世界金融危机的标志性事件。但危机真正开始扩散，并引发恐慌的地方其实是看上去最安全的货币市场。一个叫作primary reserve fund（主要储备基金）的货币市场基金（money market fund，MMF），持有了大约1%雷曼兄弟公司的商业票据，雷曼兄弟公司倒闭之后该基金出现亏损，导致货币市场基金跌破面值（break the buck）。原来大家觉得买基金是最安全的，就和存银行是一样的，但是它毕竟不是银行，没有存款保险保护。亏损发生后买了这只基金的人就开始"挤兑"它。

---

①贝尔斯登公司（Bear Stearns Cos.），全球500强企业之一，全球领先的金融服务公司，原美国华尔街第五大投资银行。

当时，货币市场的规模是3.5万亿美元，约有3500万人投资货币市场。"股神"沃伦·巴菲特（Warren E. Buffett）就曾说过，在当时参加聚会，发现大家都在讨论货币市场是否安全。如果只挤兑这一家还行，但是这个时候还会发生E.coli效应。举例来说，假设有两家连锁咖啡店，一位顾客吃了其中一家咖啡店的三明治，因为三明治的鸡肉疑似有大肠杆菌而吃坏肚子。这可能会导致这位顾客不仅不去出了问题的那家咖啡店，甚至连另一家咖啡店也不去了。不仅如此，他有可能以后不吃三明治，也不吃鸡肉了，甚至连肉都不吃了。

当时就发生了这个情况。自从雷曼兄弟公司的商业票据出现问题，很多家货币市场基金都遭到了挤兑。因为MMF持有多家公司商业票据，比如GE（美国通用电气公司）、苹果、微软等这些大公司的商业票据。平时大家觉得没有风险，不会破产。但在当时，大家就觉得这些公司的票据会不会也有问题？一家公司的商业票据出了问题，大家把所有公司的商业票据和其他产品都认为有问题。

危机一定有一个意想不到的、协同的、夸张的、恐慌的效应，从开始很乐观到恐慌，再到崩盘，也就是美国著名经济学家查尔斯·金德尔伯格（Charles P.Kindleberger）所说的三阶段——狂热、恐慌和崩溃（mania，panic and crash）。

危机前的蛛丝马迹

正因为有这样的三阶段，很难有一个"水晶球"能在事前完美清晰地看得到危机的演进。危机爆发前，你可能事先预测不到在什么时间点上，因为什么事件会引发这么巨大的恐慌，产生E.coli效应，最后导致整个金融系统的危机。但这是不是就意味着我们不需要尝试去做这些工作呢？

我觉得还是可以做一些工作，因为危机的发生有一些蛛丝马迹可寻。有以下两点可以做：一是评估存量上哪些东西是最脆弱的；二是合理演绎危机中可能会发生基本面和金融市场的相互反馈。

可以推测的是，危机的爆发一定是事前没有想到的，是在监管没有照顾到的角落。因为如果吸取了以前的经验教训，以前经历过的危机就不会再次发生，所以肯定是有一些地方错过了，符合金融创新的"最小监管阻力原则"。回顾以前发生过的危机，把那些漏洞堵起来，它就不会重复发生。比如1930年银行危机，为避免银行挤兑，推出了存款保险，银行危机就很少见。再比如这次，如果还盯着2008年出问题的房地产市场和银行体系，就发现不了太大问题。

虽然没有两次危机是一样的，但是会押着相同的韵脚。上一次危机暴露出了影子银行的问题，监管没有注意到影子银行有很多表外业务，成立了表外结构投资载体（SIV），加了很多杠杆。投资银行也都依赖短期批发融资（short-term wholesale funding），杠杆更高。再就是签了很多CDS对赌协议，且内嵌有复合杠杆。监管没到位，杠杆率又比较高。

金融危机或者说挤兑的发生涉及了三个要素：一是期限错配，虽然金融应该做期限错配，但这也是金融容易引发问题的地方；二是高杠杆，杠杆本身不是坏事，它放大收益，但是也会放大负面影响和损失；三是容易被挤兑。借长期资金没有期限错配；借短期资金要是有担保，比如有存款保险的银行存款，也不会发生挤兑。但如果是短期的批发融资，而且没有任何担保，就有可能发生挤兑。即便当时这些短期融资也有抵押物做担保，但后来人们发现很多都是CDO等次贷产品，市场流动性没有时就没有人要这些产品，没人要就没法定价，就开始挤兑。

新的危机在哪里

当前美国的危机最有可能在什么地方，以什么方式和什么样的演进路径发生？我是按照这三条标准来找的。第一条，有哪些领域是可以绕开监管的，新的影子银行以什么形式存在？第二条，哪些部门是当前脆弱性最高的部门？第三条，它和基本面的关系是什么，存在什么样的反馈机制和多米诺骨牌效应，如果这个时候基本面受到较大冲击，风险就比较高。

◎ （一）新的影子银行形式：资产管理公司

首先看新的影子银行形式。现在很多资产管理公司（也包括养老金），因为不是银行，基本不受监管，当然养老金有一定监管。资产管理公司贝莱德集团（Blackrock），大约是7万亿美元的资产规模，按股票市值600亿美元和市净率（PB ratio）是2来估算，资本金只有约300亿美元，杠杆率很高。某种程度上，这些资产管理公司也在做银行的事情，比如它们投资了很多公司债。可能会有读者表示反对，认为这些资产管理公司的钱很多来自养老金等实盘投资者，亏了也是亏投资者的钱，不会亏它自己的本金。但是现在有很多ETF或者债券基金，也都面临赎回压力。资金面临赎回压力，实际上就是在挤兑。

不仅是这些资产管理公司，现在很多投资机构，包括对冲基金，它们都采取同样的风险平衡策略。风险平衡在正常情况下是很好的，可以对冲掉增长的风险或者通胀的风险。它的基本思路是在股票和债券之间配置，起到一个对冲的作用。但是，风险平衡其实是有杠杆的，买的股票越多意味着买的债券也就越多，因为两者要相互之间对冲。

买债券的时候可能还会有期限错配。因为久期比较长，长期债券对冲的功能更好，机构可能会在短端拆入一些资金，用来买长期债券。所以就有借短投长和期限转换（maturity transformation）。此外，风险平衡策略让股票和债券联系在一起，加强了不同市场之间的共振关系。如果面对真实收益率上升的冲击，即衰退情形，通货膨胀预期急速下降，现在十年的平准通货膨胀率（BEI）跌到1%以下，那么股票、债券的价格就会齐跌。股票跌了，债券头寸也要减少。这种共振现在更明显了，因为现在也有很多养老金、主权基金等作为共同投资者、共同债权人在全球各个市场投资，让金融市场的渠道在全球之间相互联系得更紧密。

以上是第一点，新的影子银行可能就是资产管理机构，它们从事期限错配、融资活动，而且并没有受到严格的资本金等监管要求限制。

◎ （二）哪些部门脆弱性高：公司债、金融部门

美国现在的脆弱性在哪儿？2008年世界金融危机中，脆弱性在房地产部门。房价涨得太高太快，且在2008～2018年的这10年时间内，房价翻倍。要知道在1890～1997年的一个多世纪里，美国的房价在扣除通货膨胀后，每年只涨了0.09%。从部门来看，加杠杆最大的是居民部门。12年时间过去了，美国房价涨得并不是太高，因为这期间信贷标准一直都很紧，而居民部门一直在去杠杆，杠杆率从100%降到了80%左右的水平。是哪个部门在加杠杆呢？企业部门。企业部门的杠杆率从65%加到74%。虽然绝对量级不是特别高，但是存在一些结构性的问题，比较次级的高收益债和杠杆贷款增加比较快，合计大概有4.3万亿美元，占同时期美国GDP的20%。

为什么高收益债、次级债的收益增长得比较快？跟2008年世界金融危机的原因相近。当美联储把基准利率降得很低的时候，金融机构一定会追逐收益，哪里赚钱往哪里去。2007年的时候MBS看上去很安全，还对国债有利差，于是大家都去拿这个利差。虽然利差越拿越低，可银行也想拿这个利差，便也去买这些资产。于是发MBS的公司就有动力提高供给，便产生了很多扭曲的"三无房贷"——"没有工作、没有收入、没有资产"的人也可以拿到房贷。追逐收益会产生扭曲，并去往高风险和低流动性的地方，这在公司债市场上表现得很明显。

美国还有其他部门的脆弱性比较高吗？我觉得今天美国杠杆最集中、也是

风险最高的部门就是金融市场，包括股市和债市。经常有人问，美国股市和债市，哪个是更大的泡沫？债券收益率已经到了200年最低，十年期国债收益率跌破1%。股票市场按估值看，并不是最极端的水平，比2001年的估值高点还要低不少。但是就上涨幅度而言，过去10年的牛市是前所未有的。尤其它是在基于一个非常弱的增长情况下涨那么多，但主要还是估值在支撑。

这些支撑同时还受到一些结构性因素的影响。比如现在的投资者结构中，ETF等被动投资越来越多。ETF投资就是资产价格越涨越买，越买越涨，形成正向反馈效应。相应的，资产价格下跌的时候，就越跌越卖，越卖越跌。不仅如此，ETF买的是指数，不区别个股，因此就会起到一个"火烧连营"的连锁效应。如果ETF不分散化，那波动率会比较高，所以ETF要在个股间分散来跟踪指数降低波动率。这有个坏处是，如果某一支或某个行业的股票出现问题，问题比较大导致指数下跌，那么ETF就会卖很多股票，就像火烧赤壁里面庞统向曹操建议的，"丞相，单个的船容易晃动，咱们把船都连起来。"连起来问题也就来了，如果有一只股票大跌，所有的股票跟着跌。

美国金融市场的脆弱性还体现在其他方面。比如，现在也很流行的商品交易顾问（CTA）动量交易。当然动量交易在20世纪80年代就有了。1987年股灾当天股市跌了20%多，这类交易在今天并不是什么新的东西。但是自从1988年引入熔断机制以来，出现的三次熔断有两次是在最近一周之内发生，而且债券市场也爆发出流动性不足的问题，这就说明市场的稳定性不够。

为什么存在这种情况？可能是由于监管太严，银行不能做自营交易，没有动机去拿很多存货和做市，导致流动性不足。但最重要的原因可能是，投资者的这些交易策略的跟风行为，这些趋势交易、动量交易加剧了股票市场、债券市场的波动，价格的上涨和下跌都被放大。

◎（三）金融市场和基本面的互动

危机很少是在一天之内发生的，通常会有一个不断升级、恶化的过程。这种升级和恶化往往是在基本面发生变化后，引发了金融资产质量下降、价格下跌，然后两者之间互相促进，互相引发反馈，愈演愈烈直到最终不可收拾的地步。比如，我们都把2008年世界金融危机大爆发的标志性时间定为2008年9月15日雷曼公司倒闭那天。但是在这之前一年的时间里，危机就处在这种缓慢的升级过程当中。而今天，实体经济应该是最先受到冲击的部门，因为疫情导致经济骤停。这在之前是没有出现过的情况，资本主义是第一次碰到经济骤停这样的巨大冲击。

经济骤停会带来什么后果呢？首先，肯定会造成大量人员失业。新冠疫情对就业情况的冲击非常大，比如旅游业、餐饮服务业、娱乐业，还有航空运输业等，这些行业肯定会出现大量失业。而且服务业部门很多都是中小企业，其资产负债表本来就弱，极有可能难以支撑此处的冲击，出现破产。如果冲击持续时间长的话，那么连一些大型企业也可能会面临危机，比如说航空公司等。而且除了新冠疫情的影响，还叠加了油价冲击。石油这个部门大概有一万亿次级债，投资级以下的融资肯定会出现问题。更重要的是，实体经济冲击还会跟金融部门相互叠加。这两个相互加强的负反馈机制有可能把整个经济、金融一起拉下水。最后的冲击有多强，取决于疫情持续时间、程度和是否出现政策失误等因素。如果疫情能够较为及时地得到控制，经济活动很快重启，那么类似2008年的金融危机就不会发生。但是如果美国也像欧洲那样失控，那就不能排除会出现2008年金融海啸和1918年大流感两个冲击叠加的情形。

漫长的衰退

美国从2008年金融危机中走出来花费的时间是比较短的，衰退仅持续了四五个季度。其中一个重要原因是美联储、财政部采取了大量的刺激措施，促使经济开始复苏。美联储把利率从5.25%降到0，推行了三轮QE。同时，联邦政府推出了紧急的经济刺激计划，还有7000亿美元的危机救助计划，但是今天这些政策空间都是有限的。

从美国的角度来看，2008年金融危机采取的政策在如今的施展空间有限，一是在能力上有限，二是在意愿上也相对有限。2020年是选举年，现在国会处于民主党控制众议院、共和党控制参议院的状态。不到迫不得已或者最危急的时刻，很难像2008年共和党政府那样推出救助计划，并在16天时间之内就在参众两院得到通过。并且在国际上，当前随着贸易摩擦的升级、反全球化情绪的持续，协同一致的政策难以推出。而2008年全球有紧急的、协调一致的降息，2009年4月在伦敦开展了G20峰会，采取步调一致的财政刺激措施。此外，2008年中国的"四万亿计划"在拉动全球复苏中扮演了重要的角色。而如今，全球层面既没有意愿也没有能力，无法像2008年一样靠政策刺激快速走出衰退。

我们面临一个很现实的问题：如果经济衰退了，而且是一个经济骤停，叠加金融风险从金融市场和公司部门传导而来，那是不是会有一个非常漫长的衰退在等着我们？不排除会出现1929～1933年大萧条的重演。我们期待的V型反弹并没有发生，而是一个缓慢且冗长的L型，然后最大的可能性是转变为U型的反弹。

有人会问，为什么这么担心股票市场、债券市场这些资本市场波动带来的问题？资本市场是个零和交易，有人赚钱就有人亏钱，怎么会引发金融危机呢？流动性危机有什么可怕的，联储不是最擅长解决流动性危机吗？下面我们来逐一解答：

第一，资产价格波动有什么影响？股票市场有很强的财富效应，是金融条件的非常重要的组成部分。在股票上涨的时候，有很强的正面刺激效应，而在股票下跌的时候，不仅公司的资产负债表恶化，居民部门的资产负债表也会恶化，财富效应也会变为负向。这是有很强的实际经济含义的，不仅仅是两个成年人之间"你情我愿的赌博"。

第二，资产价格波动如何引发金融危机？一般来讲，金融危机要以一些大的金融机构破产为标志。股票和债券大跌是有可能导致美国的公司部门出现破产的。美国很多公司过去一直在玩一个游戏，去市场上发债融资来回购自己的股票。这样这些公司便在持有了自己很多股票的同时，也有了很多债务。如果债务偿付利率一直在上升，而股票的价值在下跌的话，那很可能一些公司就会倒闭。现在还有很多金融机构、资产管理机构，是不受监管地加了杠杆进行投资。这些机构就有可能会面临赎回，出现挤兑，甚至出现破产。

第三，美联储难道还对付不了流动性危机？2020年和2008年的金融市场波动都表现为流动性危机，但背后的根源并不一样。2008年市场波动、流动性枯竭，美联储给各个市场注入流动性，给银行注资，通过联邦存款保险公司（FDIC）给所有金融机构的新发债务进行担保，还剥离了一些坏的资产。当时危机的风暴眼在金融部门，救金融、救银行就能把整个危机止住，使得信贷恢复，经济复苏，股市反弹。但2020年的危机更有可能是在企业部门，在实体经济表现为流动性危机，但实质则是偿付能力危机，并且会随经济冲击持续而恶化。美联储对此并没有太好的应对工具，除非直接干预股市或者买公司债，而这在法律上又不被允许。

换句话说，经济危机的应对分成流动性危机和经济复苏两个环节。对发达经济体而言，眼前更难的是如何实现持久和强劲复苏。货币政策多种传导渠道可以浓缩为金融条件，经验规则是金融条件收紧1个点，经济增速下滑1%。2009年美国快速复苏是通过长端收益率（占金融条件45%）的迅速下滑和企业信用利差（占比40%）的快速收窄来实现的。2020年3月美国的金融条件指数已经比2月收紧1个点至100，2008年危机时该指数曾超103。长端收益率降无可降，信用利差若持续放宽，那么美联储将缺乏应对工具。一旦陷入衰退，低增长将导致更多的低增长。

02

对未来中国经济怎么看

百年一遇疫情下的中国①

CF40特邀成员　梁　红②

百年一遇疫情下的中国经济展望

2020年3月初以来，随着海外疫情愈演愈烈，从全球疫情扩张的速度来看，我们开始担心国内对困难的估计不足。

即使如伯南克所讲，疫情是一次如暴风雪那样的短暂冲击，但这个冲击究竟持续3个月还是5个月，对经济所产生的影响是不同的。美欧等国的确诊人口密度已经远超中国，美国累计确诊病例数目前仍在快速上升。从开始控制疫情算起，到确诊人数的二阶导数由加速到平缓再到下降，最后到确诊数字变成个位数字，这将是一个变化过程。现在美国疫情状况依然主导着整个海外疫情的走向。

由于新冠疫情造成的损失，我国即使在2020年剩下的时间中将经济增长速度快速拉到5%以上，如果没有施行超出想象的刺激政策，全年也很难达到超过3%的增长率。但即便如此，中国也可能是今年全球唯一一个经济正增长的主要经济体。

2020年3月初，全国复工已达八成以上，中金日度开工指数显示全国复工率约为86.5%，日耗煤量达节前正常水平的80.8%。但3月中旬之后日耗煤量上升速度放缓，这主要是国内需求的恢复较慢造成的。货运物流产能利用率恢复至九成

---

①本文为作者在2020年3月29日的CF40双周内部研讨会第284期"全球应对疫情：财政政策和货币政策的角色与作用"上所做的主题演讲。
②作者系高瓴资本产业和创新研究院院长。

以上，货运物流产能利用率恢复至2020年春节前正常水平的96.7%。但市内交通恢复比较慢，相当于节前正常水平的64.2%，这说明有很多企业还是选择居家办公。

然而，外需近期呈快速走弱迹象。外贸企业目前只有疫情发生前留存的订单，而5月以后的新订单的可见度很低。广东重型卡车的利用率在节后一路攀升，近期逐步走弱，且进出口运价指数也显示外需可能较为疲弱。回顾2008年世界金融危机时期，全球经济减速也曾大幅影响中国外需。预计在接下来时间内，此次冲击对外需所造生的影响只会比当时的情况更严重。2008年，我国的出口增速下滑了40%。当前出口额约占我国GDP的17%，所以即使用2008年我国的出口增速做参照，疫情在半年内也会对我国GDP产生4%～5%的影响。

说到财政赤字，政府收入减少就会自动扩大财政赤字，所以我国目前的财政赤字扩张不能全称为刺激政策。如果我国想要实现全年经济增长超过3%，那么前提条件是显性扩张的财政赤字相比去年增长较多。在这种财政政策之下才能弥补新冠疫情等影响造成的GDP损失，保证第4季度有5%左右的增长速度。所以今年财政赤字扩张是必选之题，要避免财政成为一个收缩项。如果没有比较大规模的显性财政赤字扩张，财政会处于紧缩的状态。

我国的货币政策也有所滞后。不管是面对经济下行和通缩压力，还是财政赤字大幅扩张，都需要货币宽松配合。但我国央行前端和后端的利率都过高。中国政策利率高于其他主要经济体，近期差距进一步拉大。中美国债利差也处于历史高位。

"美元荒"过后，人民币可能会有升值动力。虽然在"美元荒"驱动下人民币对美元贬值，但对一篮子货币明显升值。短期内人民币相对于新兴市场国家货币贬值，实际上也是在被动升值。因此，短期人民币政策较难把握。

中国还有哪些别国没有的政策选项

◎ 中国庞大而低效的公共储蓄

各国应对这次冲击的能力大小取决于其到底有多少储蓄以及如何进行分配。中国的储蓄率长期高于世界其他主要国家，且每年的净储蓄是美国的数倍，超过G7的总和。中国的公共储蓄很多，是应对当前危机的优势。据中国社会科学院测算，我国有相当于120%GDP的公共储蓄，这是其他国家所没有的。美国的储蓄或者说财富集中在一部分的私人手里，大部分老百姓和整个国家都是相对较穷的，很难调动储蓄。

但我国高公共储蓄率与低效的金融体系资源配置的问题一直广为诟病。能否利用这次危机把公共储蓄盘活，是中国能否比2008年时更好地应对此次危机，及未来几年的经济增长是否更有效率的关键点。

我国过高的储蓄率和金融体系分配制度、强制储蓄有关。强制储蓄所导致的最大问题就是我国广义的公共部门（特别是政府和机关团体）存款规模庞大，占比不断攀升，有很多无效的储蓄。这主要有三个原因：一是事业单位的改革滞后，二是国有企业集团的改革滞后，三是城投财税体制的改革滞后。中国"五险一金"结余大部分以银行存款的形式存在。因此是否利用此次冲击，盘活这些存量将是改革的重点，例如，更快地将国有资产划归社保，给企业减免更多社保。除了传统货币财政政策之外，如果中国能够加快划管储蓄，比如减免社保延长至一年，或将以存款形式存在的5.8万亿元公积金盘活，那么中国应对本次危机将会有很大的回旋余地。

◎ 大城市的住房、汽车需求还远远未被有效供给

中国仍然缺乏大型城市，在中国有27%的人生活在人口超过100万的大城市中，仅有13%的人生活在人口超过500万的大城市中，这个比例不到发达国家的一半。相对于大城市的住房和汽车需求而言，我国目前所施行的是史上最严的限购限贷政策。面对需求不足的情况，不进行调整是不恰当的。众所周知，我国住房用地供给、城市中住房的面积及很多其他设施都是不足的。大量住房的质量低下不能满足人们住房的基本品质要求。

造成高房价的主要原因在于政府的供地和税收政策，政府的税收和土地出让金占到城镇房价的六成有余。另外，城镇住宅建设用地也存在供给不足的问题。我国可以利用此次机会做自己的公租房、房地产信托投资基金（REITs）等产品，从而让人们把住房公积金用于返还或者进行更好的长期投资。

住房公积金结余超过全国养老金的结余，而且50%以上公积金是由国有企业和国家事业单位缴纳的。民营企业中主要由高收入的企业缴纳，例如金融企业。这种收入分配十分不合理，也因此住房公积金制度亟须改革。我国很早之前就已经提出要对此问题进行改革，而如今能否利用此次机会冲破部门利益值得我们的关注。

中国的人均汽车保有量仍有可挖掘的潜力，大城市内的道路建设还有空间。中国人均汽车保有量远远低于韩国、日本，在大城市的人均汽车保有量上相差距离更大。这其中的主要问题就在于道路。虽然中国高速公路总里程已超越美国，高铁总里程更是在全球一骑绝尘，但是中国公路、铁路总里程均低于美国，这也说明中国的基础设施建设还有一定的空间。

相比较短期内无法投资且回报周期较长的很多新基建、新的高科技项目，更有效的投资项目还是有需求的大城市、城市群中的基建和住房投资，且其回报率

更高，更能解决这个时期中国所面临的问题。

总之，中国能否在短期内从这次冲击中恢复，主要需要在三个层面上多着手。

第一，多使用显性的财政赤字政策。盘活国有资产，推出REITs时不我待；加快国有事业单位改革；减费，盘活巨量的政府机关团体存款；少依赖于商业银行；推进财税体制改革，对存量债务再次置换（或转股）。

第二，以补贴或降税的方式，把钱从政府部门向企业和老百姓转移。放开人口生育政策；延长退休年龄；划拨国有资产充实社保，降低社保缴费；加快农村住房和土地改革，增加非城镇居民的财产获得感。

第三，吸取2008年世界金融危机的教训，公平对待国企和民企。力图使最终的执行效率与2008年相比有所长进。加快国企改革，降低负债率，提高成熟行业的分红收益；建设有效的企业短期融资市场，减少企业"预防性"储蓄；加快股权市场改革，"闯关"融资定价市场化。

短暂冲击不改变经济基本面趋势[①]

CF40成员　彭文生[②]

三个维度看疫情对经济的冲击

对于宏观经济与市场而言，疫情是很少发生的外生事件，会对需求与供给都带来突发的冲击。因此难以根据经济变量内生演变的逻辑来评估其影响，而历史上可以参照的类似事件也不多。有一定参考意义的是2002～2003年的非典型肺炎（重症急性呼吸综合征，SARS）疫情。

回顾"非典"时期，对经济和市场的冲击呈以下三大特征。

第一，GDP增长快速下行，但是持续时间短，疫情消退后快速反弹。 2003年3月开始，"非典"从广东地区蔓延至内地其他省份，"五一"假期取消。2003年GDP同比增速从第1季度的11%左右下行至第2季度9%左右，但随着7月疫情解除，生产活动恢复，第3季度GDP同比增速回升到10%左右。

第二，经济增长波动的载体主要是消费，对投资的影响有限。 消费受到的影响集中于"非典"疫情较为严重的几个城市，人们减少外出，不利于旅游、住宿、餐饮类相关消费。日用品类、中西药品类则由于疫情在2003年4月出现消费额同比增速的跳升。

第三，金融市场波动加大。 2003年4月疫情明显加重后，市场快速下跌，4月17日～4月25日的8天时间内上证综指下跌7.8%，但随后至6月底反弹5%。从债市

---

①本文写作于2020年1月31日。
②作者系中国国际金融股份有限公司首席经济学家、研究部负责人。

来看，受经济预期变化影响，10年期国债收益率在2003年5月明显下行，6~8月在底部震荡。但之后随着疫情消退，经济回暖，国债收益率逐渐反弹。

这次疫情的影响和2003年的"非典"有什么不同？我们可以从三个维度来分析其中可能存在的差异。

第一个维度是病毒的传染性与毒性。这就好比疫情的广度与深度。传染性越强的病毒影响范围越广泛，而毒性越强的疫情则死亡率越高。一般来讲，毒性大但传染性低的疫情对经济的冲击小，而传染性高的疫情则对经济的影响较大。当然，如果病毒传染性与毒性都很强，其对经济的冲击就会更大。

第二个维度是经济体的开放性。越开放、人口流动性越高的经济体，病毒传播的速度越快，其造成的影响也就越大。而一个相对封闭与人口流动性低的经济体，病毒传播的速度越慢，其造成影响也就相对较小。

如前所述，目前确诊人数分布范围较"非典"时期更广，因此对经济的冲击可能更大。与"非典"时期相比，如今人口流动性明显增加，而且这次疫情恰逢春运人口大迁徙，武汉作为交通枢纽加剧了病毒的传播。人口流动性除了体现在城镇化率和外出务工人数的增长，还体现在国际层面，比如中国入境游接待人次由2002年的9800万人次上升到2018年的1.4亿人次，境内居民出境人数由2002年的1660万人次大幅上升到了2018年的1.6亿人次。截至2020年1月底，本次疫情在境外涉及20个国家和地区，低于"非典"时期的29个，但疫情还在持续。

第三个维度是政府对疫情采取的控制措施的严厉程度。为了控制疫情传播，政府采取隔离感染人士、推迟假期返工、减少公共交通、停止公共与集体活动及其他必要措施。这些措施越严厉，对控制病毒传播越有效，但也意味着短期内对经济的冲击越大。

与2003年"非典"时期相比，此次疫情防控措施似乎更为严格，开始的时间也更早。此次新冠疫情从首例病例出现到大规模公开防治，相隔50天，较"非典"时期的137天大大缩短。"非典"大规模暴发时间在2003年4月，人们普遍已回到工作岗位，取消"五一"假期对生产造成的影响较小。这次适逢春节，延长春节假期、调整学校开学时间，加上湖北多地采取不同程度的"封城"措施，其他城市也不同程度地限制外来人员流入，对经济活动造成的影响较大。

经济基本面趋势

结合以上三个维度，疫情对经济的影响体现在需求和供给两个方面。

疫情对供给端的短期影响体现在一些正常的生产活动被迫停顿，一旦疫情消退，生产活动就会恢复到正常状态。

消费方面，疫情影响程度与消费品的性质有较大关系，即可推迟和不可推迟的消费品受到的影响会有所差别。疫情期间，大多数消费都会受到冲击，而疫情一旦消退，可推迟消费的商品与服务消费出现反弹，消费者会弥补在疫情期间受到冲击的支出（比如买车）。但不可推迟的消费品即使疫情消失，也不能弥补回来（比如餐饮），甚至部分旅游活动的消费也不能弥补。

而本次疫情相比"非典"时期，政府开始采取管控措施的时间点更早，因此对消费的影响也来得更早。春节期间旅游、住宿、餐饮、运输等方面的消费将受较大影响，外出减少、春节期间快递运力不足也会影响纺服、化妆品、金银珠宝、汽车等消费。医药、通信和网上消费或将变得较强劲，但难以抵消其他消费遭受的冲击。

投资方面，与"非典"相比本次疫情对投资造成的负面影响可能也较大。农民工返乡后或短时期内难以返回工作地点。但由于多个区域封城，部分省际间长途汽车停运，区域列车通行班次被削减，或由于对疫情的恐慌心理，农民工的返程时间会更晚。从供应端来看，这会导致设备与原材料供应不足，而从投资端来看，这导致生产设备安装、厂房建设的开工时间延迟。

根据国家统计局的数据，2018年全国共有农民工2.8亿人，中部六省共有9500万人，而这其中有40%的农民工为跨省务工人员，且这一比例在东、中、西部最高。举例来说，基于湖北人口规模估算，湖北对外输出的农民工人数大约在620万人。

如果湖北等中部省份的交通不能及时恢复，叠加部分农民工外出意愿减弱，就将会给企业开工造成负面影响。从农民工输入地来看，55%的农民工流入东部地区，这意味着东部、尤其是沿海各省的节后用工将受到更大的冲击。从行业来看，29%的农民工从事制造业工作，另有19%从事建筑业，因此预计这些行业受到的影响可能更大。

短期内疫情导致投资增速下行，但随着疫情逐步得到控制，后续可能出现"抢工"现象，在一定程度上能够弥补前期投资的下降。

进出口方面，疫情对2020年商品进出口造成的影响更多地体现在第1季度，而对全年的影响程度取决于疫情的持续时间，整体上对进口的冲击大于出口。出口的需求来自国外，生产在国内；进口反映的是内部需求，生产在国外。这次疫情主要集中在中国境内，外部需求变化不大，国内生产受到的冲击较大。

量化估算疫情对经济增长的影响存在很大的不确定性。更值得关注的是，疫情造成的冲击是短暂的，疫情之后GDP回到趋势水平，这就意味着2021年经济增长会有显著反弹，大概率回到6.0%之上。疫情本身不会改变经济的长期趋势，短期下行的幅度越大，未来的反弹力度也就越大。

对资本市场的影响

疫情对资本市场的影响体现在两个层面——**投资者情绪和经济基本面**。在扩散初期，疫情带来的更多是一种情绪扰动。参考2003年的"非典"疫情：2003年1月21日，疫情正式被命名为非典型肺炎，上证综指当天下跌1.87%；2003年3月6日，北京确诊首例"非典"病例，上证综指当天下跌1.24%，随后的6个交易日累计下跌约4%；但上证综指整体呈现震荡上行态势，并在2003年4月15日创下了阶段性峰值，相比于1月2日上涨了约24%。

在疫情高峰期，"非典"对于市场的冲击取决于在多大程度上影响到经济基本面。2003年4月15日，世界卫生组织将广东、山西及香港等中国地区列为疫区。上证综指开始见顶回落，累计回调约9%。此后上证综指一度有所反弹，但也没有回到4月15日的水平。市场之所以没有重演扩散初期那种短暂扰动后创新高的走势，根本原因是经济数据走弱。

在疫情结束期，"非典"对于市场的长期影响可以忽略不计。以2003年6月24日世界卫生组织将中国大陆地区从疫区名单除名为起点，到2003年11月18日（上证综指1316点）结束这一轮长期下行阶段，累计跌幅13%，跌破了2003年上涨行情启动时的低点（2003年1月3日，上证综指1319点）。这与"非典"期间疫情扩散的利空冲击下，市场震荡上行形成了显著对比。背后的原因在于，2003年第2季度经济增速的快速下行进一步导致了投资者未来预期的恶化，但随后10月公布的经济数据打消了投资者的消极态度，市场随即在11月出现报复性反弹。自2003年11月18日至2004年4月6日，上证综指累计上涨了35%，抵消了2003年第3季度的跌幅，并创下了1777点的新高。从债市表现来看，"非典"期间债市波动加大，但总体来看，受经济预期较差影响，10年期国债收益率在2003年5月份出现明显的下滑，6～8月在底部震荡。但随着疫情消退，经济回暖，国债收益率明显反弹，尤其是在10月公布第3季度数据之后。

总之，在当前的形势下，疫情还在扩散，短期市场难免还有些扰动。以港股为例，市场已于1月29日恢复交易，恒生指数两个交易日累计下跌5.4%。在1个季度左右的中期内，那么疫情对市场造成的影响需要根据疫情对于经济基本面的冲击有多大来判断。如果是着眼于一年以上的长期目标，那么本次疫情对市场造成的影响则可以忽略不计。

政策应对：注重结构而不是总量

当前形势下，政策应对面临两个层面的选择。首先，控制疫情的措施越严格，其对经济活动的冲击越大，该如何取舍？其次，宏观政策如何在总量和结构之间寻求平衡，有效应对疫情对经济的冲击？

如前所述，疫情对经济的冲击大概率是短期现象，不会改变经济发展的长期趋势。从这个角度看，短期采取严格防控措施是非常必要的，可以说不存在控制疫情和经济冲击之间的难以取舍。以1918～1919年的美国大流感为例，美国有67.5万人丧生，其中55万人是正常年份中不应该出现的非正常死亡，而且死亡人口主要分布在15～44岁的主力就业人群中。而实证研究表明即便是造成了大量人口损失的这场大流感也并没有改变美国的长期增长趋势，大流感结束后的10年增长率快速向潜在增长率回归。

有观点认为，现在和2003年的"非典"不同，没有人口红利，没有入世的支持，房地产泡沫较大，经济面临的下行压力本来就大，叠加疫情的影响，经济似乎要垮下来。但疫情不是导致经济增速持续下行的因素，即使没有疫情的影响，当前经济的潜在增长率也仍旧比20年前低。

就宏观政策而言，疫情对经济的冲击是短期现象，也是一个重要判断。这意味着政策应对更应该是有针对性的扶持，帮助受到严重影响的行业、地区和群体，而不应该是大水漫灌式的扶持。也就是说，宏观政策应该注重结构而不是总量。虽然货币政策可能较没有疫情的情形下宽松一些，但主力应该在于财政扩张，包括减收与增支。

2019年年底中央经济工作会议对货币政策的定调是"灵活适度"，比此前的"松紧适度"已有所放松。2020年年初央行通过降准释放长期资金8000亿元，并投放3000亿元1年期中期借贷便利（MLF）。预计央行除了在结构上引导银行对受疫情影响行业、地区进行信贷支持外，还会适度加大货币政策的总量操作。但当前中国房价与宏观杠杆率都不可与"非典"时期同日而语，货币宽松力度受制于楼市与杠杆率。

财政政策方面，2003年"非典"期间，由于对投资基本没有影响，财政上主要是对餐饮、旅店、旅游、娱乐、民航、公路客运、水路客运、出租汽车等受"非典"影响较重的行业采取政府性基金减免和税收减免的政策。

根据前述分析，本次疫情会对投资和消费造成拖累，财政政策干预的力度可能会较2003年"非典"时期更大。在减收方面，可能会与2003年一样，对受疫情影响较大的行业采取政府性基金和税收减免的政策。在增支方面，预计一般公共预算财政赤字率会提到3%，专项债发行或超原有预期的3万亿元，且不排除发行特别建设国债的可能性。城投债和政策性银行债等"准财政"行为预计也会加大力度。

疫情后中国经济的风险和机会[①]

CF40 学术委员会主席　黄益平[②]

要重点关注中小微企业

这次新冠疫情带来的是一场全球性的公共卫生危机，各国经济和社会生活等都受到非常大的影响，而受到最严重冲击的可能是中小微企业。

从全世界各国的经济政策也可以看出这一点。以美联储为例，2008年世界金融危机时，美联储和美国财政部的政策力度非常大，主要支持金融机构，并提供了很多流动性以支持整个市场和系统。当时，美国政府采取的这些政策重点是为了防止发生系统性崩盘。而这次美联储的政策力度同样非常大，包括很快降低利率，甚至提供几乎不限量的流动性支持。但非常明显的变化在于，上次重点支持的机构是有系统重要性的金融机构，而这次的重点是中小微企业，当然实际效果还有待观察。

中国也有类似的反应。这次中国各部门和机构都遭到大冲击，其中，中小微企业所受的冲击最大。因为中国的中小微企业数量非常多，并且地位重要，贡献了60%以上的GDP、80%以上的城镇就业率。如果中小微企业出现问题，那么很可能会演变成系统性问题。

中国中小微企业的平均寿命只有5年左右，即每年会有约20%的中小微企业倒闭。我比较担心的是，大批中小微企业在经济复苏之前一起倒闭，造成大量员

①本文为作者在2020年5月的"2020凤凰网财经云峰会"上所做的主题演讲实录。
②作者系北京大学国家发展研究院副院长、教授，北京大学数字金融研究中心主任。

工失业，甚至出现大量不良金融资产，如果这三者之间再共振，形成一个恶性循环，最后很可能会变成一个系统性问题。所以，如今看中国中小微企业的问题，并不是关注每一家企业会怎么样，更多的是关注可能存在的系统性问题。

疫情之初，我们对疫情最严重的城市采取封城措施，并在全国大范围施行隔离政策。期间很多中小微企业有几周甚至几个月没有营业收入，以至于业务基本停滞，但开支却没有停止，这对其现金流造成很大冲击。过去，企业退出主要是由于资不抵债而破产，如今大型的公共卫生危机突然而至，导致的不仅是资不抵债，还有流动性现金流断裂的风险。这也正是我们要关注的地方，因为它很可能是系统性问题出现的源头之一。

支持中小微企业的背后其实还有更重要的原因。

一方面，中小微企业贡献了80%以上的中国城镇就业率，支持中小微企业在一定意义上也是为了社会稳定。

在过去这段时间里，央行、财政部也确实采取了很多措施，流动性方面的力度相比欧美要节制，其他方面与很多发展中国家和发达国家相比也有差异。其他国家采取的措施第一是直接支持企业保留就业，比如为了让工人继续有工作，保证不解雇工人的企业可以获得政府补贴；第二是提供失业救济；第三是直接支付现金。这三大政策既关注老百姓的生活，同时也能让中小微企业生存下去。

中国的所有政策目标也是如此。在财政方面主要是三大类政策措施：一是固定资产投资；二是减税；三是提供公共卫生开支，还包括减免租金、减缓缴纳社保基金，以及财政部对中小微企业提供贷款利率、利息开支等补贴。这样的政策也成为现在帮助企业渡过难关最重要的措施。

扶持中小微企业、老百姓，让他们先活下去，是经济政策的一个首要目标。

另一方面，中小微企业与老百姓的生存保障是疫情得以控制后经济复苏的前提条件。如果老百姓日子都过不下去，那么即便疫情控制住也没有消费需求。如果企业都已经倒闭，工人都被解雇，那么当疫情结束时，想要再谈经济复苏就会变得很困难。

经济复苏的驱动力会有新变化

这一次经济复苏的过程可能相对缓慢，而且充满不确定性。在这个过程中，中国的经济结构也会发生一些变化。

过去20年中国也受到过几次大的冲击，比如1997年亚洲金融危机、2008年世界金融危机。中国过去的做法，基本是通过增加固定资产投资来增加需求、稳定经济和就业，而且在两次危机中，这种做法都比较成功。

但这次冲击与以往相比不同，是一场公共卫生危机，不是系统性金融危机。

政府应对这次疫情的政策，简单来讲大概有三大类。第一类是抗疫，控制住病毒风险。目前为止措施比较有效，但还是不能掉以轻心。第二类是纾困，即帮助老百姓和中小微企业活下去，支持经济复苏。第三类是经济重建，过去四万亿财政刺激或政府提供的很多固定资产投资，都是这一类支持经济增长的政策。这次危机也有对于新基建和都市圈建设的提议。

个人判断，下一轮经济复苏会有一些较大的结构性变化，主要原因有以下两点：

一是出口恢复更困难，不像以前经济一复苏出口就能恢复。前段时间，东南沿海地区很多地方政府想方设法把内地民工接回来，目的是希望制造业开工，但开工后发现一些出口订单被取消。这就是如今面临全球性危机的重要体现。

全球性公共卫生危机，意味着全球经济能否很快回到冲击前的状态，并不取决于做得最好的国家，而是取决于做得最糟糕的国家。世界各国需要一起把疫情控制住，并一同恢复经济。

二是难以采取相同的固定资产投资措施。即便在本次危机中，中国选择增加固定资产投资，其力度也不可能像之前4万亿那样大。如今货币政策和财政政策的空间相比十几年前有很大变化。很多学者和官员也在反思中国在2008年的政策。当时出手快、重都是对的，但有没有过度、退出太慢的问题？这些又是否会导致经济复苏更加缓慢一些？目前仍没有定论。

当然，经过这么多年的发展，虽然中国经济的增长速度开始下降，但积累的底蕴越来越深厚。面对未来的发展，可能也会有不同的亮点。

亮点一，消费也许会成为下一轮推动中国经济增长的重要力量。

改革开放40年间，中国经济创造过两个全球性的经济传奇。第一个是中国出口了大量劳动密集型制造品，国际市场上很多产品都是中国制造的，中国出口状况决定国际市场状况。在所谓的劳动密集型、相对比较低端的制造业市场，中国曾经一度发挥举足轻重的作用。第二个，是在大宗商品市场，由于中国的投资力度非常大，对这些大宗商品的需求很强，很多出口大宗商品的国家，一度经历了所谓的超经济周期发展，即10年、20年没有经济衰退。

今后可能会有不同的故事，消费可能就是中国经济下一个传奇的主角之一。

不过短期来看，消费也有不少困难，特别是很多缺乏良好社会保障的普通老百姓，在疫情期间的几个月收入明显下降。因此即便疫情控制住了，消费复苏也会比较困难。

亮点二，这次危机过程中，数字经济发挥了很大作用。受疫情影响，封城后许多活动都被迫停下来，但是线上经济活动变得越来越活跃，比如网购、在线会议、线上教学。许多餐馆在疫情期间开始做外卖，许多制造公司的线下店关门后把业务转到线上。没有数字技术，这些都不可能发生。

数字经济我称之为宏观经济的"稳定器"。在宏观经济受到冲击的时候，数字经济至少减缓了部分冲击，这在数字金融领域体现得尤为明显。很多网络贷款在疫情期间依然线上进行，而实体银行门店基本上都关门。经过这次疫情，个人认为数字经济的发展会迎来新的高峰。尤其是新基建的实施，投资数字技术发展所必需的基础设施将带来数字经济发展的新高潮。

疫情后两大风险预测

疫情过后，个人猜测世界经济格局也许会发生结构性变化，其中隐含的风险值得每个企业、每个人关注。

第一个风险是疫情过后，逆全球化的政策找到新动力。

比如，疫情冲击将过去供应链存在的风险一下子暴露出来，一些政府和企业家觉得把口罩供应链放在本国内才更加放心。我并不认为由此世界经济就将走上逆全球化的道路，在这次公共卫生冲击之前，就有不少人在谈论中美经济会出现所谓的局部"脱钩"。而就个人观点，我现在仍然认为是局部脱钩，但会不会比疫情冲击以前的脱钩程度更高？尽管这并不属于经济问题，更多是出于风险管理甚至政治需要，但是对于这类风险我们要足够重视。

第二个风险是如今很多国家都在采取所谓"不惜一切代价"的财政政策、货币政策。

美国、日本、欧洲都采取了几乎是无限度的量化宽松政策，财政政策也在加大力度。国际货币基金组织最新预测，疫情过后发达国家的公共债务占GDP的比例很可能从105%上升到122%。

个人认为，大危机来临时，采取不惜一切代价的政策无可厚非，因为要防范系统性崩盘，但我同时也比较担心，危机过后，政府想要退出这些政策会很困难。2007～2009年的全球金融危机之后，很多非常宽松的货币政策至今没有退出，经济也没有明显复苏。

太宽松的货币或财政政策推出时容易得人心，但退出就会在政治上遭遇比较大的阻力，因为通货紧缩一般不太受人们欢迎。所以，如果未来当宽松的财政和货币政策退出时难以实施，甚至永远不退出，那么意味着全世界流动性持续泛滥，其后果则可能会造成通货膨胀的压力，或是金融市场的压力。无论是哪一点，总归带有风险，甚至可能造成金融危机级别的巨大冲击。因此我们需要对此类国际经济政治环境做好充分估计，预先准备应对措施。

新冠疫情常态化如何影响经济运行[①]

CF40学术委员　高善文[②]

疫情常态化下的经济恢复模式

中国经济在3月开始解封恢复，欧美经济也在5月逐步重启。在疫苗和药物的大规模推广需要较长时间的背景下，如何分析新冠疫情在重启过程中对经济活动的影响呢？接下来，我们将从交易费用的角度来切入。

现代人类经济活动是在分工和交易的基础上展开的。尽管有不少交易目前已经可以实现线上化，但是绝大多数的交易仍然必须在线下完成。

从交易的角度看问题，常态化的疫情给每一次线下交易都带来了一笔额外的交易费用，这一交易费用既包括戴口罩、保持社交距离等防控成本，也包括小概率染病带来的成本。经济主体会权衡交易费用与潜在的交易获益，进而调整交易行为。

如果交易获得的潜在好处大于额外增加的交易费用，那么经济主体会继续从事交易。如果潜在利益小于增加的交易费用，那么会推迟或者取消该笔交易。把这样的思路转化成为可以观察、测量和验证的推论，有助于加深我们对这一问题的理解。为此，我们提出两个基本的工作假设：

一是当经济主体从事一笔交易时，尽管获益难以观察且带有主观性，但一般

---

①本文根据高善文博士在2020年6月6日的清华大学五道口金融学院在线大讲堂的演讲整理而成。
②作者系安信证券首席经济学家。

而言，金额越大的交易潜在获益相对越高；二是交易费用是相对固定的。

在这两个假设下，可以得到这样的推论：单笔交易金额越大的商品，交易费用占比越低，交易活动越容易恢复到疫情前的状态；反之，单笔交易金额越小的商品，交易费用占比越高，交易活动也越容易受到抑制和推迟。

为验证这一推论，我们首先观察13种可选消费品的横截面数据，如图2-1所示。图中横轴为平均单笔交易金额取自然对数；纵轴为该商品销量的增速从底部回升幅度，相对于疫情早期下跌幅度的百分比，代表了该商品销售的恢复程度。

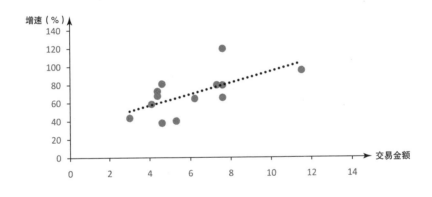

图2-1　可选消费：交易金额和恢复程度

数据来源：Wind，安信证券

不难发现，截至4月底的数据，商品的消费金额和恢复度之间存在显著的正相关关系。进一步扩大样本，涵盖餐饮、酒店等服务行业（见图2-2），结论依旧成立。这两个统计结果支持了我们上述的推论。

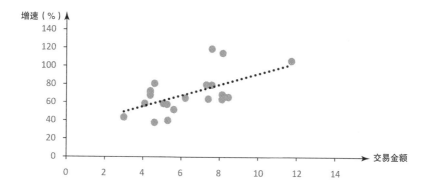

图2-2 可选消费：交易金额和恢复程度（样本添加了服务行业）

数据来源：Wind，安信证券

需要承认的是，我们在建立模型的过程中做了一些简化，比如函数的构造、对不同活动感染风险的假定以及一些行业供应限制层面的潜在影响，但我们倾向于认为这些简化不影响我们的基本分析和结论。

从日常生活的交易经验来观察，也符合这一结论。如图2-3所示，对汽车这种大额的交易活动而言，它经历了断崖式的下跌，随后出现了对称的V型反弹，当前已经回到疫情前的增长水平。

对房地产销售这种更大额的交易而言，情况类似。如图2-4所示，1月底到2月上旬商品房交易经历了断崖式的下滑，从2月中下旬以来开始快速恢复。到4月末，商品房的交易活动基本上已经回到疫情前的水平，6月份这一数据已经显著超过疫情前水平。

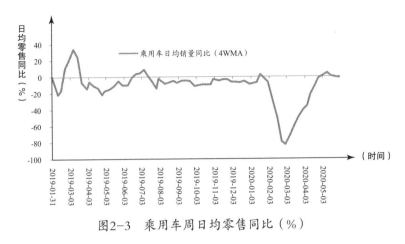

图2-3　乘用车周日均零售同比（%）

数据来源：Wind，安信证券

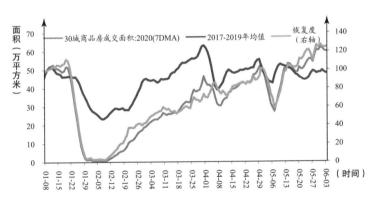

图2-4　2020年30城市商品房交易面积（单位：万平方米）

数据来源：Wind，安信证券

注：此处恢复度指2020年总量占2017～2019年均值的比例

　　观察单笔交易金额较小的领域。比如餐饮，如图2-5所示，它也确实在经历明确的恢复，但是到4月末的水平和疫情前相比，大概仍然下降了30%左右。即使到6月份，跟历史同期相比，仍然有20%左右的下滑。

　　另外观察旅游，如图2-6所示，今年五一假期跟去年的五一假期相比，接待游客数和旅游总收入，都有相当明显的下降。

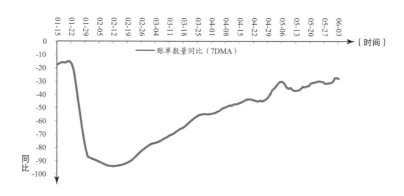

图2-5　2020年全国餐饮账单数量同比（%）

数据来源：Wind，安信证券

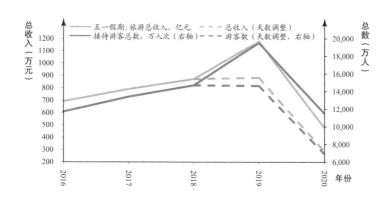

图2-6　五一假期旅游总收入与旅游人数

数据来源：Wind，安信证券

注：由于五一假期天数不同，2016～2018年均为3天，2019年4天，2020年5天。此处的天数
　　调整就是简单的天数平均后，再乘以3。

进一步上升到对宏观总量数据的分析，观察消费和投资两个大类别，单笔固
定资产投资活动的交易金额显著大于单笔消费活动的交易金额。在这一条件下，

如图2-7所示，可以看到投资活动几乎V型反弹，5月的数据可能就可以完全正常化。但是跟疫情前相比，社会消费品零售总体上仍然显著低于疫情前的水平，它的反弹的力度显著弱于投资活动。

在社会消费品零售内部，可以进一步把它分成必选品、可选消费品和耐用品。如图2-8所示，不难发现，交易金额相对较大的耐用品消费反弹幅度显著大于其他的可选消费品。

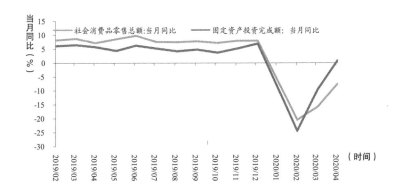

图2-7　社会消费品零售总额和固定资产投资当月同比

数据来源：Wind，安信证券

图2-8　必选、可选消费和耐用品当月同比

数据来源：Wind，安信证券

总结而言，常态化的疫情给每一笔活动增加了额外的交易费用，这笔交易费用相对固定。在这样的条件下，对大额交易活动来讲，疫情的影响更小。对小额交易活动来讲，疫情的影响相对较大。

在宏观层面，疫情对投资和耐用消费品这类大额交易的影响几乎已经消失，但它对金额较小且难以线上化的交易仍然有明显的抑制作用。

交易费用的作用机制和数值评估

接下来我们尝试去估计交易费用的金额，分析交易费用影响交易活动的微观机制，并在此基础上提出恰当的应对政策。

首先我们介绍理论模型，如图2-9所示，在没有交易费用的情形下，供应和需求达成的均衡为（P_1，Q_1）。常态化的疫情带来额外的交易费用，这一交易费用用T（transaction cost）来表示，T在纵向的长短代表交易费用的大小。

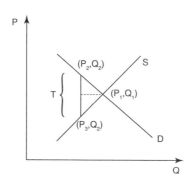

图2-9 交易费同楔子示意图

数据来源：安信证券

交易费用进入交易过程后，市场如何达到新的均衡？

对生产者而言，由于疫情的影响，消费者的需求下降，也就是说疫情的冲击是一次需求冲击，新的均衡位置为（P_3，Q_2）。

对消费者而言，消费者每开展一笔交易活动都会产生额外的交易费用，等同于每笔交易活动的价格都上升了，因此对消费者而言，疫情的冲击相当于是供应冲击，消费者的新均衡为（P_2，Q_2）。新均衡下消费者承担的价格P_2实际上由两部分构成，一部分是支付给生产者的P_3，一部分是交易费用T。

这一理论模型实际上借用了固定税的楔子理论：对每一件商品，政府如果征收一个固定数额的税，那么这会对交易活动形成影响。此处我们用交易费用来替代固定税楔子模型中的税。

从这一模型出发，我们有以下解释。

第一，由P_1、P_2、P_3所围成的三角形区域是疫情带来的社会福利的损失。

第二，从表面上看，疫情带来的交易费用由消费者承担。但实际上，在市场均衡的条件下，这笔交易费用由生产者和消费者共同分担。原因在于消费者减少交易活动，导致市场均衡价格的下降。由于市场均衡价格的下降，生产者在一定程度上分担了额外增加的交易费用，生产者所分担的额外增加的交易费用等于P_1-P_3，而消费者最终所承担的交易费用实际上是P_2-P_1。双方之间相对分摊的比例与供求曲线的弹性有关。

第三，在不考虑其他复杂情形的条件下，这个模型可以一般化。所谓的一般化就在疫情暴发之初，人们对哪种防护措施最有效是缺乏认知的，对感染风险难以客观冷静度量。在恐慌条件下，人们很可能认为感染的风险是非常大的，而在这样的认知下，可以认为由T所代表的交易费用非常大甚至无穷大。在这个模型之中，如果交易费用非常大甚至无穷大，就是把T的纵向无穷放大，相对于把T沿着横轴不断向左移，那么交易活动就会完全停摆。

而当疫苗或者药物能够大规模推广时，人们就不需要采取防护措施，感染风险也下降到0。此时交易费用会下降到0，模型中的T不断向右移动，最终市场就能回到原来（P_1，Q_1）的均衡水平。

此外，在常态化的条件下，怎样的防护措施最有效，感染风险到底有多大？人们有一个不断试错的过程，刚开始是一个主观的判断，基于这种主观的判断，人们开展很多的交易活动，随后人们发现似乎被感染的风险有限，于是开始调整主观所认定的感染风险。在这个条件下，隐含的交易费用也会下降，T不断向右侧移动，整个市场越来越接近疫情前的状态。但只要疫情的风险存在，理论上交易费用就始终存在，交易就不可能回到（P_1，Q_1）的均衡位置。

常态化条件下，各个主体不断校准对染病概率的判断，采取成本更低更为有效的防护措施。这一过程带动交易费用下降，推动市场向疫情前的均衡水平靠拢，进而使得整个经济活动不断恢复。

3月以来，中国经济活动的表现遵循这种模式，美国和欧洲的经济恢复可能也将遵循这一模式。主要区别可能在于中国在境内已经基本上消除了病毒，从这个意义上来讲，我们主观认定的感染风险是非常低的，但是现在美国和欧洲经济重启的过程中，每天的新增感染人数仍然偏高，这意味着欧美各主体主观认定的感染风险应该比中国更高，从而对经济活动的抑制作用也比中国要更大。

但毫无疑问，这个模型对现实仍然是一个简化的分析。它可能描述了现实中很多重要的部分，数据中很多重要的特征，但现实总是比任何理论都要更丰富、精彩和复杂。

有了这一理论框架，我们再去评估交易费用的数值。

在上述的理论模型中，做交易费用的估计是比较简单的。因为（P_1，Q_1）是疫情前的均衡水平，是已知的，Q_2 也是已知的，所以要得到T，需要估计供应和需求曲线的弹性。

估计供应和需求曲线的弹性在统计上存在诸多困难。因为对于任何一个商品来讲，它的需求都受到了除了价格之外很多复杂因素的影响，供应的情况也类似。在现实中准确地去估计这些弹性需要海量的数据、精巧的数据处理方法和一些粗略的前提假定。

我们往往不会试图去估计每一件商品的供求弹性，因为单一商品弹性的估计太繁琐且意义有限。我们的基本想法是把可选消费品合并起来，作为一件复合商品，去估计这一复合商品的供求弹性，这样的话交易费用就是不同商品交易费用的平均值。

复合商品供应弹性的估计从道理上来讲是比较简单的。因为站在生产商的角度来讲，疫情的影响是一个需求冲击。如图2-10所示，疫情的影响就是需求曲线从D_1平移到D_2的位置，从而市场的均衡从（P_1，Q_1）移到了（P_2，Q_2），而这两点都是可以直接观察的。因为疫情本身就像自然实验，是一个需求为主导的外生冲击，所以基于观察到的这两个值，就可以得到供应的弹性。

我们估计供应弹性为4.4。

这一估计结果可能是真实供应弹性的上界。因为疫情期间，政府对供应活动施加了很多限制，在客观上也抑制了整个经济的供应能力。这样的话，完全把疫情假设成为一个需求冲击，估计出的供应弹性很可能是偏大的。也许真实的供应弹性在2~3之间。

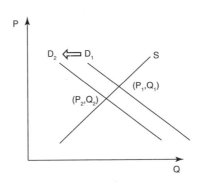

图2-10 供应弹性的估计

数据来源：安信证券

对需求弹性的估计方面，北京大学光华管理学院刘俏教授等人通过对近期消费券的研究，估计需求弹性的绝对值在3.1以上，但是消费券的发放本身会影响消费者的行为，因为这样的理论原因，3以上的需求弹性估计很可能是偏高的。

我们观察复合商品量价的历史波动，尽量构造和还原了一些自然实验时期的数据表现。结合这一数据表现和经验判断，我们认为这一复合产品的需求弹性绝对值可能在2左右。

需求弹性的估计在技术层面上存在很多变数，但是我们可以假定它是1~3之间的某个数值，同样估计供应弹性在2~3之间，进而估计出一个交易费用的区间。我们可以不断校准对交易费用的估计，但是所有估计出来的值不应该做过于精确的解读。不过我们相信在量级上，它的偏差应该不会太大。

基于以上对弹性的假设和4月底对交易活动的观察，可以计算得到单笔的交易费用在330元。

我们猜测，在整个经济重建新均衡的状态下，最终的交易费用在140多元。

这一数值对很多小的交易活动来说，抑制作用是比较强的，但是对于大额的交易活动是可以忽略的。比如均衡条件下，140元的交易费用对两三千的家电而言，占比相对较小，对这些交易活动的影响有限。但是对看电影、餐饮等活动而言，它的影响作用可能仍然比较明显。

基于补贴交易活动的政策应对

面对交易费用的增加，恰当的政策应该是什么呢？

在均衡的状态下，如果每笔交易额外增加了交易费用，假设是140元，那么为了让经济恢复正常，除了医学方面的措施，如发展疫苗药物，恰当的经济政策是对每一笔交易政府都给予补贴140元。

如果政府对每一笔交易都补贴140元，那么市场就会被推回到疫情前的均衡位置。

这种政策在理论上有很多优势。

第一，疫情主要打击了一部分行业和群体，很多其他的群体在常态化的条件下已经不受疫情的影响。那么通过政府补贴的方法，让一部分群体的社会福利损失由全体纳税人来分担，这种机制实现了社会保险的作用。这是一种在危急条件下，社会应有的一种救助机制。

第二，这一政策本身不对资源配置产生任何扭曲。在这样的政策干预下，经济立即回到了疫情前的状态，从而不造成额外的福利损失。

第三，根据疫情的起伏，补贴的力度可以随时调整。如果随着秋冬季的到来，疫情出现了再次暴发的风险，那么政府可以放大补贴金额。如果疫情进一步改善，可以不断缩小金额。当疫情一旦结束，补贴就可以立即取消。

政府对交易活动的补贴不仅使得经济回到了疫情前的状态，也由此防止了经济的螺旋式下降，从而可以产生乘数效应。

基于以上估计，在宏观层面，是否补贴金额大得不可承受呢？对此我们也做了估计，这一估计不应该做数值上的精确解读，它只是提供了一个政策的思路，提供了一个数量级上的概念。

因为整个投资活动和一部分耐用消费品活动已经正常化，实际上需要重点干预的领域主要是可选消费领域。基于可选消费品在整个经济活动的占比和交易情况，我们估计补贴金额大概占GDP的比重在1%出头。

简单而言，政府拿出1.2万亿元的金额去补贴每一笔可选消费品的交易，按照固定的金额去补贴，在理论上经济就会回到疫情前的均衡状态。

当然这一政策在实践上存在很多的复杂性，我们只提供一个理论情形，提供一个基本的政策思路和方向。具体的政策设计无疑需要考虑更多的限制因素和操作的可能性等。

我们认为，常态化的疫情给每次线下交易都增加了额外的交易费用，这一费用包括个体的防控成本和万一感染带来的生活痛苦这两个部分。经济主体会权衡和比较增加的交易费用，以及继续进行交易活动的潜在获益，进而调整交易行为（简单起见，我们暂不考虑交易线上化的情形）。

在单笔交易金额越大，潜在获益越高和交易费用相对固定的这两个工作假设下，不难得到以下推论：**单笔交易金额越大的商品，交易费用占比越低，交易活动越容易恢复到疫情前的状态；反之，单笔交易金额越小的商品，交易费用占比越高，交易活动的恢复也越容易受到抑制和推迟。**

实证检验表明中国在行业和总量层面的数据恢复均遵循上述结论。

非典型经济复苏①

CF40 成员　彭文生②

全球渐进复苏

全球疫情呈现波浪态势，中国疫情渐行渐远，美欧疫情近来开始缓和，但"第三波"疫情似乎在新兴市场蔓延。美国方面，尽管总的确诊病例人数还在上升，但每日新增病例人数的上升势头已经得到初步遏制。欧洲（除俄罗斯以外）疫情在4月10日见顶，6月后初现"平台期"迹象。但4月以来，印度、巴西、俄罗斯等人口大国新冠疫情情况快速恶化，且目前仍未出现明确的拐点。这些国家的医疗条件相对落后，抗击疫情的难度更大。

随着疫情最坏的情况过去，5月美国就业人数大幅增加250万人，失业率较4月有所下滑，德国、法国、意大利等国的宏观经济指标也开始有所改善。我们日度监测的中金全球经济活动指数（CICC GAT）从4月12日最低点36.4回升到6月8日的45.4，表明海外线下经济活跃度的同比降幅从低点的64%收窄至55%。但在新兴市场国家疫情得到有效控制之前，主要经济体能否独善其身可能也存在着疑问，近期资本市场的波动也部分反映了投资者情绪受疫情演变的影响。

中国和欧美占全球经济的比重接近2/3，其重要性毋庸置疑，后疫情时期主要经济体引领全球复苏是大概率事件。疫情对经济的冲击源于停工停产和社交隔离，物理限制越大，其对经济的冲击也越大。同理，随着疫情缓解和消退，物理

---

①本文为中金公司2020年6月发布的研究报告。
②作者系中国国际金融股份有限公司首席经济学家、研究部负责人。

限制减少，经济活动的复苏也会呈现一个渐进的态势。当然，经济活动能否恢复，又会以多快的速度恢复到疫情之前的状况，最终还是取决于疫情是否得到根本控制，比如疫苗研制成功。从疫情的演变来看，全球经济复苏将呈现波浪、渐进、共振的态势，中国和东亚经济体率先复苏，紧跟的是欧洲，随后是美国，最后是发展中国家，比如巴西、印度和一些非洲国家。

在疫情的最严重阶段，隔离导致的物理限制使得价格难以发挥调节供求的作用。对一些领域存在的市场机制失灵的情况，政府的干预不仅能够控制疫情，还在保障民生、维护稳定等方面发挥了关键作用。随着疫情的缓解，经济活动复苏，市场的基础性作用也在回归。由此传统的宏观经济平衡问题再次成为市场的关注点。疫情期间，全球货币总量大幅扩张，在经济复苏的情况下，通货膨胀是否会抬头？疫情期间债务大幅上升，未来如何化解？财政和货币政策如何协同，是替代作用大还是互补更重要？对这些问题的判断根本上还是取决于我们怎么看这一次经济复苏，以及该次经济复苏和以往的有何不同。

一个重要的判断：供给复苏快于需求

一般的经济周期波动从衰退到复苏主要由需求驱动。而且一般是在政策的刺激下，需求率先反弹再拉动生产。在这个过程中，需求复苏的速度快于供给，产出缺口下降，通货紧缩压力减缓或者通货膨胀压力上升，货币政策宽松力度下降甚至边际收紧。疫情后的经济复苏跟一般的经济复苏有何不同？

疫情的冲击是外生的，主要载体是停工停产和社交隔离，首先冲击的是供给，虽然需求也受到影响，但源头在供给端。图2-11描述了疫情冲击从供给端向需求端传导的主要渠道。从企业来看，疫情导致停工停产，企业因此裁员甚至破产，从而致使投资需求下降。而失业率上升也影响消费需求。停工停产还可能造成公司违约，推升银行坏账率，制约银行的放贷能力。从家庭角度来看，由于疫情影响，居民开始社交隔离，减少外出，消费随之下降，储蓄率被动上升。疫情冲击源于供给端，复苏也将始于供应端，这是跟一般的经济复苏最根本的不同之处。

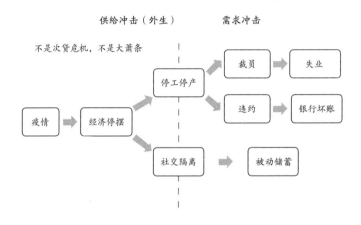

图2-11　疫情冲击从供给传导到需求

资料来源：中金公司研究部

不同的行业因其消费端、生产端是否需要密集接触的不同，而会遭受不同类型的冲击，可以将其基本分为四类，见图2-12。消费端和生产端都需要人与人密集接触的行业因此停摆，比如航空、邮轮、餐饮服务；生产端需要但消费端无需密集接触的行业主要遭受供给冲击，如部分食品行业、手工制品；消费端需要但生产端无需密集接触的行业主要遭受需求冲击，如游乐园、代驾；那些生产和消费都不需要密集接触的行业在疫情中可能不会受损，甚至还会受益，如外卖、线上娱乐、网络办公。

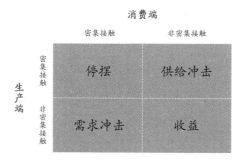

图2-12　不同行业受到的冲击不同

资料来源：中金公司研究部

以上4个象限，有2个具有供给冲击属性，其中经济活动停摆虽涉及供给和需求两端，但源头上是供给，供给创造需求；需求冲击占4个象限中的1个。当然这并不代表需求复苏一定慢于供给，因为受需求冲击的部门占经济的比重可能较高，而且需求端还可能存在乘数效应。但有以下几个原因使得我们相信**经济主体自主活动方面供给复苏快于需求**。第一，供给冲击来自物理隔离，在劳动力没有出现大幅下降的情况下，隔离解除后，复工的物理约束减少甚至消失，劳动者将回归工作，推动供给回升。

第二，疫情期间企业与家庭负债上升，有动力尽快复产复工以增加收入，改善资产负债表。那些收入下降大、储蓄少、债务负担重的企业和居民复工意愿更强烈。此前美国多地爆发民众抗议游行，反对政府采取隔离措施，就体现了民众希望工作的强烈意愿。有研究表明，多个国家的居民社交隔离主要是自发行为，而非政府强制。在美国没有采取隔离措施的州，其疫情感染人数和工作场所人员流动性呈现高度负相关，欧洲、日本亦有类似现象，这反过来说明一旦疫情缓和，居民会积极复工。

第三，政府为减少疫情带来的经济损失也会创造条件鼓励企业尽快复工。经济增长关乎就业与民生，也是社会稳定的基础，政府出于稳增长的考虑也愿意推动企业尽快重启生产。早前中国一些沿海省份的地方政府曾组织包车、包机去内陆省份"抢人"，希望以此帮助企业恢复生产。在政府的积极引导下，截至2020年5月下旬，中国规模以上工业企业复工率接近100%，中小企业复工率达到91%。近期决策层强调"六保"，保就业、保民生、保市场主体等也体现了在供给端着力的导向，比如开放地摊经济就促进了疫情下的经济复苏。

从需求端来看，疫情后的复苏受到正反两个力量的作用。一方面，如前所述，疫情期间不能外出消费，导致储蓄率被动上升，当疫情情况得到缓解时，放松社交隔离，外出消费将增加，部分前期累积的被动储蓄转化为消费。但是，也有以下几个因素会抑制需求复苏的力度。

第一，消费有可选与必需品、可推迟与不可推迟之分。在疫情没有彻底消失的情况下，即使放松社交隔离，避险情绪可能仍然会使得可选消费难以全面复苏。一个观察到的现象是，经济重启后"无接触"活动比"有接触"活动恢复得更快，本地活动比跨地区活动恢复得更快。比如中国的数据显示，截至5月下旬，代表本地"无接触"活动的城市拥堵指数基本恢复到疫情前水平，代表本地"有接触"活动的城市地铁客运量已恢复到疫情前的50%，但代表跨地区"有接触"活动的远程交通客运量（包括公路、铁路、水路、民航）只恢复了20%。

第二，疫情期间负债率上升，促使企业和居民在积极复工的同时，减少投资与消费，以改善资产负债表。换句话说，对于大多数人来讲，工作是基本，但消费的灵活性相对较大。避免疫情风险的考虑，疫情冲击下收入下降、债务增加的压力都会对消费造成影响。

第三，社会保障制度的完善程度也影响消费，对于包括中国在内的新兴市场国家来讲这可能是一个不利于消费复苏的因素。国家统计局公布的数据显示，2020年第1季度中国城镇领取失业保险的人数同比不升反降（可能与中国失业金申领程序比较复杂有关）。相比之下，美国申请失业金人数大幅上升，说明美国失业救济制度在疫情期间发挥了更明显的作用。除了向失业者提供保险金外，美国政府还向公民一次性派发现金，体现了全面基本收入（Universal Basic Income）的理念。比美国的保障措施更有力的是欧洲。这次欧洲财政纾困的一个重要特征是把企业的工资负担（70%~80%）直接转移给了政府。

值得关注的另一个视角是全球产业链，在外围复苏进度慢于中国的情况下，意味着外需对中国的促进作用不宜高估。产业链的完全依赖度不仅考虑了外围对中国中间产品的直接依赖，也考虑了经过第三国以及多个中间环节的间接依赖。过去20年，欧美对中国制造业的完全依赖度不断提高，美国、德国对中国生产的中间品的完全依赖度明显高于其他国家，美国汽车行业对中国的完全依赖度甚至高达20%。这意味着在产业链中断时，对中国更多是需求冲击，对欧美更多是供给冲击。当产业链恢复后，对中国需求的拉动将增加，但由于下半年美欧复苏进度慢于中国，限制了供应链对中国需求的支撑作用。

综上所述，我们的基本观点是下半年中国经济的供给端复苏快于需求端。实际上，近期的数据已经呈现这样的迹象。代表供给的工业增加值同比增速显著回升，反弹的力度远强于代表需求的社会销售零售额。

美国亦有类似的迹象。这次疫情期间，美国失业率飙升，其中绝大部分是临时性失业，这与2008年次贷危机时完全不同，当时主要是永久性失业上升。临时性失业指的是那些因为一些原因离开工作岗位，但预期6个月内能回到原岗位的人。而永久性失业指的是永远离开工作岗位的人，通常是被裁掉的雇员。美国劳工部公布的数据显示，5月美国临时性失业人数较4月显著下降，但永久性失业人数继续上升。一方面，许多因为隔离而暂时离开岗位的人已开始返岗，劳动力供给正在恢复。另一方面，一些企业因为需求疲软而被迫裁员，造成永久性失业率上升。这说明在供给不断恢复的同时，部分行业的需求仍然面临着一定压力。

无通胀的经济复苏

供给增长快于需求是本轮经济复苏有别于过往经济周期的一个关键特征，对短期的宏观平衡有重要含义，包括通货膨胀、利率和汇率等。

首先，在GDP增长反弹的过程中，通货膨胀面临下行压力。价格有一定的黏性，其变化往往滞后实体经济供求平衡的变化，即使在一般的经济周期波动中，通货膨胀上升也滞后于经济增长反弹。但这一次的另类复苏意味着通货膨胀的上升更加滞后，不仅下半年，未来相当长的时间，或者说在有效疫苗出现之前，经济都可能存在供给过剩的压力。

把可选与必需品分开看，有助于我们更好地分析疫情演变对价格的影响。在社交隔离期，虽然必需品的供给减少，但需求不受疫情影响，因此其价格面临上行压力；而当可选品供给、需求双双减少时，其价格走势就难以确定（见图2-13）。在经济复苏期，必需品的供给回升，但需求不变，价格面临下行压力；可选品供给、需求双双回升但只要疫情没有完全消失，人们的避险情绪使得需求回升力度较弱，导致其价格面临下行压力。把必需品和可选品结合起来，在隔离期，物价尤其是必需品的价格有上升压力，在隔离放松时期，两者的价格都面临下行压力。

隔离期	供给	需求	价格
必选	↓	→	↑
可选	↓	↓	?

复苏期	供给	需求	价格
必选	↑	→	↓
可选	↑	↑	↓

图2-13　复苏期通胀或有下行压力

资料来源：中金公司研究部

在社交隔离期，中美食品消费者物价指数（CPI）通货膨胀均显著上升，符合必选品价格上升的逻辑。同一时期的核心CPI通货膨胀均大幅下降，说明社交隔离期间可选品的需求下降得比供给更多。就复苏期来讲，目前我们只能观察到中国的价格数据，且初步数据显示，随着供给的恢复，食品CPI通货膨胀已从2月高点回落，核心CPI通货膨胀在短暂回升后再次下降，总体CPI通货膨胀率下行。

按照上述逻辑，随着复工复产继续推进，一段时间内经济将呈现增长反弹、通胀下行的态势。我们的基准情形是GDP同比增长率稳步回升，今年第2~4季度的中国实际GDP同比增速可能分别为3.8%，5.6%，6.0%，全年接近3.0%。反映今年上半的低基数，明年全年实际GDP增长有望达到8.0%~9.0%。

受新冠疫情的扰动影响，预测宏观经济变量的具体数值面临很大的不确定性。我们在给出GDP增速预测中值的同时，也给出GDP增速的区间预测，以反映对于当下不确定性的看法。具体来讲，我们预计年内经济增速稳步回升，第4季度GDP增速围绕6%的中值，90%的可能性介于上下2.5个百分点的区间。

另外，我们预计CPI同比增速第4季度将降至0.6%，并预测有90%可能性其区间为-1.1%~2.3%，不排除出现负值的可能。具体而言，第2~4季度CPI通货膨胀可能逐步下降至2.1%、1.7%、0.6%，而生产价格指数（PPI）通货膨胀可能逐步恢复至-3.3%、-1.1%、-0.1%。

以上的预测包含了对宏观政策的观察和判断，主要分为两部分：一是上半年的信贷和社融数据，其对经济活动的影响有时滞，在下半年将更充分体现出来；另一个是2020年5月政府工作报告所包含的财政政策措施，包括发行抗疫特别国债、增加专项债额度、提高财政赤字率等。根据我们的估计，今年广义口径的财政赤字率将达到10.9%，较去年明显上升，下半年财政支出的力度远高于去年同期水平。财政支出对经济的影响的时滞较短，将为下半年的经济增长提供有力支撑。

但是，这些措施对经济的作用的弹性系数有较大的不确定性，内外部环境也可能发生新的变化，尤其随着全球疫情的演变，宏观政策会相机决策。作为市场参与者，我们应该如何判断政策的走势和相关政策工具的组合？根据前述的供给复苏快于需求的判断，经济将存在过剩储蓄的现象，而这可能通过两个渠道得到消化，即国内投资和国外投资，对应的是自然利率（经济供需平衡所对应的利率）下降和均衡汇率（供需平衡所对应的汇率）贬值。

政策应对有两个选择，一是货币政策引导市场利率向自然利率靠拢，甚至低于自然利率，以促进消费（降低储蓄）、增加国内投资，这也可能带来市场汇率贬值，增加贸易顺差（对外投资增加）。另一个政策选项是财政扩张，直接增加国内需求，其作用是提升自然利率和均衡汇率，而不是通过降低市场利率和汇率来促进总需求。两个选项孰优孰劣，争议很大，并且涉及短期和中期宏观经济的平衡，或者说短期增长和中长期可持续增长的平衡。

短期与中期平衡

我们可以从应对疫情在广义流动性上的体现来看这个问题。疫情对经济产生冲击，体现在金融领域的一个影响是**资金断裂**。在恐慌情绪下，企业和个人对流动性的需求大幅增加，在总量上体现为货币流通速度变慢，这时候如果不增加广义流动性供给，就会出现大面积企业破产和大规模人员失业的情况。为应对疫情，中美的广义货币供应量（M2）的增速都加快了，美国尤甚，中国央行在货币政策的相关表述中也提出今年的货币增速要显著高于去年。但中美两国M2增长背后的驱动力存在着差异，美国主要靠财政，中国主要靠信贷。对美国M2增长贡献最大的是对政府的债权，而对中国M2增长贡献最大的是对私人非金融部门的信贷。

与此对应，2020年第1季度中国的宏观杠杆率快速上升，非金融企业和家庭部门的负债对GDP的比例增加10个百分点以上。

从现金流的角度来看，信贷对实体经济的支持取决于新增贷款（资金从银行流向实体），和存量贷款的还本付息（资金从实体回流银行）的相对变化。历史经验表明，信贷扩张后，非金融部门还本付息相对于新增贷款的比例在一段时间内会有所下降，而这也显示了金融对实体经济的支持增加。但随着时间的推移，偿债负担上升，本期的贷款成为未来经济增长的拖累。2008年、2011年、2015年信贷大幅扩张后，还本付息与新增信贷的比例在4~6个季度之后见底回升。2020年1~4月企业短期信贷上升最为明显，这也意味着偿债压力见底回升的时间可能短于4~6个季度。

过度依赖信贷扩张可能会导致金融风险增加。近来，资金"跑冒滴漏"现象明显增多，同业规模和债市杠杆上升，实体融资冷热不均，部分企业低息借款后购买结构性存款用于套利而非用于实际生产。银行的非信贷与信贷类资产增速之差快速上行，企业结构性存款余额增速同样快速上升。近期监管机构开始针对这些行为采取监管措施。

信贷大幅扩张也增加了房地产泡沫的风险。中国家庭金融调查与研究中心的调研数据显示，2020年第1季度平均住房购买意愿与2019年第4季度持平，但从购房者结构看，租房和有房贷家庭的购房需求下降，无房贷和多套房家庭的需求上升。前者代表刚需，后者则更多地与投资性需求联系在一起，说明"炒房"意愿有所回升。疫情期间深圳等城市的房价出现了较为明显的上涨，背后可能和信贷有直接或间接的联系。

历史经验表明，信贷快速扩张推升房价，会导致宏观杠杆率上升，从而拖延金融周期的调整。比如2013年信用收缩后，虽然中国的金融周期一度出现拐点迹象，但2015年信贷再次扩张，使得金融周期重新上升，推迟了其调整的时间。直至2017年全国金融工作会议加强金融监管后，中国的金融周期才进入下行调整阶段，宏观杠杆率开始有所下降，房地产市场降温，金融风险在一定程度上得到化解。但这一次信贷大幅扩张有可能把金融周期的调整又一次往后延长。疫情后经济复苏需求赶不上供给，但我们一定要坚持"房住不炒"，靠房地产拉动需求是饮鸩止渴，也不可能持续依靠负债来支持需求。

财政货币新思维

基于过分依赖信贷带来的负面作用，财政在逆周期调节中应该发挥更大的作用。从经济周期（短周期）的角度来看，信贷政策和财政政策放宽都可以促进需求，但从金融周期（中周期）的角度来看，财政政策放宽的作用才是可持续的，带来的副作用较小（见表2-1）。与信贷不同，财政扩张不会带来私人部门债务，而是增加他们的净资产。对一些发达国家来说，由于面临"利率零下限"约束，货币政策引导市场利率向自然利率靠拢的空间受限，更需要财政发挥作用。

表2-1　财政应该发挥更大的作用

	政策组合		
经济周期下行	松货币	宽信用	宽财政
金融周期下行	紧信用	松货币	宽财政
利率零下限	紧信用	—	宽财政

资料来源：BIS，CEIC，Wind，中金公司研究部

在这次疫情中，美国的财政赤字大幅扩张，赤字增加幅度约为GDP的15%，大部分已经在今年上半年落地。中国的财政扩张力度相对较小，大部分将在下半年落地。中美的财政支出都将面临持续扩张的压力。

就中国来讲，这一轮信贷扩张将导致明后年偿债负担增加，该怎么办？靠加

速新增贷款还是进一步财政扩张来缓解实体经济的资金压力？

信贷过度扩张会带来金融风险，加剧房地产泡沫，但若进一步财政扩张也将引发争议，其根本问题在于政府债务增加的空间有多大。最近关于财政赤字货币化的讨论把这个问题过度简化了，财政扩张并不必须要求赤字货币化。现代货币理论有两点启示值得我们借鉴：一是政府的负债是私人部门的资产，所以在私人部门债务过多的情况下，财政扩张有利于私人部门去杠杆；二是将财政与央行统一起来看作政府部门，央行印钞的能力使得政府债务的可持续性大大超过私人部门债务。

第二点会带来通货膨胀的担忧，但宏观政策的一个关键目标就是控制通货膨胀，财政和货币扩张应该都是以不带来通货膨胀为前提。在全球范围内，过去几十年各国央行已经成为专业性很强的宏观政策制定和执行机构，这和二战后30年间财政一家独大的情形已有很大的差别。在新的形势下，财政发挥更大的作用必然要求提升财政和货币政策的协同，但这并不一定意味着央行的独立性将下降，进而影响货币稳定。

前一段时间的讨论聚焦在财政赤字货币化，先不说在很多国家（包括中国），法律禁止央行直接为财政融资的行为，在低通胀低利率的环境下，财政也完全有能力在市场融资。央行的货币政策可能提供了宽松的流动性环境，支持了财政的融资，但这是在为实现宏观经济总体目标进行的框架下的操作，不是单纯帮助财政融资。

相反，央行的准财政功能更值得关注，应该是财政发挥更大作用的一部分。疫情期间美联储的角色就是一个例子。为应对疫情，中美央行均采取了一系列措施，其中不乏一些新的政策手段（见表2-2）。比如美联储推出了一批"字母工具"，直接在资本市场上购买企业发行的商业票据、信用债券和银行发放的贷款，其资产负债表也随之扩大。美联储的这种操作等同于向私人部门净转移资金，本质上是一种准财政行为。相比之下，虽然中国央行也出台了一些再贷款工具，但只是希望通过再贷款鼓励商业银行向企业放贷，并没有承担信用风险，本质上仍然是一种信贷行为。

简而言之，美联储购买风险资产，其准财政的角色更明显，可谓"最先贷款人"，中国央行购买风险资产有限，主要是充当"最终贷款人"的角色，商业银行是风险的主要承担者。经济下行时期，商业银行的风险偏好低，可能仍然偏好给有抵押的企业投放信贷，甚至导致套利。

表2-2　疫情期间中美央行所充当的角色

	中国央行	美联储
角色	最终贷款人	最先贷款人
工具	再贷款再贴现（额度2.24万亿元）	字母工具（额度2.3万亿美元+）
风险	银行增持风险资产	央行增持风险资产
属性	信贷行为	准财政行为

资料来源：中国央行，美联储，IMF，中金公司研究部

过去10多年，以总资产对GDP的比例来看，中国央行持续收缩资产负债表（缩表），而商业银行趋势性扩表。未来如果央行扩大资产负债表（扩表）或者停止缩表，则有利于降低经济对商业银行扩表的依赖，进而有利于控制金融风险。

如果央行扩表，是该购买安全资产还是风险资产？如果央行购买安全资产，比如国债，那么将减少市场中安全资产数量，加剧私人部门（尤其是非银行私人部门）的安全资产荒，加大无风险利率下行压力。如果央行增持风险资产，那么就是一种直接作用于私人部门的准财政行为，可以降低私人部门的风险溢价、缓解安全资产荒、提升无风险利率，这和财政扩张提升利率的作用类似，背后都是

对实体经济的支持。

美联储和其他发达国家央行的近期行为都显示了央行作为宏观经济关键调控部门在新形势下的政策创新。在数字经济时代，央行数字货币可能成为财政货币协同和发挥央行准财政功能的新工具。数字货币具有可以追踪资金流向的功能，可以真正做到资金的精准投放，有助于结构性政策的有效执行。同时，如果央行数字货币付息，国债也付息，两者有什么区别呢？央行数字货币持有人可能更广泛，既为一般民众提供了新的流动性资产，也有利于降低政府的融资成本，因为非机构持有人对利率敏感度比专业机构低。

历史不会简单重演，与其担心所谓的财政赤字货币化，我们更应该有新的思维，去思考如何发挥好央行的准财政功能。

03

金融市场危与机

我国金融市场的风险与机会①

CF40资深研究员　肖　钢②

疫情对我国金融市场的影响

2020年2月下旬以来，新冠疫情在全球加速扩散，迅速波及全球金融市场，股票、债券、汇率、期货、黄金和原油等多项大类资产价格大幅调整。多项指标在第1季度刷新了历史纪录：美股10天之内4次熔断，道琼斯指数第1季度下跌23%，伦敦富时100指数下跌25%，德国法兰克福DAX指数下跌25%，韩国股市下跌20%，均创下1987年以来最大季度跌幅。30年期美债收益率创下2012年以来最大季度跌幅，原油期货创下史上最大季度跌幅。2020年4月，全球金融市场震荡在罕见的救市措施下有所缓和，但仍然维持反复波动较大的趋势。

和2008年世界金融危机不同，这一次由疫情引发的全球金融市场震荡伴随着实体经济的衰退，波及范围更广、持续时间更长、应对难度更大。我国金融市场也受到疫情影响，出现了一些波动，但相比全球金融市场，表现出较稳的态势和较强的韧性。

从股市看，2月上旬经历了一轮下行调整，随着我国疫情防控形势向好，宏观对冲政策发力，复工复产有序推进，第1季度沪深指数分别下跌了9.83%、4.49%，相对于全球主要股指20%~30%的跌幅，展现出较好的抗跌性和免疫力。第1季度沪深两市IPO（首次公开募股）数量和金额超过了纽约证交所和纳斯达克

①本文为作者在2020年4月17日的全国政协2020年第1季度宏观经济形势座谈会上的发言。
②作者为中国证券监督管理委员会原主席。

（美国全国证券交易商协会自动报价表，NASDAQ）。当然，随着我国实体企业受外需拖累、产业链和资金链受到冲击，股市仍然存在下行风险，股票质押风险也未消除。

从公司信用债市场看，为加大对企业的纾困力度，债券发行规模和融资量均达到历史同期高位。第1季度公司信用类债券共发行3万亿元，同比增长35%；净融资规模超1.7万亿元，同比增长8000多亿元。其中，民营企业发债约2100亿元，同比增长50%；净融资规模约930亿元，创近3年来新高。债券市场改革持续推进。同时也应看到，受疫情冲击和债券到期的高峰到来，可能增大债券违约风险。第1季度已有40只债券违约，违约金额达到547亿元，较去年同期的310亿元大幅上升了76.5%。

从人民币汇率看，外汇市场虽有波动但总体平稳，第1季度人民币兑美元汇率贬值3.3%，主要是疫情全球暴发后，恐慌情绪导致非美元货币资产遭到抛售，美元因避险属性导致流动性紧缺，美元指数短期大幅升值，欧元、英镑、澳元、新西兰元等贬值幅度更大，墨西哥比索、俄罗斯卢布、巴西雷亚尔、南非兰特等贬值幅度都超过了10%。人民币表现出较好的稳定性。

风险之中蕴藏机遇

新冠疫情虽然给中国金融市场带来了风险和挑战，但也应看到风险之中蕴含着机遇——我国金融市场有可能成为全球金融资产配置中心。而且事实上，已经具备了基础条件。

第一，我国是全世界基本面最稳健的经济体之一。 连续25年保持经常账户顺差，外汇储备稳居全球第一，国民储蓄率领先全球主要经济体，2018年国民储蓄率为44.9%，高出全球平均水平20个百分点。

　　第二，我国宏观政策空间较大，有能力应对经济金融风险。过去几年深入推进供给侧结构性改革，有效控制了宏观杠杆率上升势头；中央政府债务尤其是外债占比较低，财政政策空间相对较大；货币政策一直保持了相对合理的利率水平，国债收益率和波动性明显好于欧美市场，人民币金融资产收益率对国际投资者具有吸引力。

　　第三，我国金融市场双向开放力度加大，境外投资者参与中国金融市场资产配置的便利度得到大大提高。

　　疫情发生以来，我国采取严格措施积极防控，目前疫情本土传播基本阻断，成为最早走出疫情影响的经济体，金融市场表现出较好的韧性。而欧美疫情走势短期内仍看不到拐点，无限量、无底线的宽松政策不仅透支了政策效力，而且普遍的零利率甚至负利率更使得金融资产收益率大大下降。相比之下，人民币资产的安全性、稳健性、收益性优势便凸显出来。

　　今年3月，摩根士丹利发布的报告将中国列为了资产避难国，并将中国股票评级提高至增持。境外长期投资者对我国利率债购买需求日益增强。国际资本投资对回报率和安全性要求高，中国金融市场可以顺势而为，抢抓机遇，努力将自身打造成全球金融资产配置中心之一。

　　成为全球金融资产配置中心，对中国经济和金融运行有着重要意义：

　　一是有利于深化中国金融市场化估值和定价，倒逼国内金融机构提高产品质量和服务水准，为国内外投资者营造更加公开、透明的市场环境，提供更加多元化、多层次的金融产品和服务，进一步规范和发展中国的资产管理行业；

　　二是有利于为中国企业发展提供多元化的资金来源，促进科技创新，推进混合所有制改革，完善公司治理，增强国际竞争力；

　　三是有利于我国国际收支平衡，随着未来贸易顺差减少，需要逐步扩大资本项下的外汇流入；

四是有助于提升中国在全球治理中的话语权和规则制定权，加快发展现代金融服务业，提高金融机构的国际竞争力，助力上海国际金融中心建设，提高人民币国际化水平。

打造国际金融资产配置中心

打造国际金融资产配置中心是一项长期系统工程，不可能一蹴而就，既具有巨大利益，又有风险和成本。为此，提出以下建议：

第一，加快金融市场要素市场化改革。 坚持市场化、法治化、国际化取向，取消不必要的行政管制，让市场发挥配置资源的决定性作用，加快推进证券发行、交易、退出等基础性制度改革，提高直接融资比重，更好地服务实体经济和人民生活。进一步统筹开放股票、债券、期货、外汇等金融市场，增加市场产品，丰富投资工具，扩大市场广度与深度。

第二，积极推进人民币国际化。 扩大人民币在境外项目融资、跨境贷款、贸易支付中的使用，推动大宗商品人民币计价，加大人民币与外国当地货币互换使用数量。还要探索本外币跨境资金池、加快外汇管理转型升级、鼓励跨国公司在中国设立全球或区域资金管理中心。

第三，有序推进人民币汇率改革和资本项目可兑换。 适当扩大汇率浮动范围，完善汇率形成机制。"十三五"规划[1]曾明确要求基本实现资本项下可兑换，现在看离目标还有差距，需要在"十四五"规划[2]时期加快进展。

---

[1]中华人民共和国国民经济和社会发展第十三个五年规划纲要，简称"十三五"规划（2016～2020年），规划纲要依据《中共中央关于制定国民经济和社会发展第十三个五年规划的建议》编制。
[2]中华人民共和国国民经济和社会发展第十四个五年规划纲要，简称"十四五"规划，并将于2021年开始实施。

　　第四，加强监管能力建设，建立外资进入金融市场的监测预警系统，防范输入型风险。妥善应对来自西方大国的各种阻力。中国要建设全球金融资产配置中心，必然会引起一些国家的猜疑、误解甚至打压，要统筹研究采取有效措施，做好沟通协调工作，在斗争中寻求合作。同时坚持底线思维，做好应对金融战的准备。

资本流动与人民币汇率[①]

CF40资深研究员 张 斌

外汇市场的主要参与者和行为动机

资本流动和人民币汇率是很容易让人产生想象力的话题。市场派经常讲的故事是中国富人如何把钱转移到国外，货币超发和房价泡沫给人民币埋下了巨大贬值空间，以及汇率背后的国际政治博弈等。这些说法反映了一些事实，好比是盲人摸象故事里面摸到了大象尾巴和鼻子。学术派经常讲的故事是均衡汇率、中美利差和风险偏好变化如何影响人民币，这种做法好比是看到别人家里有只大型动物，然后根据别人家的大型动物给自己家的大象画像。虽然这些做法也能反映一些事实，但难免张冠李戴。

汇率问题很复杂，大家都是盲人摸象。其他地方别人都摸过了，我们就不再摸了，我们要摸也争取摸到一些重要的地方。什么是重要的地方呢？想要了解任何一个市场，首先要做的基本功课是了解这个市场上谁是主要玩家，这些玩家背后的行为动机如何。在外汇市场上，也是如此。然后我们再结合新冠疫情，讨论一下疫情对外汇市场的冲击，资本流动和人民币汇率会如何变化。

[①] 本文为作者在2020年3月22日CF40双周内部研讨会第282期"疫情冲击下的资产配置、资本流动和汇率形势"上所做的主题演讲。

◎ **货币当局**

货币当局（即中央银行）的角色正在发生很大的变化，从过去的定价者转向规则制定者。货币当局曾经是外汇市场上的庄家，绝对控制人民币汇率价格水平。为了维护价格水平，外汇供大于求时，货币当局买入所有的超额外汇供给，外汇储备积累到 4 万亿美元主要就是这么来的。外汇供不应求时，货币当局卖出外汇保证价格稳定，外汇储备从 4 万亿美元下降到 3 万亿美元，少了 1 万亿美元也是这么来的。央行做庄家的地位非常牢固，明白货币当局的意图才能理解人民币汇率变化，市场派或者学术派的解释都要让位于央行的意图。最近两年货币当局很少干预外汇市场了，不再动用外汇储备干预外汇市场，外汇储备水平在 3 万亿美元上变化很小，取而代之的是人民币汇率波动幅度增加。

货币当局虽然不再直接干预外汇市场，也不是撒手不管，它仍然是人民币汇率价格的规则制定者，具体说就是人民币中间价公式。人民币中间价公式包含了三个部分——外汇市场前一日供求、逆周期因子和篮子货币。为什么是这三个部分呢？自 2005 年 7 月 21 日人民币汇率形成机制改革以来，一直强调三个目标，以市场供求为基础，参考篮子货币，保持人民币汇率和在合理均衡水平上的基本稳定。这三个部分分别对应着三个目标，上一日的市场供求对应着市场供求为基础，篮子货币对应着参考篮子货币，逆周期因子对应着保持人民币稳定。

举个例子，上一交易日人民币/美元中间价 6.5，收盘价 6.4，升值 0.1 元；上个交易日美元兑其他货币升值了，为了保持人民币对篮子汇率稳定需要人民币贬值0.05元。两个加在一起，第二天的人民币/美元中间价从 6.5 升值到 6.45。逆周期因子是什么意思呢？上一日收盘价和中间价差了0.1元，央行认为差的太多了，就用逆周期调整系数把它减少一些，比如采用 0.5 的调整系数，那就只有0.05元反映到第二天的中间价上。这样第二天的中间价就不是 6.45 而是 6.5。

这个中间价公式还"暗藏玄机"，人民币汇率花式浮动。市场供求决定的人民币汇率是与外汇市场供求平衡相对应的那个汇率价格水平。篮子货币则不然，美元兑篮子货币里面的其他货币升值了，人民币对美元贬值才能保持对篮子货币稳定，这与国内外汇市场供求无关。逆周期因子是把外汇市场供求对价格的影响给压下去一部分。这三个东西放在一起，究竟谁主导呢？

只要央行不直接在外汇市场上买卖外汇，最终决定人民币汇率的是外汇市场供求，篮子货币和逆周期因子只是在短期内放大或者平抑汇率价格变化。举个例子，外汇市场第一个交易日供大于求要求人民币对美元升值 5%，美元兑篮子货币升值要求人民币对美元贬值 10% 才能保持篮子货币稳定，两个力量合并第二个交易日人民币对美元中间价贬值 5%。其他条件不变，上一日外汇市场供大于求压力没有释放出来，人民币没有升值反而贬值，第二个交易日在市场供求作用下人民币对美元的收盘价会较中间价升值 10%，第二个交易日收盘价和开盘价的价差会反映到第三个交易日的中间价，人民币还是升值，市场供求压力还是会释放出来。如果美元兑篮子货币汇率变化大，人民币汇率波动看起来会紧跟美元汇率，这只是短期波动。拉长时间看，如果稳定篮子汇率要求的人民币汇率变化与外汇市场供求变化方向不一致，外汇市场供求压力要求的汇率变化会持续表现出来，市场供求才是人民币汇率主导力量。使用逆周期因子会造成中间价偏离市场供求，市场供求压力持续积累会让市场开盘以后的价格显著偏离中间价，中间价与市场汇率价格偏移，这样操作时间长了中间价如果和市场汇率持续大幅偏离，中间价对市场的影响力会下降，市场价格毕竟是成交价格而不是中间价。

花式浮动也是浮动，是不是真正的浮动关键看央行会不会直接干预外汇市场。从央行的表态和中美贸易协议第一阶段关于汇率的内容来看，央行退出直接干预外汇市场还是可信的。理念上，央行多次强调弹性汇率对宏观经济的"自动稳定器"作用。现任中国人民银行行长易纲曾表示，要坚持市场供求为基础的汇率形成机制，中央银行已经基本退出了对汇率市场的日常干预。

中美贸易协议第一阶段协议中汇率部分中关于"汇率政策""透明度""执行机制"等一系列内容也是对央行退出外汇市场直接干预的强有力外部约束。

◎ 企业与居民

市场供求主导人民币汇率，换种说法就是企业和居民行为主导人民币汇率。接下来的问题是哪些企业和居民在发挥重要作用，他们的行为动机是什么。通过观察国际收支平衡表、国际投资头寸表和相关的宏观经济指标，可以让我们有个大致的认识。

国际收支平衡表反映了对外经贸活动的流量变化，主要记录了两类活动：一是货物和服务贸易主导的经常项目下面的活动；二是资本流动主导的金融项目下面的活动；此外还记录了误差与遗漏。观察国际收支表各个项目的变化可以总结出来以下几个特征：一是货物和服务贸易进出口规模很大，但是边际变化相对稳定，短期内主导外汇市场供求的是资本流动；二是资本流动变化分别来自金融项目下的资产方（增持或者减少海外资产）和负债方（增持或者减少海外负债）变化，负债方变化主导资本流动；三是金融项目下的负债方变化包括直接投资、证券投资和其他投资项目下的负债方变化，其他投资负债主导整个负债方变化。

其他投资负债变化反映了什么呢？主要包括三个方面：

第一，负债方中的货币和存款，记录非居民持有的人民币和开在我国居民处的存款变动；

第二，负债方中的贷款，记录我国居民对非居民的贷款债务变动；

第三，负债方中的贸易信贷，记录我国居民与非居民之间因贸易等发生的应付款或预收。

截至2019年第3季度，我国资产方接近5.5万亿美元，其中 3 万亿美元是官方外汇储备资产；企业和居民持有不到2.5万亿美元外汇资产，其中还包括了1.4万亿美元流动性较差的直接投资，剩下来1万多亿美元是流动性较高的证券投资和其他投资。我国负债总额为3.9万亿美元，其中流动性较差的直接投资2万亿美元，证券投资负债和其他投资各负债9千多亿美元。这些数据放在一起，说明中国是个净债权国，但债权主要在政府手里，企业和居民整体上对海外的负债远大于资产，企业和居民持有的流动性较强的海外资产 1万亿美元远少于其接近2万亿美元的海外负债。

根据国际收支表和国际投资头寸表的这些信息，我们把外汇市场变化特征总结为**贸易投资主导型的资本流动**。外汇市场上活跃的主力队员是有实体经济背景的企业，包括进出口企业、对外投资企业、从海外大量举债的企业以及在中国投资的外资企业，只有这些企业才会广泛参与到其他投资项目中的负债活动，金融机构和居民因为没有实体经济活动背景难以涉及这些项目。金融投资机构在外汇市场上主要是中介角色，自身外汇头寸有限，这一点可以从其他投资带来的资本流动远大于证券投资看出端倪。以家庭部门身份持有的外汇资产规模较小，没有负债手段，从其变化轨迹来看也是跟风，最后这一点可以从误差与遗漏项目变化（其中藏匿了家庭部门的不合规资本外流）和其他项目变化中看出端倪。

相比中国的贸易投资主导型的资本流动，发达国家的资本流动有着显著差异，可以称之为**金融投资主导型的资本流动**。发达国家也是资本流动主导中短期外汇市场供求变化，但是资本流动背后的主体不同。发达国家普遍是藏汇于民，政府持有的外汇资产和负债较少，企业和居民通过以各种投资基金为代表的金融机构在外汇市场上发挥主导作用，他们持有大量海外资产和负债，主导着中短期的外汇市场供求变化。

明确了中国贸易投资主导型的资本流动的行为主体，那么其行为特征是怎样的？企业而非家庭部门和金融机构主导资本流动，企业的行为特征决定了资本流动特征。目前能看到的是中国经济景气的时候（PMI高），企业资金需求高，企业增加负债（贷款、贸易信贷或其他形式负债），非居民增加人民币计价的存款和其他资产，资本流入主导；经济不景气的时候（PMI低），国内资金需求低，企业减少负债，非居民持有人民币资产的意愿下降，资本流出主导。

新冠疫情下的资本流动和人民币汇率

可以把新冠疫情的影响分为三个阶段。第一阶段是国内疫情暴发期，从2020年1月下旬到3月上旬。这个阶段出口下降大于进口下降，货物贸易顺差下降。与此同时，春节期间的海外旅行大幅下降，服务贸易逆差减少。更重要的是，这个时期海外金融市场稳定，企业各种形式的海外举债活动正常，资本流动相对稳定。人民币汇率随着疫情预期变化，先是小幅贬值，然后小幅升值。

第二阶段是海外疫情暴发期，2020年3月上旬至今。海外疫情全面暴发引爆股市、债市、大宗商品剧烈调整，并有向商业票据市场蔓延迹象，金融市场风险偏好大幅下降。这同时还带来了美元流动性短缺，美元相对其他货币升值，从3月9日94.6持续上升到3月19日的103，累计升值9%。这从多个方面带来了人民币贬值压力：

其一，根据现在的人民币汇率中间价规则，为保持人民币对篮子货币稳定，美元升值要求人民币贬值，这与市场供求无关，纯粹规则制定使然。

其二，离岸市场人民币贬值，冲击在岸市场价格。海外美元流动性短缺和风险偏好下降会带来人民币资产卖盘，离岸人民币价格贬值压力增加，离岸与在岸人民币价差增加，对在岸人民币价格也带来压力。3月9日在岸和离岸人民币价格还都是6.95附近，3月19日离岸人民币达到7.15，在岸价格7.09。

其三，海外金融市场剧烈波动环境下，中国企业多种形式的海外举债难度上升，资本净流入下降。

第三阶段，海外疫情预期好转，金融市场恢复平静。推动人民币贬值的力量是海外市场的美元流动性短缺和风险偏好上升，随着国际金融市场恢复到常态，风险偏好和市场流动性恢复会带来人民币升值。也是上面谈到的三个机制，只不过方向都反了过来。除此之外，中国经济率先复苏，资金需求相对旺盛，企业海外举债和外资进入中国的动力提高，这会带动资本流动和人民币升值。

04

房地产业变局

未来房地产市场发展和政策变化①

CF40成员　钟　伟②

新冠疫情不应该简单看成外部事件冲击

新冠疫情所带来的冲击和我们过去所经历的一些事情是不一样的。例如，新冠疫情和非典疫情之间存在着明显的差别，因此我们不能把当下的新冠疫情看成是一个外部事件冲击。

通常来说，经济运行会更加强劲，事件冲击消失之后，这种冲击造成的凹痕也消失。但是新冠疫情并不仅仅是短期的冲击，对中国乃至全球经济的中长期影响还存在很多不确定性，我们现在并不清楚这种疫情在中国和全球传播的广度、深度以及带来的影响。

所以，新冠疫情对经济的影响不应该只看成通过刺激性手段来做宏观对冲就可以应对的短期外部冲击。这不只是一个外部冲击，而是一个深刻改变了中国乃至全球经济短期和中长期运行的不确定性因素。

非典与新冠对中国经济和地产的影响比较

非典疫情结束之后，中国的房地产随之迎来了一波强劲、持续的增长，目前

---

①本文为作者在2020年3月1日浦山讲坛第四期的主题演讲"新冠疫情对中国楼市的八点影响"。
②作者系北京师范大学金融研究中心主任。

中国的房地产仍然在GDP的增加值中具有相当大的贡献。非典和新冠对于中国经济和地产的影响有哪些显著不同呢？

第一，非典与新冠疫情的影响范围不同。当年非典疫情时，受影响的主要是北京和广东两个地区。彼时北京市的GDP占全国大约3%，广东省的GDP占全国大约10%，两者合计起来占中国GDP的13%。而目前，虽然疫情得到了初步控制，情况有所好转，但即便如此，受到新冠疫情影响的省份仍然超过了中国GDP的90%。

第二，中国的经济体量在2003年和2020年存在着很大的差异。2003年，中国的GDP大约是14万亿元，人均GDP刚刚过一万元。而现在我国GDP已经接近100万亿元，人均GDP刚刚迈上了一万美元的台阶。而且中国更深入地融入了全球化，中国经济对于世界经济的影响，以及受到世界经济影响的深度和广度都与2003年不可相比。在2003年中国经历非典疫情的时候，整个国际社会还是用相对平静的心态来观察中国，因为当时中国的经济体量还不够大。但如今的新冠疫情明显震动了中国，也震动了全球。

第三，城市化率不同。2003年，中国城市化率包括城镇化率刚刚超过40%，居住在城市以及县城镇以上的人口约4亿多，现在则超过了8.5亿。整体上而言，中国的城市化率、城镇化率都在迅速提高。相对来说，农村居住的分散度较高，使得他们天然成为一个对于流行病有一定防御能力的群体。在非典疫情时期，我们有广袤的农村作为防护点和缓冲点，但如今农村只有5亿多人甚至更少，而城市受影响的有8亿多人，受疫情影响的人口情况非常不一样。

第四，人口流动的速度和规模更大。在非典疫情时期，中国的人口流动、资源流动还不是那么频繁。而如今的交通四通八达，春节前有回乡的高峰，春节后有返工的高峰，这种人口流动的速度和规模都比2003年大得多。据中华人民共和国国家发展和改革委员会（简称国家发展改革委）统计，目前中国人口流动频率和速度是2003年的4倍左右，这使得疫情防控更为艰难。

第五，经济所处的周期不同。 2003年非典疫情前后，中国经历了深刻的体制变革，包括汇率体制改革、国有企业攻坚战脱困、分税制改革等。2001年中国正式加入世界贸易组织（WTO）后，中国便对国内与WTO规则有冲突的法律法规进行了系统性的清理，所以非典疫情发生之前，中国的对内改革和对外开放都已经到了一个跃跃欲试的新台阶。可以说，非典疫情之前的中国经济处于一个相对过热的状态，非典疫情之后才进行了适当的冷却。

2012年之后，中国经济增速有所放缓，处于从高速增长向高质量发展转型的过程。无论是实体经济还是金融领域，都不断地在供给侧改革上发力，整个经济增速处于下行的长周期过程当中。

第六，房地产领域的政策不同。 非典疫情之后的一段时间，中国政府在房地产领域推出了土地政策的变革，主要是土地招拍挂制度①，极大地改变了房地产领域的利益分配格局，使得政府尤其是地方政府成为房地产特别重要的利益分配主体。这强劲而系统地推高了中国的房价。而当下并不存在这样的可能性，目前的基本管理框架包括"房住不炒"和长效机制等，在疫情发生以来并没有实质性的变化。

综上，通过比较非典疫情和新冠疫情的具体情况，我们发现时代的大背景不一样。非典疫情之后的很长时间内，中国经历了对外开放、工业化、城市化和人口的红利，多重红利共同的作用导致2003年之后直到2011年中国经济呈现了非常强劲的长周期增长，而现在中国的这些红利即便存在，也都已经明显地消退了。

因此，就非典疫情和当下新冠疫情这几点比较可以看出，非典疫情对中国经济的影响可能是一个事件冲击，相对来说比较短，通过出台一些短期的刺激措施

---

①土地招拍挂制度是指我国国有土地使用权的出让管理制度。我国国有土地使用权出让方式有四种：招标、拍卖、挂牌和协议方式。

也许就能够渡过难关；但新冠疫情不同，从短、中、长期来看都具有不确定性。而且中国经济也处于转型的过程中，所以我们得把这两件事情分开来说，不能把新冠疫情看成是一个外部事件冲击。

市场需求被推迟，房地产政策不会有大调整

疫情对中国房地产的影响其实没有像对制造业和外贸的影响那么巨大。一是因为房地产最典型的特征是它作为不可贸易品，即所谓不动产，是挪不了地方的。所以一般来说，不动产的需求都是本地化的。二是房子可以推迟购买，但还是要买，我们把房地产需求称为被推迟的但并没有消失的需求。

具体来说，可以把疫情对房地产的影响概括为以下几点。

第一，房地产的政策不会出现特别重大的调整。房地产，尤其是商品房，涉及水泥、建材、家居、家电、汽车等产业，产业链条非常长，属于重大的实体商品。但无论有无疫情，房地产本身"房住不炒"和长效机制的管理框架不会有太大变化。涉及房地产的政策不会因为出现新冠疫情而做出重大调整，即便有短期的宏观经济刺激政策，房地产也不是最主要的受益部门。

第二，房地产的市场需求仍然在，只是被延迟了。冬季本身不是房地产施工交付的高峰期，也不是销售的高点。由于季节性的施工因素、环保的因素，再加上疫情的影响，目前的房地产在建项目几乎都会暂停，那么销售本身也被延迟了。从需求被延迟、供给减少这个角度来说，也许下半年房地产市场总体情况会较为乐观，全年相对比较稳定的需求都被压缩和集中到疫情过后，即人民的社会、经济生活恢复正常之后再进行。

第三，老旧小区改造的紧迫性将更加突出。在新冠疫情之后，可能会有些重大的项目建设，以保证"决胜全面建成小康社会"等诸如此类的大目标的实现。

在房地产领域，老百姓相对来说比较关注的、容易给政府带来口碑的项目就是老旧小区改造。

2019年，住房和城乡建设部与国家发展改革委和财政部在全国做了一个摸底调查，结果显示需要改造的老旧小区有17万个，涉及的居住人口超过1亿。根据上海疾控中心张文宏医生介绍，目前新冠疫情不幸的病死者中90%以上是年龄在75岁以上的老人，老旧小区其实是老人相对比较集中的地方，所以对这些老旧小区进行社会化的养老改造、开通小区的急救医疗等通道、提升整个老旧小区的居住品质都是很紧迫的。

老旧小区改造的项目值得我们呼吁，但这毕竟涉及至少上万亿元的投资，工程量浩大。当然，目前的一些做法也需要与时俱进。现在的做法是以业主为主体，以小区为主导，地方政府做引导，加上政策做配套。但实际上对一个老旧小区进行整体的提升和改造需要大量的人力物力投入。如果没有自上而下的政策和资源的分配，仅仅依赖业主和社区、依赖基层政府，那么实行起来是比较困难的。

第四，涉房企业可能会在治理和管理方式上有所改变。房地产开发企业更多关注公司价值、股东价值的实现。过去，无论是建筑施工还是销售型、持有型、物管型的物业，都在一个集团内整体挂牌上市。真正把房地产细分，将持有型、开发销售型的物业、物管公司或者与房地产相关的科技、数据类公司切成板块来分别上市的企业不是太多。但在疫情期间，这些企业不同的业务板块受到疫情的影响和冲击是不对称的。疫情之后，一些房地产头部企业可能需要考虑公司治理的变革。也许有一些房地产企业集团会形成模块化的管理方式，或者存在着分拆板块上市的可能性。

第五，房地产企业必须重新考虑对于持有型物业推出REITs的必要性。由于受到疫情影响，持有型物业（包括写字楼、商场）的收益受到限制。一般来讲，商贸、零售、餐饮还是以小企业为主，他们能不能够迅速地复苏，并使得重新开张之后的商业、餐饮重现繁荣，还存在不确定性。房地产企业的资金链条绷得较紧，这迫使他们必须重新考虑对持有型物业推出REITs的必要性。

2019年年底，许多房地产企业已经在考虑对持有型物业在海外挂牌REITs以换取现金流的事情。疫情之后，对于持有型物业占比较高的房地产企业来说，会有更多的热情去推动持有型物业在海外挂牌。也许价格不是特别好，毕竟收益已经受到影响，但如果能够使企业的财务结构有所改善，尤其是使现金流状况更加稳健，还是会有相当多的企业愿意去推动持有型物业挂牌REITs的进程。

第六，绿色住宅、中低密度的住宅、第二居所的概念会崛起。新冠疫情之前，大家买房更多的还是看房子的面积，而较少考虑房子的品质。在新冠疫情之后，房屋的品质就会变得特别重要。所以科技住宅尤其是新风系统较好的住宅、绿色住宅和第二居所的概念都有可能会崛起，人们对集中在城市繁华区的高密度住宅的兴趣可能会有所降低。

第七，政策对所谓的改善型需求也许不会有那么严格的限制。毕竟如果要在今后的一段时间维持比较正常的经济增长，使今年全年的经济增长离6%左右的目标不太远的话，房地产仍旧是一个特别重要的产业。如果既要不超出"房住不炒"，不影响长效机制，同时又要能够保持市场相对需求是理性的，那么改善型需求是最重要的。改善型需求意味着这些人已经买过房，他们只是因为工作、孩子就学、老人养老等一系列的家庭需求的变化，需要重新改善自己的居住条件。在中国的一些大中城市，改善型居住已经逐渐成为住宅购置的一个主要需求。

第八，房地产产业的布局可能会进一步向东南沿海迁徙。地理上的布局更偏向京广线以东，长江以南的中国东南沿海部分。首先，珠三角和长三角的城市群群体能够承载相对较多的人口和产业，地方政府的治理能力相对来说也强一些。其次，医疗和教育资源也相对较好。再者，经济实力方面有一定的活力。例如：

珠三角地区万亿GDP级以上的城市包括广州、深圳、佛山，未来可能还有东莞；长三角地区，万亿级GDP以上的城市则更多一些，比如南京、上海、苏州、杭州；还有相当多潜在万亿级GDP城市，比如说宁波、南通、合肥。

所以总体而言，在新冠疫情之后，房地产的重心也跟产业的重心一样，会进一步地向东南沿海迁徙，在一定程度上加大房地产行业整个布局的不均衡性。

以上就是我们观察到的新冠疫情对中国房地产的八个影响。

房地产行业在中国还远远没有走到需要退潮的过程，毕竟我们整体的居住条件、城市化率还不是太高。中国目前8.5～8.6亿的城镇人口，大约有一半住在2000年之后建成的新房，还有一半住在2000年之前建成的老房子，这些老房子的居住舒适性、卫生条件等情况都不是特别令人乐观。所以，由于房地产的真实需求还在，相信经过疫情之后，无论是政府、企业还是购房者都会采取更加审慎而理性的态度。

疫后地产①

CF40成员　伍　戈②

疫后经济，百业待兴。作为国民经济的重要内生动能，房地产的景气程度正从2020年第1季度的谷底快速回升。这显然与前期受到抑制的购房需求得以集中释放有关。经历如此自发性修复之后，房地产的回升是否还可以持续，尤其是在"房住不炒""房地产不作为刺激经济的手段"的大背景下。

谁在掣肘房地产

疫情对居民短期收入造成负面冲击，叠加家庭债务水平已处历史高位，这些似乎都是掣肘房地产销售的悲观因素。不过与人们直观感受不同的是，居民收入增长放缓的时期，房地产销售未必低迷。中美史实对此都有印证。究其原因，居民购房行为往往取决于其长期收入的积累和对未来的预期，受短期收入波动的影响相对较小。今年我国居民收入虽然由于疫情短期冲击而有所放缓，但对房地产销售未必会构成明显制约。

家庭债务水平高低与房地产短期景气程度也并非直接关联。例如，中国居民杠杆率趋势性抬升已有10多年，而商品房销售增速的中枢却相对平稳。居民杠杆率年内的短期变化往往较为缓慢，难以对商品房销售的剧烈变化起到主导作用。美国等国际经验也呈现类似特征。

---

①本文写作于2020年6月11日。
②作者系长江证券首席经济学家、总裁助理。

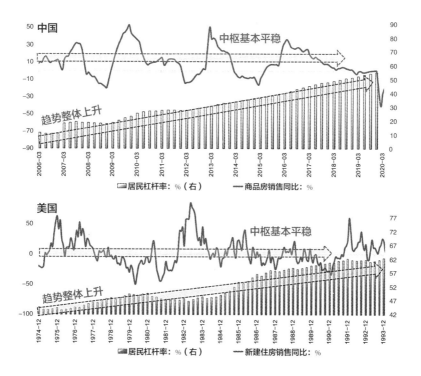

图4-1　中国与美国居民杠杆率和新建住房销售同比（%）

数据来源：Wind

谁在支撑房地产

　　"因城施策"依然是当前我国房地产调控的重要逻辑主线。从过去两年的实施效果来看，该政策似乎有效稳定了全国范围内商品房销售的大幅波动。在此政策基调下，今年山东、南京等地的人才落户政策边际放松，嘉兴、南宁等城市的公积金政策也有所放宽。从客观上来讲，这些政策放宽为未来房地产销售的回升提供了积极支撑。

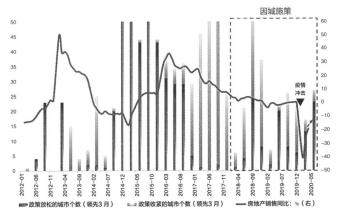

图4-2 "因城施策"熨平地产波动

数据来源：Wind

注：图中提及的有关政策包含人才、公积金、限贷、限购、限售政策等。

展望未来，银行间市场利率下行对信贷、房贷市场利率的滞后传导还将持续。2020年广义货币供应量和社会融资规模增速明显高于2019年，这也为房地产市场回暖营造了良好的金融环境。经历疫情后的一段自发性修复后，房地产销售仍有接力回升的空间，从而有助于宏观经济修复企稳。

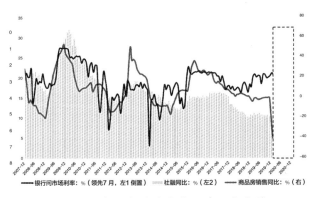

图4-3 金融条件对地产回升形成支撑

数据来源：Wind

结　论

一是疫情对居民短期收入造成负面冲击，叠加家庭债务已处历史高位，这些似乎都是掣肘房地产回升的悲观因素。但与直观感受不同的是，居民收入增速放缓时期，房地产销售未必低迷。家庭债务高低与房地产短期景气程度也并非直接关联。古今中外的史实对此都有印证。

二是因城施策依然是我国房地产调控的重要逻辑主线。从过去两年的实施效果来看，该政策似乎有效熨平了全国范围内商品房销售的大幅波动。在此政策基调下，2020年各地放松人才落户、放宽公积金政策的城市数量明显增加，这些客观上将对未来房地产销售的回升提供支撑。

三是银行间市场利率下行对信贷及房贷市场利率的滞后传导还将持续。今年广义货币供应量和社会融资规模增速明显高于去年，这也为房地产市场回暖营造了良好的金融环境。经历疫情后的一段自发性修复后，房地产销售仍有接力回升的空间，从而有助于宏观经济修复企稳。

05

供应链如何破局

中国如何应对产业链转移压力①

CF40成员　朱　隽②

全球价值链的发展历史

根据世界贸易组织2019年发布的报告，以增加值的来源为区分标准，经济活动可分为三类：第一类是纯粹的国内经济活动，即国内生产与消费，不涉及国际贸易；第二类是传统的贸易活动，即国内生产、国外消费的最终品贸易，其产品增加值完全来自国内；第三类是全球价值链活动，即中间品贸易交易，最终品的增加值来自两个或两个以上国家。

我们将全球价值链的发展历程分为三个阶段。

第一阶段是二战以后到20世纪60年代，这也是全球价值链发展的起步阶段。发展中国家出口原材料和初级产品，发达国家将原材料和初级产品投入生产，产出工业制成品后再出口到发展中国家。这是一个相对简单、规模较小的全球价值链活动。

同时，由于发展中国家出口的初级产品一般价格较低，而发达国家出口的工业制成品价格较高，因此在这一阶段，发展中国家普遍认为该贸易模式相对不公平。一些国家甚至采取进口替代策略以抵制国际贸易活动。

第二阶段是20世纪70年代到2008年世界金融危机发生。这一阶段全球价值链

---

①本文为作者在2020年5月24日的CF40双周内部研讨会第297期"全球产业链的重构与中国应对"上所做的主题演讲。
②作者系中国人民银行国际司司长。

快速扩张,主要体现为中间品的跨境贸易额大幅上升。一国的出口中包含了从其他国家进口中间品的增加值,导致全球贸易总量统计中对增加值重复计算,因而贸易总量高于增加值的总和。在这种情况下,全球价值链活动越发达,生产链条越长、越复杂,中间品跨境次数越多,贸易增加值占全球贸易总量的比重就越低。图5-1中可以看出,从20世纪70年代到2008年,贸易增加值在全球贸易总量中的占比从87%持续降至76%。

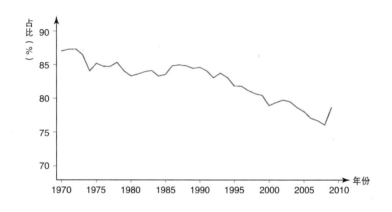

图5-1　贸易增加值占全球贸易中的占比

资料来源: Xing & Detert(2010), UNCTAD

第三阶段是2008年世界金融危机之后至今,这一阶段全球价值链扩张放缓。根据WTO的统计(见图5-2),世界金融危机对全球贸易和价值链活动产生了明显冲击。2008年全球价值链活动占三类经济活动的比重显著下滑,2010～2011年出现报复式反弹,而2011年以后全球价值链活动的占比呈缓慢下降趋势。

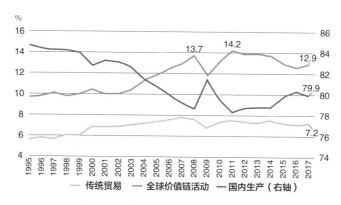

图5-2 各类经济活动的全球占比

资料来源：WTO

　　第二阶段对应了中国改革开放迅猛发展的过程，中国在这一阶段确立了全球价值链中重要的制造中心地位。根据世界银行数据，从制造业增加值来看，2018年中国制造业增加值占全球比重已经达到了28.4%，排名全球第一。从贸易增加值的核算来看，早在2015年，中国在全球贸易中贡献的制造业增加值达到了1.6万亿美元，占比21.8%，也高居全球第一。

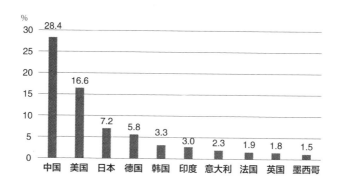

图5-3　2018年全球前十大制造业中心所占份额

资料来源：世界银行

中国的全球制造业中心地位的崛起，很大程度上是承接了日本和"亚洲四小龙"产业转移的结果，反映了全球价值链的演进趋势。1990～2017年，在美国制造业的贸易逆差中，中国的占比上升了45.8个百分点，日本和"亚洲四小龙"的占比分别下降了近39%和近25%，这在很大程度上反映了日本和"亚洲四小龙"对美国出口的部分制造行业转移到了中国。这些产业转移促进了中国经济的快速发展，并从根本上反映了全球价值链的演进遵循着比较优势动态调整的规律。

表5-1 美国制造业贸易逆差主要来源国（%）

	中国	日本	亚洲四小龙	德国	墨西哥	东盟 （不含新加坡）	其他
1990	10.3	49.4	25.7	10.2	-1.9	6.1	0.2
1995	24.2	45.3	10.8	10.0	5.7	13.1	-9.1
2000	25.5	24.9	9.1	8.3	3.6	11.5	17.1
2005	37	15.1	3.7	8.5	4.2	9.4	22.1
2008	57.6	16.5	1.6	8.6	5.8	11.1	-1.2
2009	70.5	14.6	1.7	8.0	6.8	13.0	-14.6
2010	67.1	15.1	-0.2	7.9	8.1	11.0	-9.0
2011	67.6	15.0	-0.2	10.4	6.1	11.1	-10.0
2012	70.6	16.9	0.1	12.2	5.6	11.7	-17.1
2013	72.6	16.4	-1.4	13.8	5.2	12.8	-19.4
2014	67.7	13.5	0.4	13.2	5.2	13.6	-13.6
2015	59.5	11.2	1.7	11.1	7.3	13.6	-4.4
2016	55.4	11.0	1.9	9.2	8.2	14.3	0.0
2017	56.1	10.5	1.2	8.5	8.1	14.7	0.9
1990-2017的变化	45.8	-38.9	-24.5	-1.7	10	8.6	0.7

资料来源：Wind

中国面临产业转移的多重压力

近期，中美贸易摩擦、美国一系列"脱钩"行为影响了全球贸易活动，"价值链多元化"和"产能移出中国"的观点甚嚣尘上。当前中国面临产业转移的多重压力：

第一，产业转移由比较优势的客观规律所决定。尽管中美贸易摩擦和新冠疫情引发了新一轮的产业转移压力，但我们无需过分夸大产业转移对中国的影响。随着一国经济发展水平提升、结构转型升级，一国原有的比较优势发生变化，产业链会自发地向更具比较优势的国家转移。近年来，中国经济已经进入了一个新的发展阶段，一些产业也会自然地遵循这一规律发生转移。

事实上，在中美贸易摩擦之前中国产业链转移的迹象就已经出现。2014年中国的对外直接投资（ODI）已经开始超过了外商直接投资（FDI）。对外直接投资中有相当比重的投资投向了发展中国家和新兴市场。2018年中国对外投资中，新兴市场经济体的占比已经超过了美日欧三大发达经济体的占比，各占约四成，这表明正在发生的产业链转移符合中国经济内生发展的需要。

第二，部分产业链转移压力实际上是外部压力，即由中美贸易摩擦导致。2019年9～10月，为了了解贸易摩擦影响和研究对策，我们在上海、南京、福州、重庆等城市调研了约60家企业，其中国企占25%，民企占25%，外企占50%。通过调查研究，我们发现中美贸易摩擦对三类企业的影响比较大，可以概括为"两高一低"。

第一类是对美国市场依赖度比较高的企业，例如，部分企业50%以上的产品销往美国，它们受美国加征关税的冲击比较显著，订单同比大幅下降。一些企业通过努力开拓欧洲和非洲市场以缓解关税冲击的压力，但这需要一定的时间，难以一蹴而就。

第二类是产品可替代性较高的企业，例如生产拉杆箱和箱包产品的企业，因为很多发展中国家可以生产这类产品。这类企业的美国订单也大幅下降，现实压力倒逼企业改革生产线，加快对高端产品的研发以提升企业竞争力和产品的不可替代性。同样，这也需要一段时间。

第三类是议价能力和盈利能力较低的企业，主要集中在纺织原料、家装、服装、五金等传统行业，他们的平均出口利润率约10%。受美国加征关税的影响，企业毛利率已经下降到3%左右。

中美贸易摩擦背景下，产业链转移有四大特点引起了我们的关注。

（1）劳动密集型行业向外转移的意愿比较强。调研过程中，这类企业反映其产品附加值较低，产品竞争力不强，转嫁关税和承受关税的能力较弱，因此他们不得不转移，比如某家泉州的床垫生产商2019年年初被迫将95%的产能转移到印度尼西亚。但值得注意的是，产业转移的意愿并非完全源自中美贸易摩擦。在贸易摩擦出现以前，转移就已经开始了，关税冲击只是加快了转移发生的过程。

（2）代工类产业的转移速度非常快。部分加工制造企业由于原材料技术和核心零部件都来自国外，产品也销往海外，在中国只承担中间生产环节，因而转移成本很低，转移速度相对较快。

（3）产业转移多以越南、柬埔寨等东南亚国家为目的地。他们的劳动力成本较低，自然资源较丰富，离中国也比较近，因而产业重置的成本较低。另外墨西哥等南美国家由于邻近美国且关税较低，也成为一些企业考虑的目的地，尤其是主要针对美国市场的企业。

（4）跨国公司进行了隐蔽而影响深远的产业链调整。跨国公司一般进行全球化布局，因而可以迅速进行产销调整。

目前跨国公司普遍由其他国家的生产基地承接对美出口、规避关税影响，而中国制造的产品则留在本地销售或者销往非美国市场。表面上跨国公司似乎没有直接导致我国产能转移和资金外流，但本质上部分在中国制造的产品被迫放弃了美国这一最大的消费品市场，限制了产业未来的发展空间。此外，较多跨国公司推迟了将生产线转入中国的计划，这一定程度上延缓了中国产业升级的进程。

第三，我国产业链转移面临的第二轮压力是本次新冠疫情。疫情暴发后，医疗、汽车等行业暴露了全球产业链过度集中于某一国家的脆弱性，验证了"鸡蛋不能放在一个笼子里"的谚语，因此各国纷纷出现了产业链多元化布局的呼声。

在此基础上，一些国家开始推动产业链回归本土或进行多元化布局。例如，美国考虑通过税收优惠、补贴政策和对在海外生产的美国企业加税等方式，推动美国企业离开中国。此外，美国还在推动和澳大利亚、印度、日本等国建立经济繁荣网络的信任伙伴联盟，以期与中国形成竞争。

日本此前也宣布追加预算，以2000多亿日元的补贴鼓励医药企业和对外依赖度较高的零部件和原材料企业回归本土，此外还试图以200多亿日元资助日本公司将产能转移到其他国家。

欧洲方面，法国表示，具有战略意义的产品和原材料必须具有生产自主权，减少对外依赖。法国和德国提出，并于2020年7月欧洲理事会通过的"下一代欧盟"复苏计划（NGEU）中，要求提高欧盟医药产业的自主化程度。英国政府也制定了"防卫工程计划"，减少英国在重要医疗物资和其他战略商品方面对中国的依赖。

一些新兴市场经济体也开展了与我国改革开放早期地方政府招商引资相似的行为，例如印度邀请一千多家美国公司从中国迁往印度。

综合来看，我们深刻感受到了中国产业链转移来自内部和外部的压力。

产业转移的发展趋势和应对初探

产业链演变呈现三大趋势：

第一，近年来民粹主义兴起，并在一定程度上掀起了反全球化的浪潮。我们预计这股浪潮在短期内不会消失，在中期内会抑制全球价值链的活动，因此国际贸易会受到较大程度的影响。

第二，美国出于战略、安全、外交等方面的考虑，推动对华脱钩，并逐渐从科技、军事等领域向人文、教育等领域蔓延。综合来看，美国的系列脱钩行为已经深刻改变了"中国作为制造中心，美国作为创新中心和最大消费品市场"的分工模式，并将对未来中国产业链和全球价值链的分布产生深远影响。

第三，数字经济、电子商务和人工智能技术的发展对全球产业链产生深远影响，一定程度上构成"建设性破坏"。因为技术进步使得产业链缩短，区域化趋势加强，一定程度上会推动产业链的部分关键环节回流欧美本土。因此这会导致产业链的重构。

在此背景下，我国可能面临三大冲击：

第一，涉及国家安全和基础民生的产业可能回流西方，如医疗设备、药品、军工、高科技等行业。

第二，中低端产业可能外迁。这是由内外双重压力共同导致的结果。一方面我国内部产业链升级和比较优势变迁产生了内在动力，另一方面中美贸易摩擦和新冠疫情蔓延等因素产生了外部压力。

第三，高端产业可能将面临封堵，比如芯片、军工、航天等。自2018年起，我们已经深刻感受到了技术脱钩的压力，预计未来这方面的压力将越来越大。

面对压力，要有冷静客观的认识。产业转移是一个相对缓慢的过程，中国在未来一段时间内仍然有能力保持全球制造业中心的地位。

从体量上来看，2018年中国制造业就业人数约1.5亿人，制造业增加值超过4万亿美元。而同期越南、墨西哥、孟加拉国等国的制造业就业人数仅为中国的2%～5%。制造业增加值仅为中国的1%～5%，差距仍十分明显（见表5-2）。

表5-2 中国产业转移潜在对象国制造业指标比较（2018年）

国家	人均收入（美元）	制造业增加值（亿美元）	制造业从业人数（万人）	制造业增加值占GDP的比重（%）
韩国	28380	4409	446	27.6
土耳其	10940	1461	327	17.6
马来西亚	9650	778	211	22.3
中国	8690	40028	14896	29.3
墨西哥	8610	2085	773	17.2
哈萨克斯坦	7970	198	52	11.2
泰国	5950	1359	498	27.1
白俄罗斯	5290	128	94	22.2
南非	5430	433	179	11.9
越南	2160	392	378	15.3
印度	1790	4087	4124	14.9
孟加拉国	1470	492	349	17.3
柬埔寨	1230	40	38	16.2

资料来源：世界银行，国际劳工组织

　　从生产效率来看，越南、孟加拉国等亚洲国家尽管劳动力成本较低，但由于制造业基础弱，其制造业生产效率普遍不高。2018年越南制造业人均产出略高于1万美元，而中国为2.7万美元，因此我国制造业仍有明显优势。

　　从营商环境来看，我国的营商环境和发达国家仍有一定差距，但在不断缩小。柬埔寨、孟加拉国、菲律宾等其他发展中国家营商环境、行政效率明显落后于我国。

　　从基础设施来看，相比于中国，印度、越南等国的电力供给、运输等配套设施明显落后。

　　综合来看，低附加值的劳动密集型企业向外转移的趋势在中长期不可阻挡，但短期内中国仍然有能力保持全球制造业的中心地位。

　　从实际调查结果来看，中国对外资仍然有较大的吸引力。中国美国商会和上海美国商会分别在2019年10月和2020年3月开展了两次调查。

2019年10月的调查结果显示，70家美资企业中只有不到20%的企业要将部分加工制造环节撤离中国以逃避关税，绝大部分企业仍然考虑留在中国，并希望通过提升管理水平和数字化转型以抵消关税压力。此外，在加工和采购方面采取在华生产、在华销售的供应链策略以满足中国市场的需求。

2020年3月的调查结果显示，12%的美资企业考虑将产能转移出中国，24%的企业计划从中国以外的地区采购。

另外，中国欧盟商会的调查结果显示，约10%的欧洲企业因疫情原因考虑撤离中国，但另外还有10%的欧洲企业正在考虑来华开拓商机。此外，部分跨国公司庆幸没有完全撤离中国，因为全球4月只有中国工厂开工生产，而在当前环境下，采取转移策略的企业面临较高代价。

对我国而言，现阶段最重要的策略是坚持自信，保持战略定力，合理应对产业转移趋势。

第一，以我为主，充分发挥比较优势。我们认为中国仍将在一段时间内保持产业链中心地位，因此我们要利用这段时间主动适应产业链的演变趋势。

第二，深化改革，改善营商环境。2015年人民币加入SDR（特别提款权），2016年中国作为G20主席国，2017年以后中国应对中美贸易摩擦、WTO改革等系列重大挑战，这些事件让我们深刻体会到改善营商环境、深化改革的重要性和迫切性。深化改革要坚持国际化、市场化、法治化方向，提升企业和金融机构的竞争力。

第三，加快创新发展，加快向产业链高端攀升。我们应加大研发投入，努力突破核心技术，提升产业链关键环节的自主化程度。

第四，挖掘中西部的潜力，承接劳动密集型产业，维护就业稳定。据我观察，中西部地区的劳动力成本已经有所上升，至少中部地区的成本优势在降低，中西部劳动密集型制造业的比较优势是否依然突出、如何充分利用需要进一步研究。

最后，加强亚洲区域合作，推动区域产业链的发展。目前全球存在三大区域产业链，分别是以美墨加为核心的北美产业链、以德法为核心的欧洲产业链和以中日韩为核心的东亚产业链。

下一阶段我国要深入思考如何加强亚洲区域内的合作，推动亚洲产业链发展，其中东亚和东南亚是首选的合作伙伴。贸易战和疫情将推动亚洲供应链多元化，未来全球供应链可能在多个节点出现区域性特征。如果中国能在全球疫情期间加快改革步伐，从投资和出口导向型转向消费主导型，那么将有可能继续在供应链的重塑中掌握主动权，未来我国仍有望作为全球供应链的关键节点。

变局下，中国产业链的应变之道①

CF40研究部主任　徐奇渊②

价值链、产业链、供应链之辨析

价值链、产业链、供应链三者经常被混为一谈，但事实上它们是看待问题的三个不同角度。我们团队对"三链"进行了并不十分严格的初步区分。价值链从研究者的角度，关注贸易、分工的利益分配和需求冲击问题，是国际经济学的问题；供应链是对企业的微观观察，从企业层面关注上下游分工协调、成本管理和供应链断裂风险，是管理学的问题；产业链是从国家政府角度，关注产业层面的生产衔接、生产布局，并为其提供稳定、有利的外部条件，涉及产业政策等问题。

应该说，价值链、供应链、产业链三者之间没有明显的区分界线，只是观察的角度存在不同。很多情况下，三个角度观察到的结论一致，有时则相反。

例如，当前，越来越多的国家在强调产业链的安全性，希望医疗产业链能够回流本土。但是相关产业链在此前的外流，可能是出于增加值太低或成本不合适等原因。如今，为了实现产业链安全的目的，勉强让这些产业链回流。从利益分配角度看，即从价值链角度看，这样的做法是退步的，但从产业链角度来看，这又是安全的做法。在这种情况下，价值链和产业链角度得出的结论就不一致了。

---

①本文为作者在2020年5月24日的CF40双周内部研讨会第297期"全球产业链的重构与中国应对"上所做的主题演讲。
②作者系中国社科院世界经济与政治研究所研究员。

中国产业链的影响力与脆弱性

一方面，中国的产业链在全球的影响力很大，我们对此是有自信的。但另一方面，中国的产业链也存在一定脆弱性，需要从多个维度对其进行体检。这里介绍两个维度的体检情况。

一是中国产业链的影响力。我们引入了"出口中心度指数"这一产品层面的测量指标：在全球市场上，如果某种产品只由少数国家出口，少数几个国家占有很高的市场份额，出口集中度非常高，我们就把这种现象称作产品的出口中心度指数高。这一指标借鉴了国际货币基金组织2017年的一篇工作论文，该文观察的背景是日本大地震、泰国洪水灾害的冲击，当前的疫情冲击或中美贸易冲突同样也适用这样的分析方式。

目前，在全球市场上，出口中心度指数前25%的产品中，美国占有的种类数最多，有900种以上，中国排第二。当然，出口金额也很重要，但是金额存在一定偏差，需要经过一定处理。考虑到上下游产品的金额有一定差距，中国可能生产更多的下游产品，而美国生产更多的上游产品，因此，我们主要关注产品种类数情况。可以发现，从经济体角度来看，中国的出口影响力是比较高的，出口金额最高，出口产品种类数排第二；但是如果从政治关系角度来看，出口关键产品数量接近中国的国家不少，如果将美国与其盟国圈在一起，中国的相对影响力就会较大程度被削弱，因此，我们需要客观地看待中国的影响力。[①]

二是中国产业链的脆弱性情况（见图5-4）。图5-4横轴为进口的市场集中度，即市场垄断程度，纵轴为出口中心度指数。对中国而言，最理想的情况是进口产品市场集中度较低，垄断程度较低，同时全球来看这种产品的出口中心度

---

①崔晓敏、熊婉婷、杨盼盼、徐奇渊，基于网络分析方法下的产业链脆弱性评估[J]，中国社科院世经政所工作论文，2020.

指数较低，即图5-4中第Ⅳ组的情况，此时供应链脆弱性小且较为稳定。最糟糕的情况是第Ⅰ组，即"卡脖子"情况，进口的市场集中度和出口中心度指数都很高，供应链脆弱性大且短时间内难以改变，目前这种情况下有60余种商品。第Ⅲ组是供应链脆弱性大但存在改善的可能性，因为尽管进口的市场集中度很高，但是全世界范围内该商品的出口中心度较低，所以改善的空间较大。最不好理解的是第Ⅱ组，其供应链脆弱性小，但是有可能恶化。该类商品在全世界的出口中心度很高，但是进口的市场集中度低。可能出现的一种情况是，当前进口量较小，所以我们可以在有限空间的前提下分散进口来源，但是如果进口数量增加，进口的市场集中度也会越来越大，逐渐向第Ⅰ组靠拢。

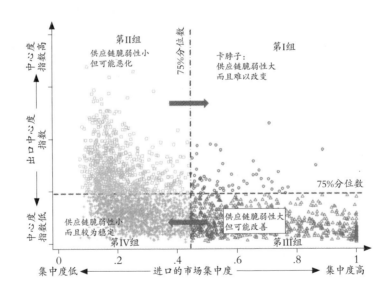

图5-4 中国产业链脆弱性情况

资料来源：崔晓敏、熊婉婷、杨盼盼，《基于网络分析方法下的产业链脆弱性评估》，中国社科院世经政所工作论文，2020年5月

疫情和中美冲突的启示

当前，疫情和中美冲突的双重冲击使我们对中国产业链或供应链（即从企业和政府的角度出发）有了一些新的观察，得出了一些新的启示。

首先，总体来看，中国的进口供应链面临潜在风险，这样的风险可能是逐渐暴露出来的。

其次，具体来看汽车产业。崔晓敏研究发现，欧洲疫情最严重时，其汽车产业生产和消费停滞对中国和其他国家产生的冲击是不对称的。对中国而言，从德、法、英进口的汽车生产中间品占全部汽车进口中间品的35%，供应链被切断，发动机、变速箱等产品不能正常供货，属于供给冲击。而对韩国来说，属于需求冲击，欧洲八国从韩国进口的汽车中间品占比达到23%。整体来看，欧洲汽车生产暂停，韩国某些零部件卖不出去，而中国因为缺少一些零部件无法正常生产。[1]

一个不太成熟的设想是，推动中日韩的汽车产业链合作。这一设想受到两方面挑战：一个挑战是德系、法系汽车与韩系、日系汽车的零部件标准不同；另一个挑战是日本汽车生产是一体化生产，而中国更接近美国的专业化、模块化生产，两种生产模式嵌在一起存在困难。

在这里我们尝试针对这两个挑战做出回应。虽然日本一体化的生产模式与中国专业化、模块化的生产模式不一致，但日本汽车制造在某些环节也存在一定程度的专业化分工。因此，在模块化程度较高的环节还是可以寻求双方合作的，而韩国模式是介于日本和美国之间，或日本和中国之间的一种生产模式，所以也是存在合作空间的。汽车产业带给我们的启示是，**可以推动区域产业链合作**。此外，在中国率先复工复产的背景下，可以考虑推进外资企业中间品零部件国产化。

---

① 崔晓敏，疫情对欧洲12国汽车产业的影响及外溢效应[J]，中国社科院世经政所研究报告，2020.

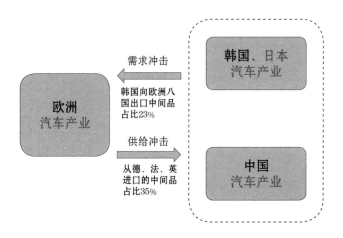

图5-5　疫情之下欧洲汽车产业对中日韩的不对称冲击

资料来源：《疫情对欧洲12国汽车产业的影响及外溢效应》

接着，来看飞机产业链。总体结论是，疫情对航空业的影响可能由暂时性需求冲击转化为持久性的供给冲击。虽然飞机产业链上的主供应商、主制造商面临巨大困难，例如波音公司和通用公司，但是这些大公司最终都会得到政府救助，不会破产。而产业链上的次级供应商，特别是四级、五级供应商，都是较小的企业，如果它们破产退出市场，会对供应链产生持久性冲击，某个环节零部件供应链将存在断裂的风险。飞机的零部件数量达百万级，比汽车还多一个量级，这可能会影响到我国的飞机制造以及飞机的研制和试飞。

最后，对美国全面打压华为5G的观察。除了战略和政治上的考量，美国打压中国5G产业，特别是打压华为，主要出于两方面的直接原因。一是对信息安全可控性的考虑，二是对商业利益的考虑。5G所带来的商业土壤可以培养出倒三角形的商业模式，5G发展背后是安全利益和巨大的商业利益。如果失掉5G，那么未来在5G土壤上产生的新的商业模式可能都要受制于人或者落后半步。

在这样的背景下，美国政府开始从三方面打压华为或者说中国的5G产业。首先，在需求端，劝阻欧洲、非洲等国家不要使用中国5G技术；其次，在供给端，设定实体清单、进行出口管制，阻断各国供应商向华为供货。考虑到这些做法确实会"自损八百"，美国每次出台政策都有设定缓冲期，并且缓冲期在不断推迟。最后，美国也推出了开源5G这样的替代方案。

华为的应对手段对我们也有一定启示，或者说有值得探讨的方面。

第一，在需求端，华为坦然接受了后门的公开监督标准，尽量让使用者放心。实行与竞争者在内的共赢模式，包括合作的共赢模式，例如，提高产品价格，给竞争者留下一些生存空间等。欧洲国家需求端存在一定摇摆，他们和美国有部分共识，但也有自己的利益考虑。一方面，欧洲担忧中国企业的超强竞争力，中国的一些非市场做法也让其不满。另一方面，在新的信息技术包括数字经济的竞争中，欧洲全面落后于中国和美国，因此也希望早日搭上5G的快车，在5G土壤上培养出自己的商业模式。同时，欧洲在中国也有巨大的现实或潜在的商业利益。

在供给端，华为有备份战略。在供应端一些最前沿技术产品受到管制时，其可以通过软件更新或算法优化来弥补硬件的缺陷。此外，华为的供应商也存在摇摆。华为比较擅长与上下游供应商抱团共赢，尤其通过与高知名度的企业合作，帮助华为在海外建立品牌声誉。即使受到制裁，华为还是在公开场合表示，非常理解它的上游供应商。同时，华为与当地政府也建立了比较良性的政企关系。

但是，我国在5G的三条赛道全面铺开、替代进口产品的做法存在一定的争论。一种担忧认为，从外界的视角来观察：目前的做法是，代工环节要替代台积电，芯片设计环节要取代美国英特尔、高通等企业，存储环节要取代三星。因此一种自然的担忧就是，全面铺开替代的战略难度非常大，而且难以同时实现。更重要的是，全面替代战略可能演变成全面树敌。这种担忧有其合理性，事实上，在"中国制造2025"刚公布时，也引发了美国以外其他主要国家的一些担忧。

从替代方案来看，华为是一体化的技术模式，质量更好、性能更优，但其缺点是让供应商产生高度依赖性，这也使得供应商非常惶恐，纷纷转向开源5G方案以提高吸引力。但客观来看，开源5G尚在发展初期，华为5G技术相对于这种新模式有时间优势，而且从其过去的成长轨迹来看，华为也并不害怕公平竞争。

全球产业链，去中国化？

在过去很长一段时间内，全球化一直在大踏步往前，但是进入成熟阶段后，全球化也会经历上下波动。如今，全球化的上边界和下边界都在下移。全球化的上边界面临的两大压力——政治互信和疫情冲击。中美贸易冲突和疫情冲击都是全球化的内生调整，如果全球化和人口流动程度没有这么高，那么疫情扩散速度和范围都会比现在小得多。疫情本身是高度全球化所无法承载的，全球化程度会往回自动修正，政治互信同样如此，因此全球化的上边界开始下移。

另一方面，全球化的下边界也逐步承压。全球充分竞争格局已经被削弱，许多国家也开始考虑产业链安全问题，政府通过给予企业补贴，推动产业链回流。因此，企业思维方式也发生变化，考虑的不完全是市场竞争效率问题，也开始重视规避和平衡风险，全球化下边界开始下移。上下边界同时下移，意味着全球化将出现趋势性回调。

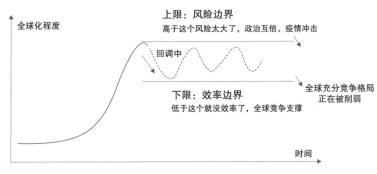

图5-6 全球化上下边界下移

当前全球化正在经历回调过程，但转变之中存在较强可塑性，尤其是"去中国化"的趋势。目前全球产业链的"去中国化"还没有答案，这将取决于中国怎么做。

第一，国家视角下，区块化倾向将不断会被强化。日本、美国等经济大国可实现产业链回归本土，但是小国却很难实现。小国可能退而求其次，选择将产业链回流至区域集团市场，在区域范围内生产的可控性更大。第二，企业视角下，全球产业链存在多元化与资本化发展趋势。多元化并不是单纯"去中国化"，中国也是多元化的备选项之一。第三，数字化会重塑全球产业链，如果人工智能、大数据、云计算和5G等新技术在未来逐渐完善，要素比较优势的逻辑可能会发生一定变化。此外，当前主要发达国家纷纷采用超低利率或负利率，这类货币政策将持续较长时间，资金成本、企业资本成本将在较长时间内逐步下降。此外，技术替代劳动力的可能性也在上升。疫情冲击下，人们对线下生产，特别是人群扎堆式的生产方式比较担忧。所以，新技术、全球产业链资本化优势也是需要考虑的因素，未来单纯强调劳动力成本优势哪怕对越南这样的国家也不是长久之计。当前中国面临的情况是，资金成本没有那么低，前有堵截（美国等），后有追兵（越南、印度等），中间也有摇摆不定的国家。

中国的应对之策

总体判断是要避免热战、冷战，直面双核体系。避免热战和冷战相对来说比较容易实现，未来出现"双核体系"的概率比较大。德国、法国、新加坡等国的研究机构和学者早些年就已提出"平行体系""双核体系"的概念和思路。新加坡国立大学郑永年教授反复强调，双核体系和冷战体系是不同的，以双核为中心的两个阵营并不是完全切割，中间有许多摇摆的国家和企业，它们既可以跟中国做生意，也能够跟美国做生意。

从中国产业链全球影响力来看，我们既要认识到中国是唯一一个具有所有300余个工业品部门的国家，又要认识到我们的工业品部门在精度、耐用性、良率等方面都存在很多问题。特别是在一些关键技术领域，存在"卡脖子"的情况。

从政治关系视角看，如果将美国与它的盟国放到一起，将中国单独孤立起来，中国产业链的全球影响力会小很多，脆弱性会增加很多。因此，我们不能让这种情况发生。我们需要自信，而自信的基础是中国不但有门类齐全的工业品部门，而且还有市场规模、商业模式、基础设施、产业链配套网络、新技术（工程师红利）、单位劳动力成本、改革红利等很多优势可以挖掘。

具体措施来看，**一方面，对内改革要激发、释放市场活力。要落实改革、强化现有优势，以巨大的、高成长的市场增强吸引力**。首先，产业政策、创新政策等需要根本性重塑，从产业规划体系到产业安全体系，从产业政策到竞争政策，都需要更大的突破和改变；其次，从发展阶段转换的高度，重新认识并重塑创新政策，减少市场扭曲；最后，发展、完善金融市场，有利于发挥金融支持实体经济的作用。

另一方面，加大对外开放，化解"去中国化"潜在风险。解决思路是"扩大统一战线"，争取摇摆国家、摇摆企业。具体建议包括以下四点：

一是"我和你一样"。求同存异，强调与其他国家的相同之处，而非强调差异之处。例如，华为在多年前就已经在关注全球产业链的"去中国化"趋势，在内部推行"去中国化"战略，仿照跨国公司布局会员单位和海外研发基地。这对于企业来说容易做到，但是对于国家来说，需要在做法或者表述上有一些改变，让别人觉得我们是比较相近的，一定要多多强调大家相同的部分。

二是"我也能做到"。积极对接高标准的国际经贸规则，深化东亚产业链合作。同时，吸取入世教训，重视欧日诉求。

针对欧洲、日本和美国等企业对中国的担忧，我们应主动对接高标准的国际经贸规则，深化区域的产业链合作。例如，越南与欧洲有自贸区协定，同时又加入了《全面与进步跨太平洋伙伴关系协定》（CPTPP）等。对中国来说，特别需要吸取过去的经验。1994年，中国在关贸总协定的谈判基本完成，但其间"关贸总协定"升级为"世界贸易组织"，中国的"复关"谈判一下子就变成了"入世"谈判，谈判范围在原来简单的有形商品基础上增加了知识产权、服务贸易等内容，大大拉长了谈判时间。

反观今天的国际经贸规则，美国、欧洲和日本从2018年至今已发布了7轮联合声明，其中很多内容针对中国企业，包括国有企业、补贴、产业政策等。其各种主张之所以能够在国际范围内获得一定的响应，当中也有其合理之处。我们需要积极主动地对接、适应这些高标准规则，以避免将来可能出现更大的被动。

三是"有钱一起赚"。对欧日强调合作共赢，而非替代战略，减少其面对中国竞争的焦虑感。

四是"我们是朋友"。对美国反制，应避免伤及无辜。尽可能避免将美国企业排挤出中国体系、推到对立面的倾向。如果扩大了破坏范围，很有可能将一些中间摇摆的国家和企业推到对立面，这对中国是非常不利的。我们应该扩大所有能够加入统一战线的国家，团结所有可以团结的力量，对美国进行反制的定位一定要明确、界线分明，尽量不要伤及无辜。

全球产业链重构下的中国发展机遇①

CF40学术顾问　黄奇帆②

受市场规律制约，中国产业链优势难以替代

市场是配置资源最有效的手段。脱钩、制造业外迁等行为不符合市场规律，只是某些西方政客的主观臆想。全球水平分工的产业链布局和供应链结构，是全球生产要素在市场化方式自由流动下，经过几十年的配置资源优化而成。

在疫情发生前，全球产业链具有相对的稳定性。疫情发生后，稳定性被打破，跨国公司在全球重新配置生产要素时，会更注重效率、效益和成本，不会一味遵循少数政客的意愿。美国等国家的外资企业如果从中国撤资，需要转移生产基地，在美国或其他国家重新建设生产设施，寻找产业链中配套的新伙伴。这一过程对搬迁企业而言，成本高昂，有难以逾越的困难，具体表现在以下五个方面。

一是产业链重建所需的资本投入难以保障。疫情已经持续了半年之久，大量企业的业务处于停滞状态，现金流极其紧张，很少有制造企业能够依靠自身的力量投资重建工厂。各国政府声称给予撤资和搬迁工厂的帮助，实际上只是补贴搬迁费，难以向这类企业的相应投资提供全额补贴，甚至可以说是几乎不可能的。因为企业业绩下滑，资本市场也减少相关投资，企业失去了获取重建所需资本融

---

①本文为作者在2020年5月24日的CF40双周内部研讨会第297期"全球产业链的重构与中国应对"上的点评发言。
②作者系中国国际经济交流中心副理事长。

资的能力。因此，仅为了政治目的，让企业冒着资金链断裂甚至破产的风险搬迁，是不符合市场规律的，是不合理的，企业也不会跟进。

二是产业重建的配套产业集群无法轻易建立。一家龙头企业、核心企业的迁移，不仅是企业自身的迁移，还涉及产业集群的配套跟进。在制造业分工如此细致的市场环境下，一家制造业企业通常需要成百上千个配套企业，这些配套企业大多不可能全部搬迁到美国。失去原有配套企业，会导致搬迁企业产业链断裂，制造成本急剧上升，这也是不符合市场规律的。

例如，特朗普3年前就曾要求库克将苹果的生产基地从中国搬迁回美国，出于产业集群的考虑，库克多次明确表态不可能搬迁。如果苹果从中国撤回美国，苹果产业链无法形成，最终苹果公司难以为继。疫情发生前的3年间，苹果没有搬回美国；在疫情发生后，搬迁将更加困难。

三是产业工人的成本与素质难以平衡。制造企业的全球选址不仅考虑所在地的劳动力成本，还考虑劳动力素质。与我国产业工人相比，欧美劳动力成本较高，东南亚劳动力尽管成本低，但素质相对较低。经过近40年的工业化、信息化进程，我国产业工人既有较高素质，在成本方面也具有比较优势。中国年轻人，包括农村在内，高中毕业生、中专毕业生的教育普及程度已经达到90%。由此可见，我国劳动力素质相对较高。

四是美国的经济结构制约制造业发展。想要发展某些产业，不仅需要考虑上层建筑、政府机构的主观意愿，还需考虑国家的经济基础，包括金融结构、经济结构、产业结构等。

美国的产业结构中，包括金融业在内的服务业占80%以上，工业制造仅占13.5%，工业制造品大量依靠进口，产业结构、经济结构并不适合发展制造业。从金融角度看，正因为大量工业品进口，才能通过进口支付美元的过程，将美元撒向全球，获取美元铸币税。大兴制造业，将会影响美元全球化、美元全球霸权货币的地位，影响美元的铸币税功能。美国的经济结构、金融结构、产业结构已经无法重回70年前的状态。

五是制造业发展的基础设施难以配套。总体上，美国的基础设施水平优越，但这类设施大都服务于第三产业发达的城市人群。由于美国制造业衰退，服务于工业的铁路、港口、信息网络和"七通一平"等基础设施不完备。短时期的建设需要政府天量的投资，基本上是不可能的。

以通信为例，无论是过去的3G、4G基站，还是现在兴起的5G基站，美国的通信设施在大城市较为完善，在郊区、农村适合工业制造的地区较为落后，通信电话水平也与中国相距甚远。其主要原因是，美国通信公司是私人拥有，不愿投资通信密度不够高、投入产出低的地区。对比中美双方，在国土面积大体相当的情况下，美国只有40多万个4G基站，中国有460万个。总体而言，美国的基础设施不能适应制造业发展。

综上所述，全球产业链的重新洗牌，并不会如少数西方政客所愿出现与中国脱钩的现象。在市场规律的作用下，全球产业链将会朝向垂直整合、多元化、更具韧性的方向发展。

我国在全球产业链中具有举足轻重的地位，中国制造的优势已经被全球产业界所承认，国内工业体系完整，工业基础设施完备，具有配套齐全、综合成本较低的优势，具备支撑全球产业链变革的基础。

此外，中国本土市场规模大，近几十年投资在中国的外资企业，其70%以上的产品在中国市场销售，30%的产品出口欧美。如果撤离中国，以中国为市场的外资企业，将丢弃70%的市场份额，这是确保全球产业链留在我国的决定性因素。

产业链重构将呈现地域垂直整合趋势

疫情下全球产业链重构表现为结构性重构，而非搬迁式重构。近20年，世界制造业的发展形成了全球产业链的水平分工结构。水平分工导致产业链环节过多、运输过长，造成物流成本高、运输时间长等问题，增加了全球产业链断裂的风险。一旦遇到自然灾害、社会动荡、新冠疫情等全球性危机，打破产业链平衡，将给全球制造业带来灾难性的冲击。

面对水平分工所造成的脆弱性，产业链重构最合理的方向是，让产业在亚洲、非洲、欧洲、美洲某些地域聚集成垂直整合的产业链集群。产业链集群是在一定地域内，既实现全球化水平分工，又实现垂直整合的生产关系，是提高全球产业链抗风险能力的产物。产业链集群的结构性重构，要求全球最优秀的企业聚集到具有一定产业基础的某一区域，产品收益由各参与国的企业分享。

当前，担心疫情引发产业链搬迁之声不绝于耳。摩根士丹利公司近期发布的报告指出，通过与产业链上跨国企业的实际决策者们交流发现，此次危机将会放慢贸易战以来的产业链搬迁趋势。

疫情之前的贸易战时期，有一批企业在贸易摩擦的鼓动下，确实有搬迁出中国的趋势。但在疫情暴发之后，搬迁需求反而降低。据摩根士丹利分析，有以下两个原因：

一是搬迁意味着新投资，在全球衰退的阴霾下，无人愿意再投资。经此一"疫"，欧美经济大约需要两年以上的时间恢复元气，中国以外的拉美、东欧、东南亚新兴市场往往具有薄弱环节，风险较高，易受疫情、汇率、债务等因素影响，引发连锁反应，增加市场风险。

因此，跨国企业在未来一段时间的重中之重，是保留现金、减少投资，而不是搬迁及造成新资本开支。摩根士丹利调研发现，部分公司在疫情前原本有意愿在中国以外投资设新厂。而当前，这些意向纷纷被延期。

二是中国在制造业产业链集群上的优势是无可替代的。以数字新媒体产业的产业链为例，全球龙头企业一致认为，中国复工所展现的管理能力，进一步验证了中国相对于其他新兴市场的制造业优势。

中国在封城后的仅两个月内，疫情受控，生产能力几乎满血复活。无论是红黄绿码技术的应用，还是体温、口罩、食堂隔断等公共卫生管理措施，以及员工的配合度，都远胜于其他潜在搬迁目的地，如东南亚等地。后者目前正经历更坎坷的生产停摆、供应脱钩的状态。

以上是摩根士丹利对疫情下跨国公司的分析。大段引用这些观点，以说明对这一问题的客观认识。

疫情之后的世界将会如何？大家都在揣测。摩根士丹利对跨国企业的调研发现，有一项趋势在跨国企业调研中较为明显——疫情促使下一阶段产业更重视数字基建，即云服务、物联网、远程服务等。中国恰巧在5G数据中心、物联网等数字基础设施、新基建建设上正在加速，中国未来的商业基础设施将会得到加强而非削弱。

因此，这一次全球产业重构，不是简单的搬迁，而是根据先进生产力发展的需要，以及全球各地所形成的基础设施、营商环境等生产关系要素，进行结构性的配置，并在此基础上创新出产业链集群垂直整合的产业结构。我相信资本家和跨国公司企业家的理性，不会跟随政客们的叫嚣和莫名其妙的潮流，他们一定会理性布局新的产业链、重整全球结构。

中国制造业在全球产业链重构过程中的机遇

对于我国的制造企业，我们应该清楚地认识到，目前产业链阻断和进出口订单减少所导致的生产停摆，主要是由疫情造成的，与脱钩和撤资关系不大。我们应该对自身优势有底气、有信心，不要放大自身的困难。

因此，我们应当审时度势，重新思考全球产业链布局的方向，突出中国在制度上的优势，进一步夯实产业链集群化发展的基础设施，积极布局基于新技术的产业生态，推进传统产业的数字化转型。

主要有以下五条措施：

第一，健全产业链布局，补齐短板。我国产业链存在短板，有些甚至是致命的短板，容易被他国"一剑封喉"。一旦面对不可控的政治或自然因素，产业链将面临断裂的危险。

面对疫情下的全球产业链重构，我们应该倒逼自己，尽全力将产业中的举足轻重的零部件生产部分实现本土化，运用科技创新实现技术和工艺突破，以产顶进。

产业链集群是我国制造业发展的杀手锏，越是在全球产业发展格局下，越要健全产业链，抓住关键问题补齐短板，凸显劳动力成本、供应链成本、营商环境等优势，完善产业链配套设施，吸引更多全球优秀企业加入中国的产业链集群，用更大程度的开放抵御"去中国化"的错误思潮。

第二，启动国内经济循环，鼓励出口型企业转向内销。我国去年出口额为2.6万亿美元。随着世界疫情的扩张，今年第1季度我国出口额降低了11.4%，第2季度的情况将更加不容乐观。

出口量降低不仅受到国内停工的影响，还受到世界疫情的影响。第1季度时，世界的疫情尚不严重，国外企业仍然生产、运行、采购中国的货物。但第2

季度时，全球进入瘫痪状态，原本外企的进口订单，即我国的出口订单，大量丢失，导致我国第2季度出口数据更低。

在全球疫情大概率、长时间延续的情况下，我国出口企业会处于订单长期骤减、资金链断裂的极度困难中。

因此，我国应针对可能的长周期订单低迷状态，制定策略，改变策略，加快启动国内经济循环，鼓励出口型企业根据国内市场需要改造产品，扩大内销份额。我国有出口退税的政策，这类企业原本在不含税务成本的竞争下进行出口。如果转向内销，收取13%的增值税等其他税目，将会导致成本上升，不适应国内销售。对于这一部分出口转内销的产品，可在一定时间内，给予出口转内销的特殊政策，视同出口不收增值税，同样享受出口退税的政策。总之，政府应当采取措施，帮助企业出口转内销。

第三，鼓励传统产业数字化转型，用新技术开发国内市场。我国的人口基数、自然资源、GDP水平决定了中国自身市场巨大，各行各业存在大量基于新技术的市场空间。

以能源行业为例，中国石油每年进口约4.5亿吨，国内生产2亿多吨，总消耗6亿多吨。随着中国经济发展，能源需求将会进一步增长，未来将增加至7～9亿吨。能源需求增长后，如果增加的订单都从国外进口，每年4.5亿吨变成每年6.5～7.5亿吨，那么能源结构将存在安全隐患。

事实上，我国具有世界上最丰富的煤炭储量，每年的煤炭产能为50亿吨，去库存下的煤炭实际产量压缩至38～40亿吨。可见我国煤炭产能是富余的，有闲置的。如果用煤炭代替石油，作为化工原料，有巨大的发展空间。问题在于煤炭污染严重，化工污染比石油大。

我国应努力研发煤炭清洁利用技术，在清洁工艺的前提下，发展煤制气、煤制油、煤化工。例如，宁夏神华集团的煤制油、煤化工技术，是一流水平，其工艺流程达到世界先进水平，能够降低各方面污染，形成清洁能源，这类企业应该发扬光大。如果中国10亿吨煤炭发展成煤化工、煤制油、煤制气，我国原油需求量将会节省1~2亿吨。4~5吨的煤能够转化为1吨的油和气，能够扩大内需，减少煤炭去产能的压力。

又如，截至2019年6月，我国汽车每百人保有17.9辆，与发达国家每百人30辆汽车相比，仍有上升空间。随着新能源汽车的普及以及汽车产品向数字化平台的变革，汽车产业的清洁能源有着巨大的成长空间，将极大地带动中国城市基础设施的发展。

因此，不能因为担心汽车污染或担心汽车对城市交通造成压力，就采取限购、限卖、拍卖牌照等方式，阻碍汽车需求的增长。由于拍卖，汽车牌照高达八九万元，有人3年也拿不到牌照，这扼杀了市场1年几百万辆的汽车需求。在这方面，应努力探索汽车消费新模式，重新思考牌照限购等问题，通过释放汽车新消费，扩大汽车产业的国内市场。

第四，重视网络空间市场价值，充分发挥跨境电商的作用。

（1）疫情期间，阿里巴巴、京东等电商企业营业额没有出现下降，反而逆市上扬。网络空间市场与传统市场有很大不同。在疫情期间，电商能够避免物理隔离造成的交易障碍。因此，要进一步发挥中国在跨境电商平台上的优势，增强跨境电商平台在不同国家市场的服务能力。

尤其应当通过帮助"一带一路"沿线国家加入跨境电商平台，增加中国贸易进出口量。预计10年后，全世界的货物贸易量1/3是传统贸易的形式，1/3是加工贸易的形式，还有1/3是跨境电商贸易的形式，可见电商贸易潜力巨大。

（2）国内电子商务达到世界最发达的水平，但阿里巴巴等类似电商中，80%以上的业务来自国内市场，国内贸易总体规模全国第一，国际贸易只占阿里巴巴的全部贸易量的10%左右。阿里巴巴的国内贸易规模和总体规模远远超过亚马逊，但亚马逊平台上的国际贸易量是阿里巴巴的4倍多。这说明我国跨境电商发展不足，未来发展跨境电商将会拓展我国贸易市场。

第五，努力扩大进口贸易总额，实现进出口平衡发展。我国去年进出口贸易额为4.6万亿美元，其中出口贸易额2.5万亿美元，进口贸易额2.1万亿美元。

中国进出口贸易额、出口贸易额是世界第一，容易引起贸易摩擦。美国是世界贸易最大的进口国，去年进口贸易额2.6万亿美元，与我国2.1万亿美元进口贸易额相比多5千亿美元。如果我国能够通过降低关税、逐渐扩大进口，将2.1万亿美元的进口逐渐上升到2.5～2.6万亿美元，最终成为世界第一的进口大国，这比成为世界第一大的进出口贸易国、世界第一大的出口国更为重要。出口大国不一定是经济强国，但是持续稳定的进口排名第一将会使中国成为世界经济强国。

第一，成为进口大国，会减少与其他国家的贸易摩擦。其他国家考虑到中国是世界最大的进口国，会竞相与中国合作，从而收获更多的全球贸易伙伴。

第二，在双核机制当中，各个国家要站队。作为第一大的进口国，中国将是他们市场的"衣食父母"。各国也就会更倾向于成为中国的贸易伙伴。进口大国在很多领域更容易拥有商品定价权，这是不言而喻的。

第三，进口大国的货币在全球贸易中也会升格为商品计价的货币，变成硬通货。

第四，进口大国会推动跨境人民币贸易清算，支持一部分进口产品直接使用人民币付费，能够平衡进出口过程的外汇收支。

第五，进口产品的增加会引起老百姓消费结构的变化，带动制造业产业结构、供应结构的升级调整。这些是中国经济发展到现阶段，调整产业结构应该看重的方面。

5月14号，中共中央政治局常委会召开会议。在此次会议上中央首次提出"构建国内国际双循环、相互促进的新发展格局"，为稳定经济社会发展做出新谋划、新布局，为我国企业在全球产业链重构中指明了方向。

总之，在参与全球产业链重构过程中，市场是王牌，产业链是"王中王"，营商环境、国际化、法治化、市场化是基本牌，核心技术创新补齐短板是关键牌，深化改革开放是我国永远的底牌。打好这5张牌，不仅能促进中国经济发展，还能够用实际行动回应西方政客的外资撤资论、中国脱钩论、逆全球化等言论。中国企业一定会突破技术封锁、补齐产业链短板，中国制造产业链集群一定会成为世界上最具竞争力的产业链集群。

06

新经济，新机会

数字经济发展契机①

CF40学术委员会主席　黄益平②

需警惕全球经济新问题

新冠疫情在世界各国蔓延的速度十分惊人，引起全球金融市场震荡。比尔盖茨基金会曾经做过一个模拟分析，他们预言下一轮的流感疫情可能会导致3千万到6千万人死亡。刚开始听到这个分析的时候，我其实是不怎么相信的。但海外传播的速度和广度，确实远超我原来的想象。

现在，资本市场已经进入极度恐慌的阶段。这个事情为什么这么值得担忧？其实过去几个月我一直在思考。发达国家包括美国的菲利普斯曲线十分平坦，低利率、低通胀、低失业率三个因素相互结合，看起来是一个很不错的宏观经济组合。但我比较担心的是这个组合会不会引发潜在的金融风险，实际上企业资金错配、股价高估和债券市场潜在泡沫等情况也确实存在。资产价格一旦出现大的调整，原来可观的资产负债表就会"瞬息万变"。

2019年11月我跟随中国金融四十人论坛代表团去美国调研，当时大部分美方专家认为，美国经济并不存在明显的金融风险，但是政府缺少应对发生衰退和危机的政策工具。货币政策、财政政策都不像2008年那样还有很多的应对空间。

世界经济的任何疲软对中国经济在新冠疫情之后的经济复苏，都不是一个好

---

①本文为作者在2020年2月29日的CF40双周内部研讨会第278期"疫情冲击下的数字经济发展契机"上所做的主题演讲。
②作者系北京大学数字金融研究中心主任。

消息。

数字经济发挥了宏观经济稳定器的作用

在这一轮的疫情冲击过程中，数字经济发挥了一些积极作用。这和2003年非典疫情时期有着很大差别。淘宝在2003年5月上线，那时非典疫情几近结束，但当时支付宝没有上线，网购非常困难，而在本次疫情中，网购发挥了很大的作用。

目前，网购已经占到社会零售总额的20%以上。根据蚂蚁金服的调查，在疫情期间，餐馆线下业务减少75%，线上业务减少40%，线上业务的减少幅度大大小于线下业务，且40%的餐馆在从事外卖业务，其中一半以前没有做过外卖；游乐园、博物馆、酒店、航空等市场的业务数据暴跌，但线上影视、在线教育等市场飞速扩张。从这些数据来看，数字技术起码缓解了一部分冲击。另外，新型互联网银行小微贷款的申请数量不降反升，这一方面说明小微企业在疫情期间对贷款的需求，另一方面也说明了新型互联网银行确实在服务小微企业方面更为便利，疫情期间尤其如此。

我们还有一个猜想：在线国内统一市场的形成以及价格的透明化，是否在一定程度上遏制了疫情期间的价格上涨？

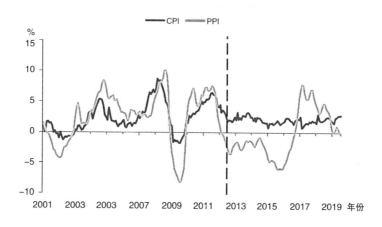

图6-1　2001～2019年我国CPI、PPI波动情况示意图

来源：Wind

我们可以从图6-1中看到，2013年以后CPI的变化相对稳定，而PPI仍存在较大波动，我们觉得有可能是电商的发展帮助了国内统一市场的形成，使得CPI的波动减小，或者说使宏观经济变得更稳定。如果这个机制成立的话，那么在目前的疫情冲击下，这样一个统一的线上市场和相对透明的价格信息或许会使得价格波动相对更小一些。

中小微企业的困难可能构成系统性风险

疫情对各经济部门都造成了巨大冲击，其中中小微企业可能面临着最艰难的困境。中小微企业的业务收入减少甚至停滞，而且资金储备往往比较少，但人员、租金与利息等开支还在继续。由于中小微企业相对分散，政府对它们的支持也相对不易落地。

对于中小微企业来说，现金流断裂的问题比较突出，这也值得我们关注。每天都会有中小微企业倒闭，我更担心的是一大批中小微企业因为疫情的冲击同时出现问题，这就有可能变成系统性的风险。当大批企业倒闭，失业率提高，以及本就存在很多问题的中小银行的不良率大幅度上升，这些问题相互结合，是否会形成恶性循环？

2月25日国务院常务会议宣布了诸如减免物业租金、电价和利息等措施，同时决定增加再贷款、贴现贷款额度5000亿元，支持中小微企业信贷。各地方政府也都在采取各种措施帮助中小微企业。但现在的问题是政策缺乏抓手。原因在于，一方面不了解这些企业在哪儿、有多少、状况怎么样，另一方面不清楚应该用什么样的手段支持这些企业。

利用数字工具支持中小微企业

北京大学数字金融研究中心利用2019年的支付宝数据做了一份报告——《中国个体经营户总量测算与新冠疫情冲击评估》。该报告主要说明了两点：一是利用数字工具有可能可以很好地把线上线下需要支持的个体经营户找到，掌握行业目前面临的情况，受到多大冲击；二是利用数字技术可以更好地支持这些个体经营户。

报告首先通过技术方法测算出个体经营户的总量和行业规模。支付宝的数据可以分为线上支付和线下二维码支付。他们假定通过线下二维码把个体经营户全部囊括进来了，用机器学习方法把杭州地区个体经营户的总数量与地区的经济、社会、地理、气候等各方面特征算出一个相关关系，然后推算全国其他地区的个体经营户数量，最后得出基本结论是：2019年全国个体经营户的总数大约在1亿户，这个数据比官方的数据高出50%；就业人口涉及2.3亿人，相当于总劳动人口的28.8%；总的交易量有13.1万亿元，相当于总社会零售额的34.4%（见图6-2）。

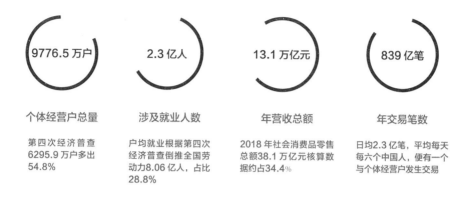

图6-2　中国个体经营户总量测算

其次，报告还研究了疫情期间个体经营户到底受到了多大的冲击。报告实际上是构建了泛事实结果，先看2019年春节前后交易量如何变化，用这个变化关系套算2020年的情形。2020年春节以前还没有发生过严重的冲击，以此推算出今年没有疫情冲击可能是什么样的状况，然后把实际的数字与推算结果对比。我们发现，由于湖北省受到了最直接的冲击，其差异最为明显，显著高于全国水平：商户的总量减少了60%，交易量减少了70%。而其他地区分疫情等级冲击，基本上差异不太大，受到的冲击相对比较一致。

报告还测算出网络贷款数量的增加对于缓解疫情冲击起到了很明显的作用。这虽然是一个比较粗糙的测算，但我觉得这个机制是有理可依的。网络贷款发展比较好的地方，中小微企业在线上线下融资的渠道相对较多，资源较充分，即便在疫情冲击期间，仍然能获得一定的资金支持，那么疫情冲击对它造成的影响相对来说就会小一些。

美国在灾后重建过程当中，网络系统的贷款优势非常明显。一是省去了线下外出会见的时间成本，二是沟通联系便捷，三是可以通过一些非传统的风控办法做风控模型。我们和国际清算银行经济学家做的研究也发现，用数字技术、大数据来替代抵押资产做风控模型，预测违约率的准确率更高，而且即使面对冲击，比如政策的冲击、外部的冲击，其稳定性也相对更高。原因在于三个方面：第一，用了实时交易数据；第二，用了很多行为特征；第三，用了机器学习的方法，一般传统银行的方法是比较线性的方法。从这三方面来看，数字经济确实发挥了一些优势。

所以如微众银行、网商银行、新网银行等新型互联网银行每年几乎都能发放一千万笔的贷款，而且无需见面，速度很快，数量很大，准确性也比较高。据我了解，在疫情发生以前，他们的平均不良率都在1%左右。我觉得这是一个非常有潜力的方向。

现在的一个关键问题是，我们的数字经济可能才刚刚开始，下一步要看我们能否抓住5G的先机。4G解决了网购、社交、直播的问题，但大家都知道，其实4G在时延和速度顺畅方面还存在着许多问题，而这些问题在5G之下会有很大的改变。

5G运用之后，不仅让数字金融、数字会议、数字教学等更加方便，还会催生很多新的业务形态，比如智慧城市、智能交通、远程医疗。关键是现在大家都是从零开始，也许我们可以紧赶着往前走，抓住先机。

更加积极地拥抱技术进步，加快数字化转型

第一，中国的数字经济在某些领域，尤其是电子商务、数字金融领域是相对领先的。我们认为用大数据做风控替代抵押资产或许会使得普惠金融真正成为可能，这将是一个世界性的贡献。而且在这一次疫情冲击的过程中，数字经济确实比较好地发挥了宏观经济稳定器的作用，所以我们要更加重视这样的业务形态的发展。

　　第二，在这些新的数字经济形态发挥作用的过程中，确实也受到很多其他方面的牵制。它是一个系统工程，不是光靠简单的算法就能解决所有的问题。比如，在疫情冲击期间，由于物流中断、人流停顿，电商运营难以维持。即便每年能发放一千万笔贷款，但仍然存在怎么具体发放下去的难题。有一些机构，包括互联网金融机构、城市商业银行、农村商业银行和其他的股份制商业银行，都在努力去做。关键是能不能直接把钱输送到离中小微企业更近的地方，数字金融和电商能不能发挥更大的作用。

　　第三，数字经济的发展才刚刚开始，4G使得支付和某些交易成为可能。虽然在顺畅、效率、安全方面还存在很多可以弥补的空间，但是起码这一次疫情期间，数字经济非常好地展示了无接触交易的价值。电商之所以发展起来，部分是受到了非典疫情的刺激。那么在这次病毒流行过后，会不会催生新一轮数字经济的大幅度发展？我认为有可能，而且在某些领域我们已经做得比较好，接下来就看我们能不能更加积极地去拥抱这些技术进步，加快数字化转型。

从数字银行看数字经济的发展趋势[①]

SFI特邀嘉宾　赵卫星[②]

以小见大，一家数字银行观察到的客群和行业变化

疫情期间，在多地启动一级响应之后，数字化运营让新网银行快速实现了无缝对接，包括1周7天24小时的线上开户（包括企业和个人）、支付通道的及时响应、资金的在线化连续供应，也包括整个信贷流程的各个环节的调整，比如审批、回款、贷后管理、催收等多个环节实现了无缝隙对接。可以说，这样的数字化效率是非常高的。

但是我们也显著体会到了客户在疫情之下的一些变化。我们做了一个初步的统计，春节之后到2月中旬，个人消费信贷申请量同比下滑了70%，通过率大概下滑了2个百分点，提款量相比上个月下滑了30%左右。从逾期量来看，3日内的逾期量大致是上月同期的2倍，目前还在快速增长中。回款率下降，进而导致有效资金投放量减少。银行的资金流动性压力骤增。

但值得说的是，我们监测到小微企业主的贷款申请量却在近期出现了比较明显的上涨，比如我们有好多的"创客贷"产品的客户就在申请提升额度或者延期还款等。

从整个行业来说，我们看到一些传统银行机构在疫情发生前期，绝大部分都

---

①本文为作者在2020年2月29日的CF40双周内部研讨会第278期"疫情冲击下的数字经济发展契机"上所做的主题演讲。
②作者系小米金融副总裁。

是网点关闭状态，后面逐渐开放了一些网点。到现在复工复产之后，越来越多的银行管理层开始更加重视数字化进程的推进。但坦白说，目前传统银行的数字化进程相对较慢，可能存在一定的路径依赖、改造成本高昂等问题。然而中小微企业的资金问题却难以等待传统银行的数字化进程，或许政府可以给予一定的扶持与帮助，比如多设立一些互联网银行的专项资金或优惠政策，帮助互联网银行解决一些流动性问题，最终对中小微企业实现反哺效应。

数字经济如何进一步助力经济复苏

疫情冲击之下，"宅经济"快速升温，而"宅"的前提是数字化。通过数字技术手段，满足人民群众在特殊时期下的饮食、娱乐、社交、教育、医疗等物质与精神的多重需求。可以说，在这次的疫情之中数字经济是应对短期冲击的重要力量，疫情也是数字经济的"催化剂"或者是"助燃剂"。我们可以从以下几个层面来说：

一、**政策层面**。2020年2月16日《求是》杂志刊登了《在中央政治局常委会会议研究应对新型冠状病毒肺炎疫情工作时的讲话》。文章指出**要着力稳定居民消费**。扩大消费是对冲疫情影响的重要着力点之一。要加快释放新兴消费潜力，积极丰富5G应用场景，带动5G手机等终端消费，推动增加电子商务，电子政务、网络教育、网络娱乐等方面消费。2019年中央经济工作会议公报里，六项重点任务中包括"大力发展数字经济"。可以说，给予了数字经济带动相关产业发展的更大期望。

二、**需求层面**。消费者在疫情期间的线上消费行为，可能不仅仅是短时行为，可能已经成为一种消费习惯，对80后、90后甚至00后来说，疫情期间线上消费行为的习惯得到了加固，而对其他更年老的消费者来说，这是一次数字化消费场景的极好普及、灌输与践行。这次疫情创造了更多的消费需求，也同步带动、加速、扩展了相关产业领域的数字化应用进程，除了数字经济龙头企业在疫情中表现突出，更多的小微企业、个体工商户都加入了这样的线上化运营。举个最简单的例子，成都街边的火锅店以前从来不会考虑外卖这种方式，但如今大大小小的火锅店、串串店，外卖成了一种标配。这种供需双方的匹配、调适，在疫情的催化之下，已经为接下来数字经济的几何式发展营造了良好的市场基础。

三、**技术层面**。技术是数字经济发展的底层支撑，而此次疫情对相关技术的影响非常轻微，甚至从某种层面上来说，更适合技术研究人员沉下来思考技术的迭代与升级。从另一个维度来说，数字技术的必要生产要素——数据，也在此次疫情期间得到了人群更广泛、维度更多元、规模更庞大的累积。**数据不用就没用，越用价值才越大**。这对金融机构来说尤为重要，当一个"人"的画像更加全面、立体，对其风险的控制也将更加精准。

总而言之，数字经济已经站上国家经济的舞台中央，其未来对整个经济领域的影响，我认为将呈现出更广泛的涟漪效应，越来越多的产业将出现数字化、线上化变革。

从金融领域的角度来说，近年来消费者去银行网点的次数已经越来越少，很多银行的离柜率都在提升，也都在纷纷布局数字化业务，互联网银行算是走在了数字化的前列，经过几年的稳健发展探索，取得了不俗的成绩。

这次疫情之后，我认为用户对银行的认知可能会有一些改变，会更加认同这种无接触式、弱感知化的银行服务，也会倒逼银行业利用金融科技去改善自己的流程体验，把很多业务都搬到线上来，减少去网点的频率。综合来看，我认为数字金融不久之后将成为行业的标配，在线化、数字化、智能化能力将成为金融业竞争力的重要因素。全国的数字经济也将在本次疫情结束后更加蓬勃兴起，数字银行将紧跟趋势，找到新市场空间里的金融"蓝海"，拓展更加宽广的市场空间。

数字经济如何实现长足发展

我们将数字经济分拆来看，底层是数字技术，中间层是各大平台上的数据累计，上层是产业应用。

从目前来看，数字技术日新月异，5G技术正在如火如荼地铺开推进，会为数字经济搭建一个良好的硬件基础条件，而人工智能、大数据、云计算、物联网、区块链等技术也在快速迭代升级。不过更为基础的一些关键技术我们属于跟随者，在全球范围来看仍然落在人后，需要突破。

从数据累计的情况来看，个人数据的搜集、整合、挖掘目前已经进行到比较充分的阶段。以金融领域为例，我们可以在用户授权的情况下，实现对多维个人数据的挖掘，来进行全数字化的风险控制，在提升金融服务效率、降低服务门槛、扩大普惠金融半径方面有比较成熟的探索。但是针对小微企业的服务还有较大提升空间，由于小微企业的各项信用数据不足，金融机构在运用大数据、云计算等科技手段进行风险管控时，依然存在较大短板。需要进一步打通工商、财税、上下游产业链的数据共享之后，才能真正进一步完善针对小微企业的风控系统，提高小微普惠金融的覆盖面，解决小微企业融资难、融资贵等困境。

在产业数字化应用层面，其实每个产业的数字化进程节奏不一样，比如互联网企业最早，金融行业也相对较早，但是要更大范围的应用，也普遍面临着数字化改造成本高昂、组织架构变革、业务流程更新、数据隐私安全等多方面的问题。也就是说，在市场需求的刺激之下，有越来越多的行业试水数字化。我们也在考虑，是否可以将一些既有数字化服务做成模块？这样的模块除了能让金融企业利用，是否也可以让更多其他的企业能高效、快捷的开启数字化进程？新网银行为此也一直在尝试，通过应用程序接口（API）、H5等多种方式开放接口，把信贷、存款、账户等多个服务打包嫁接到其他领域去。

值得一提的还有数据隐私与安全，在我们看来，这是数字经济能持续健康发展的一个保障条件。目前相关立法也在进一步规范，但是否也可以从技术的角度来解决问题，比如用联邦学习实现数据的有效利用与隐私保护，不共享源数据，但是输出数据结论？这些都可以在未来多做探索。

疫情的留痕：从无接触经济到数字经济[1]

CF40成员 彭文生[2]

无接触经济的形式

首先我们来了解一下无接触经济的一些形式。疫情影响下人员隔离，但一些消费行为还是能够通过网购、电商渠道完成。当然，这样的购物模式并不是2020年才出现，网购的比例在过去这些年里早已快速上升，2018年达到25%（见图6-3）。所以也有观点认为这次线上购物在一定程度上抵消了人员隔离对零售消费的影响。尤其是一些直播电商，在最近几年有突破性的发展，包括通讯、航空、铁路、家电等这些被认为是打破了以前天花板的限制（见图6-4）。最近我们还发现车、房等耐用消费品尝试线上销售。此外，还有在线娱乐，一些新闻、游戏、短视频的用户规模和使用时间均有明显的增长。**这些本来也是在快速增长，但疫情起到了加速器的作用。**

---

[1]本文为作者在2020年3月8日浦山讲坛第五期的主题演讲"疫情的留痕：从无接触经济到数字经济"。
[2]作者系中国国际金融股份有限公司首席经济学家、研究部负责人。

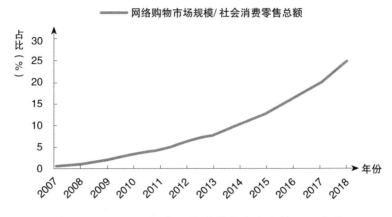

图6-3 2007～2018年网络购物占比变化情况示意图

资料来源：Wind

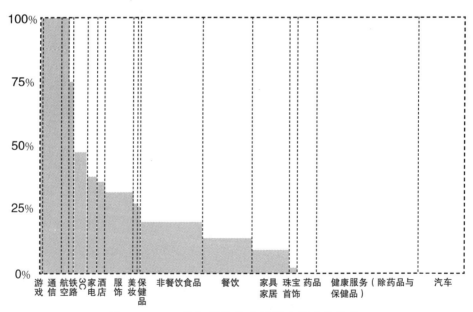

图6-4 2018年电商各类目规模及线上渗透率

资料来源：Euromonitor、美团点评、民航总局、易观智库、铁道部、平安好医生、中国移动、中国联通、中国电信、伽马数据、商务部、国家统计局、光大证券研究所

注：矩形宽度代表该类目行业规模，阴影部分代表该行业已线上化部分

在远程办公方面，2017年、2018年的数据显示，中国的远程办公和美国相比基数很低。而这次疫情也起到了促进作用。虽然现在还没有系统的数据，但是我们看周围，看我们自己的单位，相信大家都有体会。远程办公的关键词热搜在2020年明显上升。远程办公或将因为疫情影响出现突破性的跨越式发展。

远程办公和整个数字经济、信息技术紧密相关。应用层面涉及在线文档、企业协同、音视频系统等，基础层面需要基础设施的支持，包括云计算、数据中心等。

数字技术不仅可以应用于一般的经济活动，也可应用于社区管理，我们看到阿里巴巴、腾讯开发了相关的App，帮助社区在防疫上的管理。

类似远程办公的还有在线教育、远程医疗、智慧物流。

总体来讲，无接触经济有很多体现形式，电商、生活服务、远程办公、远程医疗、线上娱乐、线上教育、在线销售、智能物流等，这些和整个产业信息化、人工智能、数字技术等基础支持关系密切（见图6-5）。可以说无接触经济是数字经济的一部分，2020年它们之所以突出，就是因为疫情的冲击。**一个新的模式，新的技术，它在多大程度上能够满足商业应用或者社区应用的需求，其实和不同路径成本比较有关系。**

由于疫情影响，人和人当面互动的成本大幅度增加。在线互动的效果可能没有面对面互动那么好，但成本低多了，因此从线下转为线上的无接触互动就能符合成本收益比。所以，这次疫情把数字技术的潜能显性化了，随着技术的进步，人们相互之间通过数字技术，不需要面对面也能达到互动的效果，**这个成本的降低意味着数字经济应用的范围、应用的广度和深度将不断增加，这是疫情下无接触经济给我们的一个启示。**

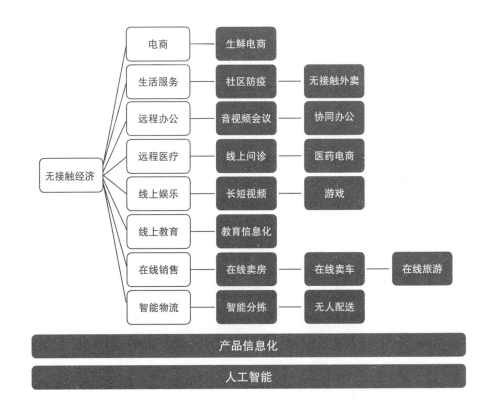

图6-5　无接触经济是数字经济的一部分

资料来源：作者绘制

　　以上介绍的是无接触经济的一些形式，有一些在疫情过后可能不会持续或者放缓，但这次疫情揭示了数字经济发展的潜力，告诉我们数字技术改变商业模式、社会管理方式的未来离我们更近了。

　　那么从宏观经济的角度看，这将带来些什么变化？数字经济的发展对生产效率、对收入分配，对公共政策又有什么意义？

无接触经济启示一：机器赋能人

我们讲数字经济、讲人工智能，大家谈到最多的是什么？机器替代人，由此带来失业的担心？我们的工作是不是会被机器替代了？其实机器既能替代人也能赋能人，或者说资本和劳动力的关系，既可以是替代也可以是互补的关系。

这一次无接触经济就是机器赋能人，比如远程教育、远程办公、远程医疗。当然也有机器替代人的例子，比如说无人物流、无人驾驶、无人工厂。

从这一次疫情来讲，它给我们展示的更多的是赋能人，也就是技术增加我们人的劳动生产力。机器赋能人、资本与劳动力互补，这次重要的体现就是服务业。

劳动力和资本是互补还是替代关系，是近几年数字经济研究中的一个关注点。我曾写过一篇比较中美数字经济的文章，基本结论之一就是，在现阶段，中国的数字经济更多是劳动友好型的，美国的数字经济更多是劳动不友好型的，或者说美国的数字经济更多的是机器替代人，中国的数字经济更多的是机器和劳动者互补。比如，美国的制造业已经依靠流水线重复性地完成一些工作，机器替代了人力；而在中国则出现了外卖配送员、快递投递员、专车司机、视频主播等服务型、劳动互补型的新兴职业。

根本的原因是中美的劳动力成本之差。即使在数字经济时代，劳动力成本仍是非常重要的决定因素。美国劳动力成本高，所以创新朝着替代劳动力方向发展，中国劳动力成本较低，用机器替代人的动力就相对较小。因为机器是全球竞争，机器人的价格在中国和美国差不多，但是劳动力成本有较大差异，所以有一些机器人在美国替代劳动力，它就有经济效益，在中国替代劳动力就没有经济效益。

另外一个原因是中国人口数量多，密度高。比如外卖，在美国送外卖，往往需要开车半个小时以上，还存在着安全隐患，成本收益比不划算；而在中国大都市，人口密度高，有规模经济效应，成本收益比就合适。

这里面还有一个值得关注的现象，**技术进步赋能人的一个体现是降低了对劳动者技能的要求**（见图6-6）。送外卖、快递、专车司机、网红主播等职业其实不需要什么特殊技能。大家谈到新经济，往往强调教育，强调职业技能训练以适应新时代，这些当然没有错，但技术进步往往降低了对劳动者技能的要求，对技能比较低的劳动者反而是有利的，这就是赋能人的体现。

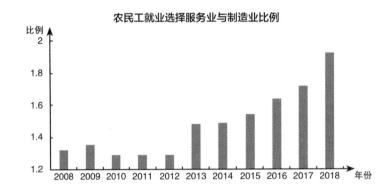

图6-6　服务业的技能门槛或在降低

资料来源：国家统计局《农民工监测调查报告》

而这其实不是新现象。在工业革命之前，纺纱和织布是一个技能要求比较高的行业，学徒往往需要跟师傅学习好几年，慢慢积累经验、学习技巧才能独当一面。但是纺纱织布机器出现以后，反而降低了对相关技能的要求，提升了劳动生产率。

资本和劳动的互补和替代的关系，对要素回报和收入分配有重要意义。传统的经济增长模型不区分资本的类别，就是两个生产要素——资本与劳动力。两者必然是互补的，资本增加提升劳动生产率，一个人本来照顾两台机器，现在照顾10台机器，同一个劳动者的生产率提升了，劳动相对资本的稀缺性增加了，供给和需求都要求工资增加，这就是资本和劳动互补的关系。

如果我们把生产函数改进一下，把资本划分两类：一类和劳动互补即常规的资本，另一类替代劳动力。假设替代劳动力的资本增加，机器替代人，会发生什么呢？首先整个产出增加，同时常规的资本下降而有效的劳动供给（包括机器人）增加，劳动者的稀缺性减少，这种情况下总体产出增加，但是工资下降或者上升较慢，工资占总体产出的比例下降，资本的占比上升。

过去20年，美国的劳动者报酬占GDP的比例呈现下降的趋势，而这个对应的是资本回报占比上升（见图6-7、6-8）。美国股市20年大牛市，背后的一个支撑是资本回报上升，代价当然是劳动者收入占国民收入的比例下降。中国在过去10年，劳动者报酬占比上升，和这个对应的是资本回报下降（见图6-9、6-10），我们股市表现相对没有美国那么好。**中美的要素回报在过去10年变动的差异，可能有多种原因，其中之一是和技术进步的形态有关。**

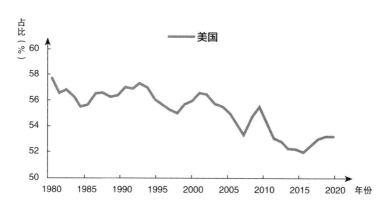

图6-7　1980～2020年美国劳动报酬占GDP比例

资料来源：Wind

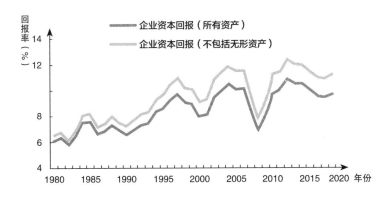

图6-8 1980～2020年美国资本回报率

资料来源：BEA

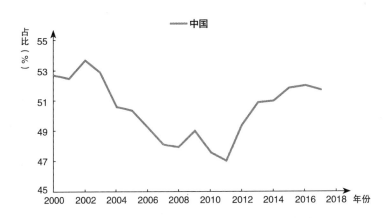

图6-9 2000～2018年中国劳动报酬占比

资料来源：Wind

图6-10　2000～2018年中国资本回报率

资料来源：Wind，光大证券研究所

注：选取公司为A股全部上市公司（不含金融企业）

由于现阶段劳动成本较低，相对发达国家而言，中国的技术进步多为劳动友好型。而这次疫情下发展的无接触经济也符合这一方向。

无接触经济启示二：服务业可贸易

另一个值得关注的现象是这次无接触经济的发展主要在服务业。工人不能返工，机器无人操作（除非已经实现自动化），相关制造业就难以复工。但是通过远程通信、数字技术的应用，一些服务业可以复工。

传统经济学告诉我们制造业是可贸易品，服务业是不可贸易品。商品可以跨境流动，但是人不能自由跨境流动，而服务业往往要求人与人之间互动，所以制造业是可贸易品，服务业是不可贸易品。而这一次疫情的隔离，限制了人员的流动，效果类似于国家之间的移民控制，即使中国境内你也不能自由流动。**而无接触经济克服了人员不能自由流动的障碍，揭示了服务业可贸易的潜力。这对我们**

理解经济发展的路径、经济结构和收入分配都有深远的意义。

当然，数字经济时代服务业可贸易性增加已经受到越来越多的关注。国际研究中就有一个相关的流行词——telemigration，我把它翻译成远程移民，也可以翻译成虚拟移民，意为虽然不是真正的移民，但效果类似。一个人没有移民，但是通过信息通信技术和大数据的应用被另外一个国家的机构雇佣的过程就叫telemigration。

远程移民的背后是信息和通信技术的快速进步。还有两个流行词与此相关，分别是增强现实（augmented reality）和虚拟现实（virtual reality）。比如工作中不在同一地点的多人可以远程共享PPT，而且还可以远程控制PPT的播放，甚至可以远程修改PPT。

我们一般讲贸易在国与国之间进行，但是可贸易和不可贸易，也可以是在大型经济体内部进行的。上海和贵州，东部与中部、西部之间，商品是可贸易的，很多服务业过去来讲是不可贸易的。那么无接触经济也揭示了国家内部不同地区之间服务业的贸易潜力。**这意味着我们要重新思考服务业在经济发展中扮演的角色。**

传统经济学一直以来并不看好服务业。亚当·斯密甚至在《国富论》中质疑、讽刺乐师、牧师、律师对社会的价值。马克思也曾在《资本论》中提及，生产活动需要服务业的支持，但是服务业本身不创造价值。然而，到现在，人们对服务业价值的认知已经发生了巨大的变化，但是有一个观点到现在仍然得到很多人的认同，那就是服务业的生产效率提升慢。美国经济学家威廉·杰克·鲍莫尔（William Jack Baumol）曾在1967年举了一个例子，后来广为引用，他说："虽然有几百年的技术进步，音乐会四重奏还是要四个人。"这个例子暗指服务业提高生产效率慢。

数字经济提升服务业的可贸易性，从而促进生产效率的提高。为什么这样讲？第一，数字技术使部分服务业成为可贸易品，而贸易带来竞争，竞争提高效率；第二，由于市场规模增加，边际成本下降，使得规模经济成为可能；第三，贸易可能造成技术外溢，从而提高效率。**这对经济增长、经济结构有很深远的影响。**

无接触经济启示三：生产率与发展模式之辩

接下来，我们将展开讲述宏观经济学三个具有争议的热点话题。

第一，我们怎么理解过去20年、30年，尤其是过去10年，全球劳动生产率增长速度下降（见图6-11）？这个问题不仅关乎美国，还涉及欧洲、日本、中国。对于美国劳动生产率增长速度放慢，经济学文献有几个解释。

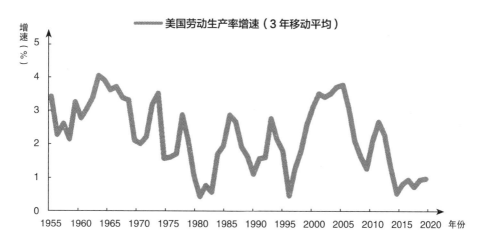

图6-11　1955～2020年美国劳动生产率增速

资料来源：Wind

一是统计误差。数字经济的一个重要特征是一些经济活动的边际成本接近零。比如，过去我们要听一首歌，需要买唱片才能听到，而现在通过数字技术，同一首歌无数人可以享受，它的边际成本是零。腾讯的微信App，在开发时有研发成本但在此之后该应用的边际成本几乎是零。边际成本是零的经济活动不一定体现为货币价值，也就没有包括在GDP里面，没有体现为劳动生产率的提升。

二是通用技术的渗透需要时间。就像当初电发明以后，电力对整个经济的渗透持续了几十年的时间，体现在劳动生产率方面是一个渐进的过程。

三是某一个或一些领域的技术进步导致整个经济的劳动生产率增长速度放慢。这个解释是我想特别强调的，该观点可能听起来像是悖论。一个部门的劳动生产率提升，比如粮食生产或者冰箱制造的劳动生产率提升，如果我们对冰箱和粮食的需求是无限的，增加的粮食和冰箱供给可以满足需求。但是现实生活中人们对粮食、冰箱的需求是有限的，所以某一个部门的生产效率提高到一定程度以后，必然导致剩余劳动力，那么这些剩余劳动力该转移到什么地方？转移到生产效率不够高，供给不够多的那些行业、产品上。由此导致社会资源转移到生产效率比较低的部门。生产效率比较低的部门反而因此增加了其在整个经济里面的占比。按照权重来算，总体的劳动生产率增速就没有先进部门那么快，甚至是放慢的。

这在经济学文献里面叫**鲍莫尔病**（Baumol's disease）。进步部门劳动生产率提升，产量增加，但是需求有限，剩余劳动力从进步转移到停滞部门或者效率低的部门。也就是说，总体劳动生产率放慢，不一定是说我们没有技术进步，也不是说技术进步没有提高劳动生产率，而是说技术进步导致社会资源更多地分配到那些生产效率低的行业里面去了。

一般来讲，服务业的生产效率提升慢，是由于技术进步导致生产效率低的部门占用更多的资源。中国的第三产业就业占比在过去几十年间不断上升，农业还有第二产业就业占比下降。美国过去几十年的情况也一样，第三产业就业比重上升，第一和第二产业占比下降。

数字经济的发展意味着什么呢？按照上述的逻辑，意味着部分服务业将成为新的劳动生产率增长点。数字技术进步发展需要我们重新思考经济增长理论，我们需要重视结构经济学。结构经济学不仅仅适用于低收入国家，可能也适用于中高收入经济体，服务业贸易增加以后，提升劳动生产率，这个对整个经济的增长、经济结构的变化和公共政策的制定实施都有其重要意义。

公共政策怎么促进服务业的可贸易性，从而提高整个经济的增长呢？有两方面：一方面是数字经济的基础设施建设，比如新基建；另一方面涉及监管，公共政策如何监管数字经济，降低垄断，避免垄断，促进竞争。数字经济的零边际成本特征导致规模经济效应、范围经济效应，从而诞生了几家科技巨头、平台经济，比如美国的亚马逊、脸书、谷歌等，中国的腾讯和阿里巴巴等。对于这些巨头企业现在也有较大的争议，巨头在成长过程中促进了效率的提高，但他们会不会成为新的垄断反而阻碍了新的创新？这是一个重要的公共政策问题。

第二个，是服务业的可贸易性对发展模式的意义。到目前为止，发展中国家怎么追赶发达国家？制造业与国际贸易是主要载体，中国和其他东亚经济体是全球范围内成功追赶的范例。制造业吸收低技能劳动力，城镇化，技术外溢，规模经济，全球产业链。现在数字经济可能改变背后的逻辑。

数字经济不仅能提高服务业的可贸易性，甚至可能会降低制造业的可贸易性。商品包含两类成本：一是制造成本，包括劳动力；另一个是贸易成本，包括运输。制造业从发达国家转移到中国等发展中国家，背后的推动力是制造成本的差异，而制造成本的差异则主要是劳动力成本的差异。如果机器替代人，那么会导致什么结果？劳动力成本差异就没那么简单了，机器替代人会导致制造业回流到高收入经济体，降低了制造业的可贸易性。同时，数字技术降低了人和人远程互动的成本，从而增加了服务业的可贸易性。这对未来经济发展模式有深远意义。

现在国际上的经济学文献中有这样一种观点，认为其他的发展中国家想靠复制中国的发展模式已经不行了，未来是机器替代人，劳动力成本在制造业的差异将不再是问题。这是一个悲观的观点。但还有相对乐观的看法。制造业不能贸易，服务业可以贸易，所以就服务业来讲，发展中经济体低劳动成本的优势仍然存在，而这个模式就是印度模式。印度以服务业出口而受到关注。中国的出口靠制造业，商品贸易顺差，服务业贸易逆差，印度反过来，印度是商品贸易逆差，服务业贸易顺差。

这两个模式的未来发展究竟如何，只有时间能告诉我们。而我对此持乐观态度，我相信机器替代人不能够阻碍落后国家的进步。但是**发展模式需要变革，我们需要更多地关注服务业**。其实不仅是国家之间，同一个国家的内部也是一样，中国的西部怎么追赶东部？过去靠制造业转移，东部劳动力成本高了，导致一些劳动密集型的制造业转移到中部和西部。随着经济发展和技术进步，机器人的成本下降，靠制造业转移降低地区之间的差异的模式是否还会像过去那么有效？这是值得思考的问题

第三，对相对价格影响。经济学有一个著名的理论叫巴拉萨—萨缪尔森效应（BSH），讲的是一个发展中国家在经济快速增长的时候，它的实际汇率升值。这是因为贸易产品部门生产率提高时，该部门的工资增长率也会提高，统一的劳动力市场意味其他非贸易产品行业的工资也会随之上涨，但其生产效率没有提升，导致非贸易品相对贸易品价格上升，也就是实际汇率升值。同样的逻辑适用于一个国家内部，大城市的物价水平高于小城市，反映的是非贸易品和贸易品、服务业和制造业之间生产率的差异。

随着部分的服务业变成可贸易品，非贸易品的范围缩小，也就意味着其价格

上升的压力可能变得更大。

数字经济更需要关注分配问题

前面提到工业革命时期技术进步在一些方面降低了对劳动者的技能要求，是赋能劳动者，但工业革命早期工人的工资并没有跟随劳动生产率同步增长，而是收入分配差距不断扩大。这种状况到19世纪下半叶才开始得到改善，其背后有公共政策加强对劳动者权益保护的作用。按照经济学教科书，劳动者的报酬随着其边际生产率提升而上涨，前提是充分竞争的市场，但现实中有垄断问题，有些经济活动有负外部性。**结合当前的数字经济，哪些行业、哪些人受益于技术进步带来的劳动生产率提升呢？**

（1）**供给有限的行业**。或许是技术进步不能引入到这个行业，或许虽然技术有进行进步，但是由于某种原因形成了垄断，供给因为垄断受到限制。这些情况下，其相对价格上升，其从业人员收入和资本收益上升。

比如，专利权人允许被许可人在一定的期限和地域范围内享有独占使用其专利的权利，被许可人按照约定的数额支付给专利人使用费，而这种情况在某种程度上来讲就是一种垄断。还有诸如一些难以被替代的特定职业角色，比如管理者、心理咨询师、体育明星等。房地产行业也属于这一类，地产是一个生产效率提升几乎不可能的产业，因为土地是不可再生的，它的空间有很强的排他性。

（2）**一些消费者需求近似无限的产品与服务的**——人们的攀比消费，比如对时尚与品牌的追求，很难用理性的行为来解释。

（3）**具有零和属性的经济活动**，一人所得是另一人所失。这样的经济活动就整个社会来讲，不创造新的增加值，主要是分配作用。即使数字技术提高其个体的生产效率，但它是零和的，效率越提高，对方受的损失可能越大。比如，比特币交易，比特币本身不创造任何价值，其交易的结果从整个社会来讲是再分配。延伸来讲一些衍生品金融交易也属于零和经济活动。其他的例子包括利益集团对公共政策的游说，离婚律师等。

数字经济带来部分服务业生产效率的提升，结果是什么呢？按照鲍莫尔病的理论会有这样一种可能——社会资源更多地配置给供给有限的行业、需求无限（攀比）的产品与服务，以及零和经济活动。我不是要否认技术进步能够提升我们的生活水平等好的方面，我想讲的是**收入分配可能越来越走向极端，而这需要公共政策的关注。**

还有一个大家可能关心的问题，数字经济到底是怎么影响房地产行业的？其产生的影响有利有弊。一方面，土地虽不可贸易，而服务业贸易增加后，可贸易的行业制造业和服务业生产效率提升，所提升的效率就将分配给诸如土地这类不可贸易不可再生的行业，所以大城市相对房地产价格上升，这是有利的一面。

另一方面，在这次疫情期间发展起来的无接触经济——数字经济时代人们可以提供远程服务，大家不需要聚集在同一地点就能在线接触，结果可能是降低人们对大城市房地产的需求。

而在这两方面的影响之间可能存在着一个自我稳定的机制，和地产作为资产和耐用消费品之间的冲突有关，大城市房地产价格升得越多，将导致远程办公、远程服务（医疗、教育等）的性价比越高，反过来限制了房地产价格的上升空间。

但不论如何，公共政策的作用将更加重要。

最后总结一下这次疫情提示我们需要思考的问题：

第一，无接触经济昭示了新的增长点，尤其是服务业，而且它引导资源配置。疫情改变了成本和收益率比较，改变了私人部门和公共部门的行为。这次疫情下的无接触经济将引导私人部门进一步投资数字经济，同时也向政府部门、公共部门展示了新技术和新业态的潜力，可引导公共部门投资。

第二，我们也需要关注风险的一面，比如个人隐私的保护。这次社区防疫显示大数据可以使得社区管理越来越精细化，但是对个人隐私保护的边界在哪儿？这可以说是在数字经济时代如何平衡公平和效率的一个重要问题。

第三，贫富差距问题在数字经济时代呈现新的特征，公共政策该如何应对？技术进步提升的效率将如何分配，社会资源是不是越来越多地配置到技术进步慢，存在垄断、畸形消费需求的行业、产品，以及零和经济活动上，这些都涉及社会伦理，是主流的新古典经济学绕开的问题。

我认为经济学应该向古典的政治经济学有所回归，亚当·斯密的《国富论》在工业革命时期开启了政治经济学，今天在数字经济时代，在边际效用理论之外社会伦理应该发挥什么样的作用？我们应不应该对机器人征税？应不应该提供全民的基本收入或者类似这样的保障？应不应该增加财产税？如果社会的收入分配越来越倾向于不可再生的资产，上一辈遗留的资产，房地产，这样一个状态能不能持续，怎么来纠正？

07

资产管理新拐点

危机下的资产配置和应对策略[①]

CF40特邀嘉宾　李克平[②]

保持理性：投资管理者需要用理性去穿越动荡和危机

在恐慌动荡的市场面前，投资管理者需要用理性去穿越动荡和危机，这是基本的历史经验。在现在这个时期，我们正面临一个前所未有的剧烈动荡的全球市场。到3月19日为止，美国市场，以主要的股票指数为代表，在今年下降了30%以上，而主要的跌幅在过去1个月内发生。而且，非常罕见地，这个月内发生了4次股市的熔断。自1988年建立熔断机制以来，一共发生过5次熔断，而在这个月就发生4次，可见市场的动荡有多么剧烈。与此同时，中国市场自今年以来也下跌了10%左右。所以从整个全球资本市场上看，我们面临着一个前所未有的剧烈动荡的时期。

为什么会出现这样剧烈的动荡？这其中有很多原因，需要更多的研究和反思，但是毫无疑问，恐慌是主导支配市场剧烈反复动荡的主要因素之一。

人们常常说贪婪和恐惧是驱动投资的两大因素。其实投资管理就像开车一样，贪婪是油门，恐惧就像刹车。但是我们需要去用理性驾驶，理性就是方向盘，如果一旦由恐慌支配了投资行为，支配了市场的波动，我们面临的就是失去理性。失去了方向，就会进退失据。因此在恐慌动荡的市场面前，如何能够平静

---

①本文为作者在2020年3月22日的浦山讲坛第7期"疫情冲击下机构投资者的资产配置和应对策略"上的演讲。
②作者系全国社保基金理事会理事、中国投资有限责任公司原总经理。

下来，认真地进行思考，寻找理性，并用理性支配我们在动荡市场中的行为，是投资管理者一个非常核心的任务。

寻找理性：聚焦于真问题

如何去寻找理性，并且在恐慌的市场中用理性去支配自己的投资管理行为？这就是我们要谈的第二个问题，聚焦于自己的真问题。

首先，我们知道投资决策需要大量的信息和大量的调查研究，市场瞬息万变的本身也产生了大量的问题，需要我们去研究。但是，投资管理者和投资决策者不能被各种各样的市场信息推着走，不能让各种各样的市场信息决定你的行为和关注重点，否则你就会被市场情绪所支配，变得追逐热点，疲于应付。

想要摆脱市场情绪的驱使，就需要我们去专注真问题，去专注自己最核心的问题，这是一种向理性回归的途径。从历史的经验中，我认为对于机构投资者来说，真正的问题是在投资管理中必须回答，但是别人又无法替代的问题。

那什么是这样的问题呢？第一，需要非常认真地审视整个投资组合的风险特征。在动荡的市场和危机中，去认真地审视组合变得前所未有的重要。审视自己组合的关键是把握在市场冲击下整个组合的特性和发生的变化。

第二，要找出自己组合中所持有的资产中最脆弱的部分，并且密切跟踪和评估这些资产的风险状况。在一个正常的市场中，或者在高歌猛进的牛市中，投资者在享受资产高收益的同时，往往会忽视它所隐藏的和内在的风险因素。在危机中，这些风险因素就会变得非常重要，并且会显现出来，成为整个组合中脆弱的部分。

第三，需要去检验和模拟在市场冲击下组合的安全底线。这是一种情景模拟，用这种模拟的方式去探讨、观察、界定组合的安全底线。安全边界在哪里，发生什么样的条件，出现什么样的冲击，可能使你的整个组合处在不安全的状态，突破安全底线。这些底线因每个投资者的资金性质和需求不同会有不同的侧重。比如说你更在乎有支付能力的流动性安全，也可能更在乎自己的风险政策的底线，或者更在乎在某个阶段的收益目标。总之，每一个机构投资者都会有很多排序不同但至关重要的刚性要求，具体表现在一些重要的指标特征上。那么在危机和动荡的环境下，我们需要更清晰地去检验、界定自己的安全底线在哪里，把握可能冲击安全底线的因素和条件。

第四，需要重新确认机构投资者所管理的整个资产、基金的风险底线，确认支付需求、收益目标。为什么这么说？因为只有在剧烈动荡的市场中，这些问题才会变得非常敏感。这也就意味着作为一个机构投资的管理人，你需要去和更高的决策层沟通。因为风险政策、收益目标、支付需求是由更高层的决策者所决定的，比如说需要和董事会、理事会去进行充分的沟通，使他们能够理解在动荡市场中可能会受到的压力和冲击。

当然，对于像公募基金这样的资产管理者，在这些问题上它所面临的就是需要跟最重要的客户和投资者进行沟通，使他们能够理解在市场发生动荡和危机中，你所采取的投资策略以及如何保证资产的安全，从而保证资金的稳定，防止意外大规模赎回。

上述所说的这些审视、检验、重新的明确，最后都落实在一个最基本的问题上，就是要**确定整个机构、基金在市场剧烈动荡期间的应对策略**，这是机构投资者在这种环境下必须回答的问题。

这种应对策略可以是更具防守性的投资策略，也可以是守中有攻的投资策略，这取决于每一个机构所管理的基金的性质，也取决于投资管理者对于自己组合的资产，以及自己在未来管理能力上的判断。

危机中的防守策略：保证生存

有的投资者在面对重大的市场危机时或者说在市场危机开始时，可以选择彻底清场，关闭基金，变现走人，但是对于大多数机构投资者而言没有这个选项，我们必须按照规则面对市场，直面危机，这是机构投资者的使命。

在这样的背景下，即使是面对剧烈的动荡，我们真正能够做的是在市场中，按照规则，在各种资产之间和组合的调整之间去做权衡取舍。这里非常重要的一点就是要在不同的阶段选择好、制定好自己的应对策略和基本的策略方向。

机构投资者在危机期间是非常痛苦的。因为这种权衡取舍常常都伴随着很大的代价。权衡取舍的空间在危机时期和与正常情况不同，由于整个流动性的紧缩，在于整个市场的交易行为都要比平时的代价更高昂。因此，机构投资者在面对和处在危机之中需要有更坚定的信心和超常的坚忍。

那么这种防守策略中，几个问题是需要特别关注的。

第一，需要提高整体组合的抗跌性。一个组合的抗跌性事实上是由资产类别的特性、组合构建的结构、资产的配置所决定的。但是即使在同样的配置框架下，资产的风险程度和它与市场的敏感程度都会有所不同。因此，我们在相对更好的抗跌性和更高的波动性之间，在不同的资产类别，以及不同的证券之间是可以有所选择的。只是在危机之前余地更大，而在危机之中，选择会比较艰难或者说选择的时间窗口会非常窄迫。通过提高整个组合的抗跌性可以降低组合的脆弱性，以承受市场的冲击，避免永久损失，减少下跌幅度。这是所有机构投资者要生存下来的基础，这样才能防止整个组合不突破风险政策所要保证的底线。

第二，特别是对于有支出需求的机构或基金，必须保证整个组合的流动性或者说资产的流动性。对于即使没有当期支出需求的基金而言，保持必要的流动性也非常关键，因为只有拥有一定的流动性或者流动性资产，才有可能进行投资调整，进行更有效的再投资，否则你就处在弹尽粮绝的状况下，不可能去选择更有利的投资结构和更好的资产。所以整个组合的流动性状况和流动性资产是进行防守的一个非常关键的因素。

第三，在动荡的市场中仍然需要保持分散化的平衡状态。当我们一旦在危机中确定了策略，比如加强防守的策略，实际上我们会调整整个组合更有利于抗跌，更有利于抵抗冲击，但是不能在资产的配置和结构上全部一边倒，仍然需要保持一种分散的、平衡的分布状态。市场瞬息万变，一种平衡的分散化状态更有利于整个组合面对难测的风险。

第四，在市场动荡中，整个投资决策需要更加谨慎。所谓的更加谨慎就是任何重要的投资决策都不能仅仅建立在预测上，必须找到现实的支点。在一个动荡的市场中，预测是更加靠不住的决策依据。虽然在剧烈变化的市场中寻找决策的现实支点会和平时有很大的不同，会出现更多的困难，但是那是我们必须寻找的支点。

第五，在危机中一定要避免短期投机炒作和追涨杀跌。在这样一个变幻不定的市场中，任何的短期炒作和投机比平时会有更大损失的概率，会使得整个组合处在一种更脆弱、代价更高昂的状态。

这是在市场危机中，机构投资者在做防守策略时需要特别关注的五个问题。毫无疑问，在整个防守中，我们的重点是要保证整个机构的生存，是要保证整个基金不突破自己的安全底线，保证基金能够履行最刚性的要求，但是我们不能忘记在千方百计地去度过冬天的同时，还需要为未来做好准备，为未来的成长埋下种子。

危机造就长期优秀业绩

危机同样可以造就长期的优秀业绩。以股票投资为例，无论是国内市场还是国外市场，很多优秀的投资经理，在面对市场危机时，比大多数投资者表现出来更坚定从容，甚至表现出相当地兴奋和欣喜，为什么？因为他们有非常明确的投资理念和清晰的投资方法，他们就好比一个猎人，有充分的耐心，在事先做好了充分的调查，有明确心仪的猎物，只是在等待最佳的时机出手。从投资角度来讲，恰好也是如此。只有在剧烈动荡的市场中，优秀的投资者所关注、跟踪、追捧的伟大公司，才有可能以低廉的价格出售。如果没有这样的动荡、恐慌和危机，永远买不到便宜的伟大公司，那些伟大的业绩也就失去了基础。

那么作为不同的身份在具体的投资方式上是不同的，在面对危机如何去埋下未来成长的种子也是不同的。但是，其中的精神和原则是相同的。具体来看，怎样才能在剧烈动荡的市场中为未来寻找机会，为未来的优秀业绩做好奠基，可以从以下几个方面考虑。

第一，可以学习这些优秀基金经理、投资经理的方法，在波动的市场中去跟踪和买入低估的好资产和好证券。

第二，做好资产的再平衡是机构投资者非常重要的工具。资产配置在整个多元化的机构投资中是基础性的投资框架，而在资产配置的框架中，特别是在市场剧烈波动的时期，再平衡是保证基金不偏离基本轨道和保证实现长期投资目标的重要工具。通常我们所说的再平衡，只有在剧烈动荡的市场环境下才有可能触发，才有进行再平衡的必要。

机构投资者在剧烈动荡的市场时期，可以利用再平衡机制来保证机构能够坚守长期制胜的投资结构。但是，对于再平衡也存在着很多争议。争议的关键点在于，当我们面临的市场波动或者说危机远远超出预期的时间长度时，再平衡的能力就受到了挤压，可能无法有效地把再平衡政策推行下去。因此，当市场危机中包含着非常多不确定性的时候，对再平衡机制触发门槛的设置需要保持更谨慎的态度。

第三，机构投资者需要关注周期的转换，适时地调整在危机中的策略方向。比如，什么时候是完全的防守，什么时候是由守转攻，这是长期制胜、创造出优秀长期业绩的关键基础，也是在整个危机应对中和、制定调整策略中最困难的一环。

可能会有人去千方百计地预测市场的拐点在哪，什么时候该开始转守为攻，但是无数的事实和历史经验一再告诫我们，没有人可以预测市场的拐点，也没有人可以有效地预测这种转换。所以，在现实中，我们不能把关键决策建立在预测上，我们需要寻找现实支点。

更多地利用有现实基础的估值方式，去帮助我们判断策略定向、增加风险资产的决策。这种估值，从组合的角度来看，既包括对各种证券的估值，也包括对各种资产类别的估值。只有当从长期的角度对估值有合理判断的时候，它才可以作为基本的决策支持来决定在什么时候可以有效地调整策略，转守为攻。只有这样，我们才有可能给自己的组合做适时的改变，那么当危机终于过去的时候，可以为整个的投资基金寻找有利的起跑点，而不是死守着安全资产不放，严格地控制风险资产，给危机过去之后的收益造成很大的压力。

当然，在策略转换的过程中，也会听到一些策略方式的讨论，比如精准抄底。可就像我前面所说的，通过估值的方式寻找相对的底部调整自己的组合是有可能做到的，但是要做到精准是不可能的，因为没有人知道精准的点在哪里。所以，我们需要通过可以把握的估值方式去寻找相对的底部，构建自己的组合，并加强反击的能力和获取收益的能力。

另外一种方式就是人们常常讨论的逆向投资。在实际的操作中，机构投资者的逆向投资不可能是简单地充当逆行者，这种逆向投资也必须通过估值的方式来加以支持。也就是说，无论市场发生什么样的集体行为，建立在估值基础上的合理判断可以支持我们当一个逆行者，做出逆向投资的选择。正因为有了这样的判断，转换和重新调整组合才能为未来长期收益奠定良好的基础。

第四，在危机中为长期的优秀业绩做好准备，还需要把握在危机环境下进行全球投资和配置的机会。如果作为国际全球性的机构投资者，在危机中有更多地在别国之间进行资产调整的机会。以股票为例，当前美国市场和中国市场表现出比较大的差异，中国市场在过去这段时间中，尽管在疫情的冲击之下，相比较欧美市场跌幅较小。这一方面是中国市场投资者或者说机构投资者成熟的表现，也有整个中国市场原来估值水平相对比较低的原因，因此它有一个相对更好的保护点。

那么随着欧美市场价格的大幅下跌，在国内市场、A股和欧美股票市场之间，原来的估值差异就发生了很大的变化。因此作为一个全球投资者，在境内资产和境外资产的配置和调整上，需要动态地关注这些相对的变化。另外，在全球性的危机面前，从历史经验来看，进行另类资产投资是非常重要的机会。因为很多企业、机构跟踪一些投资标的很多年，但是始终没有机会去进行投资，原因在于价格太高无法谈拢，或者标的公司没有意愿出售。只有在危机情况下，才会产生比正常情况下更多的并购投资机会，也只有在危机情况下，投资者才可以获得更有利的投资条件。所以，中国的企业和机构投资者应该充分把握在危机环境下进行全球投资和配置的机会。

在危机中学习

作为投资行业的从业人员，我们现在正在见证历史。我们不幸经历这样的危机，因为管理的组合、基金会受到冲击，但也可以说有幸经历这样的危机，因为可以在危机中学到经验、吸取教训，从而使整个的行业可以更快地成长。那么该怎样去学习和总结？可以从以下三点来看。

第一，在危机期间，投资管理者需要更加关注在常态下看不到的脆弱部分。危机就像一面镜子，相当于是一个真实却极端的压力测试，在这样的重压下，我们会更好、更准确、更深刻地去认识自己所构建的组合，去认识选择和持有的资产。每一次危机对我们的投资理念都是一种考验，在危机中可以深刻地感受到我们的行为、决策是否吻合所坚持、所信奉的投资理念？是否产生了偏离？每一次危机也是对整个组合脆弱性的考验。没有危机的时候，我们可能得益于所构建的组合、选择的证券和资产，但只有在危机下，才能看到那些脆弱的部分，才能看到资产或证券可能包含什么样的风险。

第二，对资产和证券的特性也是一种再认识。即使是具有经验的投资管理人，在每一次危机中，都可以更深刻地认识和体会资产的特性，切身地去体会不同的证券、资产在不同的冲击之下所带来的风险差异。在整个危机中对于自己团队的能力和效率也是一种检验。这些因素事实上都是在平时难以得到的检验或者考验。因此我们可以在危机中应该更多地去关注这些内容，这些方面的变化，以及感悟新的现象带给我们的启示。

第三，在危机中经常需要考虑如何克服人性的弱点。由于投资管理人也无法避免自己人性的弱点，所以在危机期间，投资管理者应该真实地、原原本本地记录下自己的心路历程，记录下每一个重大事件发生时，对自己的情绪带来的冲击，自己本能的反应、看法、观点和最原始的决策。有了这样的记录，就可以让我们在危机后能够有条件去反思自己本身存在的弱点，也可以更好地肯定有哪些应对危机的优秀品质。通常来说，如果我们仅凭记忆去记录，那么往往会过高估计自己的习惯和倾向。因此，我们常常会沾沾自喜自己的一孔之见和一得之功，而忽视在整个危机过程中真实的恐惧、真实的思想。所以，只有面对事实、面对自己，我们才可以通过危机得到更快的成长。

也正是在这个意义上，我希望这种交流能使整个的中国资产管理行业在经历大风大浪之后，有效地总结自己的经验教训，不断地成长。

思考：未来需要关注的问题

在难以预测疫情冲击会造成多大的经济动荡和市场危机的情况下，从机构投资者的角度，我提出以下几个在未来市场中需要关注的问题。

第一，关注来自全球供应链的迟滞甚至断裂。在疫情的冲击之下，如果时间持续的比较长，比如说超出中国控制的时间，那么我们可能会遇到一个重要的挑战，即来自全球供应链的迟滞甚至是断裂。尽管有逆全球化的浪潮和民粹主义不断兴起的势头，全球经济在一定程度上仍然是一个整体。所以不能低估疫情对全球供应链造成的影响，而且即使在疫情结束之后，全球供应链的调整也能看到很多新的趋势。不同的国家会增加产业链布局和新的考虑，会有一些新的本土化倾向，这是一个值得关注的长期问题。而且特别需要注意的是，各个国家为了应对疫情对社会和经济生活造成的冲击，前所未有地采取了大量的政策干预，但是目前的政策是没有办法解决全球供应链断裂的问题的。

第二，警惕疫情冲击所带来的民族主义和民粹主义升级。中国作为一个快速成长的经济体，作为对全球化有着相当程度的需求甚至依赖的经济大国，需要良好的国际环境。这不仅涉及贸易、资本以及方方面面的交流和融合。而民族主义和民粹主义在疫情中可能会发生变形甚至升级，有可能会恶化投资环境，影响甚至摧毁已经出现的投资机会。

第三，关注零利率、负利率时期新的宏观经济政策的长期影响。在全球低利率、零利率甚至进入到负利率的时期，各国政府退出的各种政策措施对今后的经济会带来什么样的影响？会让整个经济环境形成什么样的经济特征？未来通货膨胀会不会又成为经济所面临的主要风险？这都是需要特别关注和注意的长期问题，因为它也会严重地影响资本市场的预期和变化。

最后，在主要经济体都实行零利率和负利率的情况下，投资管理者需要对未来资产的长期预期收益进行认真的考量并且做出适当的调整，从而将长期资产配置和管理置于更坚实的基础之上。

后疫情时代的中国资产管理[①]

CF40特邀嘉宾　张旭阳[②]

资产管理行业迎来机遇

2018年《关于规范金融机构资产管理业务的指导意见》（以下简称"资管新规"）落定之后，中国资产管理行业的质量得以改善，规模趋稳并寻求再出发。这次疫情如能使资产管理行业更好地思考自身的使命与定位，将是行业健康发展的重要机会，包括以下三点：

第一，资产管理机构提升认知并进化的机会。各个微观机构重新认知投资逻辑、思考投资理念，打造应对危机的弹性、韧性，并加快投研、运营、风控、销售的数字化转型。

第二，整个行业担负责任的机会。作为直接融资体系的关键一环，资产管理行业应积极承担社会经济发展责任，包括可持续投资（ESG），提高透明度与投资者保护，有效支持实体经济与居民财富保障。

第三，监管强化纪律、推动市场健康发展的机会。技术进步与制度完善是社会与行业进化的两大驱动因素，且往往始于技术，终于制度。希望监管与行业一同持续完善中国资产管理行业的制度设计，以适应技术更新和后疫情时代中国经济发展与金融体系完善的需要，发挥资产管理行业应有的有别于银行体系的作用。

---

① 本文为作者在2020年5月17日的CF40双周内部研讨会第296期"疫情冲击下资产管理行业产品转型的挑战与应对"上所做的主题演讲。
② 作者系中国光大银行首席业务总监，光大理财党委书记、董事长。

如果在5年或者10年后回望当下，会发现2020年是产业、经济、发展格局深刻变化的重要节点，有以下几方面的趋势得以强化：一是低利率环境；二是数字技术推动的产业变革与行业再造；三是全球供应链的重塑以及中国科创机制的内生；四是国家治理体系的完善和地方积极性的调动；五是人们的工作方式和商业模式的改变。

低利率环境下，大家需要深入思考资产管理行业发展与资产配置逻辑。对此，贝莱德集团主席拉里芬克在2020年3月29号致股东的信中提到，推动贝莱德当前及未来几年增长的主要引擎有三个：一是ishares，也就是ETF（exchange-traded fund，交易型开放式指数基金）和被动投资（passive investment）；二是低流动性被动投资；三是技术创新。

ETF：保持多样性，避免市场的集中度风险

在推动ETF发展的同时，也应保持市场多样性，避免集中度风险。在美国，指数投资增长、股票回购与美国股市10年长牛互相作用，指数投资占比不断提高。从2009年到2018年，美国被动投资占比达到36%，其中ETF指数基金的增长更快，相比于2018年的3.4万亿美元，2019年ETF指数基金增长到4.4万亿美元，增长了29%。

全球前50大的基金当中，大多是指数基金。其中最大的领航Total Stock Market Index Fund（股票市场指数基金）在2019年底的规模近6000亿美元，第二位的领航标准普尔500指数规模也超过了3000亿美元。

被动指数投资在一定程度上导致投资策略的集中和趋同，容易形成反向螺旋。此外，在过去几年的时间里，美国市场ETF存量不断上行，为了吸引居民配置热情，出现了代号为TQQQ/SQQQ等三倍杠杆的纳斯达克指数ETF。杠杆的增加

一定程度上加大了指数波动。同时，被动指数基金主要集中在大市值股票，使指数成分的股票估值偏高。指数投资也更依赖市场总趋势，对个股的分析判断逐渐弱化，不利于资本市场价值发现功能的发挥，也使新兴企业很容易被边缘化。

一个健康的金融市场，特别是资本市场，一定要强调有不同策略的投资机构与不同投资观点的存在，才能使交易得以完成，进而保持市场的流动性。避免投资策略集中、出现策略的拥挤踩踏，也是我们保持分散性、多样性、资本市场鲜活的重要前提。

金融是跨期的资源配置与价值交换工具，而金融机构存在的意义之一在于对资源跨期配置产生的不确定性，即风险，进行定价与处置。依据对风险的不同处置方式，基本有两大类投融资体系。以银行为主导的间接融资体系，风险主要是"被管理"，强调对杠杆率控制；以市场为主导的直接融资体系，风险通过投行、资产管理、财富管理等专业机构加以分散，强调风险收益的传递与分担——"买者自负、卖者有责"。

风险传递的条件或者打破刚兑的前提是三要素，包括风险可隔离、风险可计量和投资者可承受。在一个以市场为主导的真正的直接融资体系中，基础资产的风险因子被不同的风险偏好、投资策略、资金属性的资产管理机构、终端投资者通过交易、组合管理、结构化分解、再平衡，从而在全社会加以分散和承担，支持企业更多元化的融资需求，并为投资者提供风险收益。

目前中国被动投资占比较低（不到10%）。除继续发展被动投资外，在中国也应发挥银行理财、保险资金的资金优势和大类资产配置优势，通过银行理财FOF（基金中的基金）基金与MOM（管理人中管理人）基金，重塑中国资本市场的投资者结构，在保证母基金层面风险分散与收益稳定的同时，保持各个子基金的策略稳定与多样化，使得银行理财与公募资金、私募基金、券商资产管理发挥各自优势，合作共赢。

低流动性另类投资：从微观角度出发的投资

低利率环境下，海外资产管理机构与养老金机构在不断提高权益资产的投资比重。1917~2018年，美国保险公司的大资产配置在权益类资产份额不断增加。

近几年，全球的另类投资发展迅速，在资产配置中占比不断提升，从2003年的9%提高到2018年的16%。在金融的"安全、收益、流动性"的三角关系上，当我们不愿意承担过多风险时，一般会以流动性的牺牲去换取收益。而因缺乏市场交易与公允估值的低流动性资产多被归为另类投资当中，这也包括我们大家所说的"非标"资产，国外也称为illiquid或non-marketable资产。但不论如何称呼，另类投资包含的多品种投资工具，可帮助投资机构利用包括私募股权投资、并购、资产证券化等全谱系金融工具，服务于企业的全生命周期。

在宏观上的确定性难于把握时，我们只能从微观上对具体项目进行判断，寻找有优质现金流的资产。低流动性另类投资的实质在于，利用资产管理业务获得的中长期稳定资金把投资融入不同生命周期、不同类型企业的各层面经济活动中去，包括流动资金贷款、项目融资、权益融资、并购重组、现金管理等，从而在经济增长结构性变化的背景下获得优质资产，与企业更好共同成长，获得更为优质的投资回报，因为投资收益的最终来源终究是来自企业的收入增长。

因此，如何创新投资工具与投资体系，使投资者能够以一种更安全、更透明的方式投资低流动性的另类投资，是资产管理机构与监管机构需要共同思考的问题。

前段时间，证监会推出了公募基金REITs可以投资单一长期资产。那么可否在满足风险过手三要素、实现投资者风险自担前提下，推出有一定投资者门槛但投资者人数上限提高到2000人的小公募产品？并允许其5%以下比例投资另类资产，特别是未上市公司股权或PE基金。对这部分投资采用侧袋估值的机制，同时期限错配按组合控制，而不是看单一投资的期限限制。这样将为中国科创企业的发展以及企业去杠杆补充稀缺的资本金，在内外双循环以内循环为主的背景下，为中国科技创新发展的内生机制提供重要的资本来源。

顺势、逆势——投资者偏好变化与资管产品设计

在疫情之后，还需要从投资者角度出发去进行产品设计，满足投资者偏好。西南财经大学和蚂蚁金服的调查显示，疫情之后中国家庭财富受到一定的影响，18.9%的投资者认为自己的家庭财富减少很多，10.7%被采访家庭认为减少了一部分，低收入家庭受影响更大一些。

通过这次调研，投资者的偏好也发生一定变化，疫情使家庭更重视储蓄，整体偏好中低风险资产，而对高风险类的投资意愿相对较低，家庭会增加低风险、高流动性资产或者低风险、低流动性的资产来配置。这背后涉及我们如何把握投资者偏好变化。

作为一个专业机构，一方面顺势而为，推出满足投资者需求的资管产品；另一方面，也应逆势而上，无论是银行理财还是资管产品，都需要在权益类产品里面进行布局，引导投资者习惯的迁移，来获得更好的投资机会。这要求资产管理机构发挥专业优势，根据对市场的判断，通过提升配置能力，设计低回撤的资管产品，以组合投资来熨平风险，以供给创造需求，引导投资者，帮助投资者把握市场变化的机会，并通过销售模式的改变，从定投到投顾，从线下到线上，增强投资者黏性，延长投资者的投资者期限。

今年以来，理财子公司，包括已经开业的大行和股份银行理财子公司，全类资产比例不断提升，PR2、PR3[①]以上风险的等级的产品在逐渐走高。2020年开始

---

①银行理财产品PR1～PR5是种风险评级方式，PR1的风险最低，PR5的风险最高。

募集的605只理财子公司产品当中，有394只是PR3或以上的风险理财产品。今年2月，光大银行发布了五年期的理财产品——"阳光金养老一号"，5月15号光大理财发布首款直投股票的公募理财产品——"阳光红卫生安全主题精选"。这体现了理财公司包括资产管理机构对市场的一些理解和把控。

最后，我们需要从投资者视角出发去做资管产品设计，促进资产管理和财富管理的结合。首先是构建基于全面风险管理和因子计量的低回撤多资产组合的产品货架，为投资者获取绝对收益，创造长期稳的总收益定回报。

以往银行理财配置更偏好高风险，但因为在刚性兑付的情况下，投资者感觉是一个低风险产品。随着打破刚兑、资产管理回归本源，银行理财组合自身不断发生变化，通过大类资产配置和多元化的投资组合，不断回归投资有效前沿面。

下一步，要寻找新的Alpha①，来提高有效前沿面。一级工具化产品体系为终端产品保持稳定的二级产品组合打下好的基础。最终，向投资顾问和解决方案去延展，向资产管理和财富管理结合延展。

数据与算力的发展使资产管理与财富管理融合成为可能

数据和技术的发展使资产管理和财富管理的融合成为可能，并且改变了资产管理开展业务和交互的方式。首先，计算能力的提升可以使行业能够为大众投资者提供个性化的投资组合与顾问咨询。其次，人工智能重新定义"以人为本"，更为立体生动地刻画个人，使群体化的人又成为鲜活的个体。最后，资产管理的数据分析、投资观点直达理财师与投资者，KYC\KYP②相对接，延展了投资者的投资视界。

技术进步与数字化世界也带来生产函数变化。随着新的工业革命到来，数据

①Alpha，即阿尔法系数，在金融投资中指的是超额回报。
②KYC, Know Your Customer, 了解你的客户；KYD, Know, Your Product, 了解你的产品。

成为智能化时代的能源，它与算法结合，使数据形成一种新的资本形态。传统的柯布–道格拉斯函数中，产出等于技术常数乘以资本乘以劳动力。在新的生产函数中，数据成为一种新的因子，同时劳动力也会分解教育和企业家精神，2020年3月份国务院出台的《关于构建更加完善要素市场化配置机制体制意见》，也指明了数据是一种新的生产要素。

在新的生产函数下，资产管理行业投资方向也会发生一些变化，未来更倾向于寻找创造新价值链的公司，寻找有能力将人工智能技术应用到具体使用场景和智能设备中的（初创）公司，寻找拥有并且善于使用数据公司。

资产配置理论本身也发生了变化演进。2007年，图灵奖获得者吉姆·格雷（Jim Gray）发表了题为"科学方式的一次革命"的演讲，将科学研究的范式（paradigm）分为四类：实验范式、理论范式、计算仿真范式和数据密集型科学发现。同样，资产管理行业的大类资产配置，也经历了均值–方差模型、机构投资者偏好策略、风险平价模型等因子配置模型阶段，最终也会进入到数据密集范式阶段。

大数据，特别是结构与非结构的另类数据集的构建和利用，以及分析这些数据的新定量技术——机器学习，可以改善资产配置效能、提升大类资产投资绩效、拓展资产类别和投资半径，解决信息的二次不对称性，从而提供新的Alpha。

此次国内疫情防控过程中，更多数据搜集方法的使用，都可以使我们更好地了解经济运行的实际状态。当然，其背后的隐私保护是需要在另一个层面高度关注的问题。

总结下来，资产管理行业下一步有新的特征，即在技术和数据支持下，对投资者和资产更好的理解与适配。

未来几年，技术会加速进步，人与机器一起重新学习和创新这个世界，包括新的生产方式、新的商业模式、新的增长空间。在技术帮助下，金融和实业、虚拟和实体更加密切结合。撬动数据的力量和人的才智是资产管理行业价值投资的逻辑，也是资产管理行业核心竞争力的所在。

围绕资产管理行业发展的5点政策建议

除了另类投资方面的建议，再提几点政策建议：

第一，在疫情之后，中国经济转型包括整个金融体系的完善，确实需要更加健康的资产行业的发展。希望业内围绕大资产管理行业发展规划和基础设施建设做一些扎实的工作。

第二，进一步完善养老税延账户的税收优惠和账户体系。目前在人社部、财政部的努力推动下，养老迟延账户税收优惠已经落地，但目前的税收优惠难以吸引投资者进行长期投资。所以我们建议能否对养老税延账户的税收优惠加以提升，使得投资者愿意把短钱变长钱，成为长期投资很重要的资金来源。尽管这方面可能会影响财政收入，但是在另一方面，因为有长钱的引入，可以减少政府财政引导基金或者财政在建基础设施方面的投入，以更加市场化的模式和力度支持经济长期的健康发展。

第三，鼓励推动银行理财成为第二支柱、第三支柱重要参与者。

第四，提升资产管理机构公司治理水平，鼓励大型资产管理机构设置独立董事等机制以提升投资者保护、交易公平性等方面的内控能力，鼓励银行理财在内的资产管理机构设立专业子公司，包括PE（私募股权投资）或量化投资子公司，在一定风险隔离的前提下发挥专业子公司市场化优势，吸引人才。

第五，希望监管支持大资产管理行业的并购。海外很多优秀资产管理机构是通过并购而不断发展壮大的。建议允许银行理财子公司围绕主业，使用资本金投资金融科技公司或并购其他资产管理机构，使得资产管理行业的参与者有更多元化的发展路径和能力补充方式。

资产管理业与银行资产管理的出路[①]

SFI常务理事　谢　伟[②]

市场环境分析

疫情之下，资产管理主要投资领域的市场环境呈现"三升三降"的特点。

⊚ "一升"：权益市场波动率大幅上升

国内方面，疫情打乱原本市场春季躁动的预期，A股在春节后首个交易日大幅低开近8%，后又迅速反弹，至3月初基本收复失地，但又逢海外疫情暴发升级，国内风险偏好同步受到冲击。海外方面，疫情蔓延导致全球资本市场风险规避情绪升温，引发流动性危机，美股短短10日内熔断4次，创下数十年来、较短时间内的最大跌幅38%。VIX恐慌指数最高攀升到85.47，接近次贷危机时的峰值。由于目前国外疫情拐点未至，海外市场波动或继续对国内带来扰动，我们判断后续权益市场仍将呈现较大波动。

⊚ "二升"：金融工具对冲应用难度提升

疫情期间，远期、期权、期货、互换、衍生品等常用市场风险对冲工具由于标的资产波动率加大，导致定价上涨、对冲成本大幅提升，且不同资产间的相关

---

①本文为作者在2020年5月17日的CF40双周内部研讨会第296期"疫情冲击下资产管理行业产品转型的挑战与应对"上所做的主题演讲。
②作者系上海浦东发展银行副行长。

性逻辑规律产生了变化。尤其在海外疫情升级后，3月中旬全球避险情绪触顶，市场出现短暂的流动性黑洞，投资者恐慌性抛售一切具有流动性的资产，各类传统避险品种集体崩盘，大类资产无一幸免。4月下旬，油价经历快速跳水后，原油期货历史首次跌至负值，传统衍生品定价模型失效，投资者受损严重。

◎ "三升"：疫情导致企业信用风险上升

疫情导致的复工延迟、需求滞后等因素扰乱了企业的生产经营秩序，造成资金周转和债务接续出现困难，部分企业信用风险边际上升。第1季度国内债券市场累计有10家企业（含3家上市公司）的36只债券出现违约，涉及规模约466.8亿元，创同期历史新高。预计这样的情况将在一定时间内持续发酵，且疫情持续时间越长造成的影响将越大。

◎ "一降"：宏观经济增长速度持续下降

疫情冲击下，第1季度我国GDP同比下降6.8%，后续仍面临两大严峻挑战：疫情导致的国内需求萎缩、进口受限，以及新冠肺炎可能出现第二波传染潮的危险。

◎ "二降"：固收市场收益率中枢降至低位

疫情之下全球范围启动大规模货币宽松政策，我国货币政策加强逆周期调节，保持流动性合理充裕。我国国债各期限收益率持续下行，10年国债收益率最低降至2.48%，突破近10年以来低点。货币市场利率中枢亦降至低位，银行间隔夜回购利率已从去年平均2.2%降至1%以内，1年期大行同业存单利率已从去年3%以上降至1.6%左右。

◎ "三降"：表外非标合意资产增量下降

各银行响应政策号召助力企业复工复产、多措并举增加信贷投放。4月社融数据显示，4月末人民币贷款余额161.91万亿元，同比增长13.1%，4月新增信贷增加1.7万亿元，同比多增近7000亿元。但与此同时，表外非标资产投放受到一定程度挤压，银行表外资产传统优势领域受到挑战。

资管业态变化

疫情之下的"资管生态圈"呈现如下三个趋势：

◎ 一是行业内部结构差异

基金、险资增：第1季度基金市场规模持续增长、爆款频发，基金总数以及总管理规模均创新高，总数超过6300只，比去年末新增近300只，总管理规模达16.57万亿元，比去年末增加13%。头部险资规模持续增长，如新华保险第1季度猛增40%，泰康保险、平安保险增长6%。这是一个很值得分析和研究的现象。

银行理财、信托、券商资管降：第1季度商业银行非保本理财产品存续规模24.4万亿元，较年初略降1.66%，但净值型产品加速发行，募集起始时间在今年第1季度的净值型银行理财产品共计4037只，同比增长8倍；信托行业及券商资管规模继续下滑，其中券商资管受托管理资产规模 12.02 万亿元，同比下降15%。

◎ 二是两极分化、强者恒强

以公募基金公司非货币基金规模为例，各家基金管理公司明显两极分化，截至第1季度末，前十大基金公司非货规模合计为3.2万亿元，占全市场基金公司总规模39.4%，占比较去年末提升0.52%。第1季度末全市场基金公司总规模较去年末规模增长8578亿元，其中前十大基金公司规模增长3753亿元，占比43.76%。前十大规模增速13.24%，高于行业11.77%的整体水平。

◎ 三是交叉赛道、跨界经营

今年以来，货基收益率大幅走低、传统的保本保收益银行理财产品踪迹难寻。捕捉到投资者对低风险、低波动产品的需求，不少公募基金公司开始大力布局"固收+"产品，以期作为传统理财产品的替代品。在市场的追捧下，相关产品的管理规模也水涨船高。截至第1季度末，305只二级债基总规模为近4000亿元，环比去年末大增近1200亿元，增幅超过40%。此外，保险资管新规出台，放开合格自然人投资者购买，信托、券商资管也加快向主动管理转型。

五大转型策略

在这样的宏观环境和行业趋势下，作为"资管生态圈"中的一员——银行理财，一方面，我们正面临着源于资产收益持续下行而负债端又相对刚性的"资产荒"，以及来自公募基金、保险资管、券商资管等业界竞争日趋激烈的双重挑战；另一方面，我们通过跨界学习，在保持既有优势的同时尝试开拓新领域。

面对机遇与挑战，目前浦发银行资管业务转型发展聚焦"五大策略"，主要包括：

◎ 策略一：价格——价格传导、顺势而为

从利率周期来看，中国从2014年开始进入比较频繁的降息周期。今年以来，资金面持续充裕、资产价格一路下行、绝对收益率达到历史低位、理财投资端压力陡升。随着理财产品净值转型全面深化，资产端价格下行传导至产品端，理财

低风险等级产品收益率全面下行，以高流动性固收资产为投资标的的现金管理新产品收益率也较年初有较大幅度下降。

结合表内控负债成本、结构性存款规范化，理财产品降价既是响应外部监管要求，亦是源自内生动力。同时，同业基于对市场走势的同样判断，可以看到多家银行理财产品出现价格下行的类似走势。

除了产品价格顺势下行外，浦发银行还积极实践产品创新，通过引入国际评级、加载功能，替代高收益需求。

◎ 策略二：产品——全面布局、细分客群

资管新规统一监管，把资产管理行业各类机构放在同一个起跑线，在全新的赛场上，银行理财必须突破信贷类产品的定位，实现真正市场化的转变。这一过程涉及投资者教育、产品创新、渠道拓展。当然还在于投资能力匹配，关键做好相应业务调整，改变原有产品形态、营销模式和管理流程等。

目前我行产品货架丰富齐备，总规模稳定在1.5万亿元以上，基本实现产品体系"大而全"的目标定位，同时持续推进产品转型。

◎ 策略三：资产——多元策略、开放合作

银行理财的传统投资优势集中于固定收益领域。但现阶段传统的单一投资于标准化债券或非标资产的投资模式难以获取长期、稳定、可观的收益，亟须通过多资产投资增厚收益、熨平波动。

通过借鉴公募基金、险资及券商资管等机构业务最新发展趋势，银行理财也开始布局全谱系标的，拓展工具类、指数类、主题类、跨境类产品，同时加强对定增、可交/可转债、优选股质等标的的投资机会关注。

前期我行已与多家头部保险资管合作，借鉴大类资产配置领域成熟的投资理

念、机制和系统建设等经验，并通过FOF/MOM模式与公募及券商资管合作，积极布局权益市场，通过优选管理人获取Alpha收益，目前发行相关产品200亿元。

◎ 策略四：特色——发挥优势、打造特色

我认为，商业银行差异化竞争优势主要在两个方面。一是在于对投资标的的天然熟悉和了解，商业银行基于传统信贷构建起来的风险控制体系，以及天然的渠道优势，可以对行业、企业以及运用的技术等有着深入的了解。这一点相比其他机构更有优势。二是在平台构建和资源整合方面，商业银行可以通过不同业务整合各方面资源，让不同类型的专业股权机构在银行的平台上发挥各自优势，这一能力也是其他单一机构所不具备的。

◎ 策略五：创新——前沿业态、创新实践

在资产配置、投资交易等领域，关注创新和业务准备。

公募REITs。4月底证监会和国家发展改革委联合发布公募REITs通知征求意见稿。从助力经济角度看，公募REITs有利于盘活基础设施领域存量资产、募集社会资金，运用到新的基建项目建设上，形成基建领域良性投资循环；从投资角度看，REITs具有流动性高，收益相对稳定、安全性强等特点，对于投资风险偏好较低的理财、保险、社保和养老金等长期资金来说有较大吸引力。我行理财一直以来都积极实践各类创新业务，早在2015年就参与投资了国内首个公募封闭式"类REITs"项目，后又纵深拓展该领域业务机会，覆盖各类发行主体。

智能投顾。通过大数据量化分析和机器学习输出多元组合配置，精准匹配客户画像，将大大改善资产配置效能。我行于2017年即推出智能投顾服务"财智机器人"，后续将深化数字化赋能资管，促进资管与财富管理融合。

重点区域。近年来，国家陆续出台包括长三角一体化、粤港澳大湾区、要素

市场等重点领域发展政策，聚焦相关区域同城化金融服务和跨境金融服务领域发展。银行理财后续将重点把握政策红利、挖掘相关区域业务机遇。

FICC（固定收益、外汇及大宗商品）业务。通过银行金融市场部全面完备的FICC产品体系辐射表外理财，发挥金融工具在套保、风险对冲等应用领域优势，有效拓展理财业务外延。

最后，谈谈银行理财业务发展存在的一些相对薄弱领域。

◎ 一是风险化解路径尚不明晰

目前行业内风险化解最主要的三种手段，分别为回表、计提收益冲抵、市场化手段处置，但由于监管对此领域尚未出台明确要求，单纯市场化处置化解手段成效较慢，存量整改推进遇到瓶颈。

◎ 二是数字化应用效果不明显

目前数字化手段在国内银行资产管理领域的应用尚在起步阶段，相较海外成熟机构还有较大差距。数字化应当贯穿资产管理业务全流程，包括前端精准获客、智能投资、过程管理以及后端监控等方面。

◎ 三是产品净值回撤管理需关注

资管新规核心要求是银行理财产品净值化，而目前这个净值化基本表现在本金稳定、收益净值化波动；随着后续转型推进，银行理财产品必将像公募基金产品一样，包括本金与收益的产品净值化，并将这种结果向客户端传导，进而需要我们提前做好产品前、中、后端全流程风险应对方案和投资者教育等工作。

在内外部环境发生深刻变化的非常时期，我们要主动去适应、挖掘、探索资产管理行业的新机遇，危中寻机、化危为机。

08

高度不确定性下的政策制定

疫情冲击下的经济应对政策①

CF40学术顾问　蔡　昉②

没有政策反应过度这回事

经济学家习惯于说"千万不要浪费掉一次经济危机"。意思是说，由不同起因导致、后果严重程度不一的各种经济衰退和经济危机，终究造成人们不希望看到的或大或小对国家经济和人民生计的伤害，如果不能最大限度地从惨痛经历中吸取教训，这些代价就白白付出了。此外，经济学家还乐于争论诸如这一次危机与上一次究竟是一样还是不一样的问题。其实，历史经验反复表明，每一次经济危机都有其自身独特之处，同时每一次危机也与其他的危机有诸多共同之处，遭受危机伤害的国家、社会和个人也各有各的不幸。

经济史上充满了经济衰退、金融危机和疫情大流行造成的经济灾难，这些事件也成为经济理论和经济政策的长期热门话题，在某种程度上也可以说成为经济学理论创新的孵化器或催生剂。从世界范围来看，这场新冠疫情还远远不会完结，因此，我们目前的任务尚不是对之做出总结或者进行反思。毋宁说，从以往的经验、教训及其相关理论讨论中，着眼于对于这次应对疫情冲击具有的针对性和借鉴意义，我们可以从若干个角度提出有关问题进行思考，既讨论不同冲击事件之间所具有的共同点，也讨论各次冲击之间不尽相同的地方。

面对重大冲击性因素，宏观经济政策做出及时反应很重要，并且根据历史经

---

①本文为作者在2020年4月12日向中国金融四十人论坛提供的独家文章。
②作者系中国社科院副院长。

验，政策响应在大多数情况下总是偏保守的，常常跟不上现实的需要而颇显被动，所以事后看来每一次政策响应都不存在所谓的"反应过度"问题。特别是面对具有高度易变性和不可预测性的大流行疫情，政策响应能够及时和到位，对于消除事件演变趋势不确定性与政策取向不确定性产生的叠加效应，进而导致双重市场恐慌十分重要。

在凯恩斯看来，经济活动的决策常常来自行为者本身的冲动性，而并非总是来自对期望均值的预估，因此，人类本性的弱点会造成经济和市场的不稳定性。这就是所谓的"动物精神"。这种冲动性在个体的经济决策中必然显示出非理性的特点，可以说既在逻辑之中又不符合逻辑本身。我们也可以从另一个角度认识经济活动的这种特性，即经济活动受到冲击性干扰的情形，既可以表现为期望均值的降低，也可以表现为该值的方差的增大。

期望均值的降低通常表现为投资者的退缩和投资的减少进而产出的下降，主要是对风险的反应；方差的增大则表现为产出的波动，以及资本市场和大宗产品贸易等市场大幅度震荡中因不确定性因素所造成的部分。既然是由动物精神所驱动的投资活动，就其常态而言天然就存在着估价过高因素或泡沫成分，遇到风险性和不确定性的突然提高，人们必然根据他们自己所能获得的信息进行解读，产生所谓的流传性叙事并据此做出反应。

这时，即便不去深究这种反应究竟是理性的市场调整，还是非理性的心理恐慌，抑或对扭曲信息做出的不恰当反应，或者对不确定信息做出的错误解读，终究会给市场和经济带来不能承受之乱。风险与不确定性的差别在于，前者是可以由特定的信息反映出来的。所以，市场对其做出的反应至少从理论上说是可以预测的；而后者的本质就在于信息的不充分性、不可得性甚至扭曲性，因而市场对其做出的反应是难以预料的。

对于新冠疫情的不可预测性，市场所做出的反应，最充分地体现在2020年3

月9日、12日、16日和18日，美国股市在极短时间内发生的4次熔断，成为继1987年10月19日"黑色星期一"（当时尚未建立熔断机制），以及熔断机制建立后，于1997年10月27日发生第一次熔断之后最惨烈的股市暴跌。美国宏观经济政策因此做出大尺度的动作，并非仅仅是出于对选票的考虑，也并非不知道降息政策并不对症，只是要阻止恐慌及其导致的大幅震荡的规定动作而已。应该说，为了避免恐慌及其引致的实体经济大幅下滑从而对民生的影响，政策及时并大力度做出反应，即便尚不能做到准确对症，也仍然是必要的。

根据冲击性质选择宏观政策工具

新冠病毒疫情造成的经济冲击是双重的，即从需求与供给两侧相继或同时对实体经济造成冲击，并相应反映在金融市场和大宗产品市场上。虽然市场状况是根据影响需求和供给两方面因素的匹配和交织情形所决定，但是，一般来说在市场经济条件下，短期冲击来自需求侧，而供给侧的因素主要影响较长期的经济增长表现。

作为逆周期调节的理论和政策来源，宏观经济学特别是其中的周期理论是为解决需求侧冲击而诞生的，相应地，宏观经济政策工具箱中的十八般兵器，也主要是为此而设计的。虽然各国经济史都见证过供给侧冲击事件，如20世纪70年代的石油冲击和各种自然灾害冲击，总体而言，经济政策在应对供给侧冲击方面缺乏经验，在可供选择的手段上也常显捉襟见肘。

中国面临的新冠疫情对经济的冲击，从一开始就表现为需求侧与供给侧两重因素的交织。为了严格执行社交距离、封城和隔离等措施，与人员流动相关的消费活动和聚集性的消费活动，如住宿、餐饮、旅游、娱乐、客运等消费需求受到致命的抑制，与此相关的生产经营领域也同其他行业一样相应停止。由于中国处在疫情冲击的第一波，停工停产的供给侧安排导致对很多其他国家生产者供货延误甚至中断。

当国内疫情好转，复工复产的逐步推进有望改变供给状况时，不仅停产时断裂的供应链修复起来困难重重，进一步，全球疫情大流行造成的制造业停产、萎缩则为中国生产者设置了新一轮需求侧冲击。这种冲击效应是叠加的，产生的后果十分严重，因此，政策实施必须有超大超强的力度，政策选择既要充分挖掘传统工具箱的存货潜力，也要尝试改变思路和路径，以更丰富的想象力，把功夫同时做到"画里画外"。

疫情冲击面前并非人人平等

新冠病毒对生命和健康的伤害固然一视同仁，但是，在富裕国家和贫穷国家之间，在不同收入水平的群体之间，对于获得免疫、治疗、康复机会的可得性，以及对于疫情经济冲击的程度和承受力都是不尽相同的。

诺贝尔经济学奖获得者安格斯·迪顿（Angus Deaton）在回顾疫情大流行和人类抗击历史时指出，预防和治疗流行性传染病的技术，通常是按照社会等级序列自上而下逐级传递的。因此，对这位揭示美国"绝望而死"现象的经济学家来说，在病毒面前，并非人人生而平等。

诚然，在现代社会，医疗技术的普惠性和可得性大大提高，而且，面对新冠病毒，无论是发达国家的亿万富翁和政要精英，还是发展中国家挣扎在贫困线上的非正规就业者，确有同样多的机会受到感染，受到感染后都会付出健康和生命的代价。然而，避免感染是否有选择的机会、患病后能够获得怎样的救治、疫苗一旦面世能否及时受益，特别是受疫情冲击的影响性质和程度如何，却毋庸置疑地存在着国家之间和社会人群之间的巨大差异。

无论是什么原因导致的经济危机，对人产生的冲击不应该从其数量级评估，而应该就其性质判断。例如，一场金融危机可能给金融行业造成数以万亿美元计的损失，同时因波及实体经济而造成大量挣取最低工资的劳动者丧失岗位。具体到个人，银行家和工人遭受损失的金额也不可同日而语，但是，在前一情形中，银行家损失的是资本所有者的钱，投资人面临的是资本收益的多与少或者有与无的区别，而在后一情形中，劳动者失去的却是基本生计。

因此，在新冠疫情大流行时，低收入国家和低收入群体因不具备完善的医疗保障条件，首当其冲的概率更大，生命和健康受到更大的威胁与伤害；进而，当疫情进入高潮，封城和隔离等措施造成经济活动休止，脆弱的国家缺乏充足的资源和财力维系必要的检测、救治并保障居民基本生活，普通劳动者也更容易失去工作和收入来源，在暴露在健康风险中的同时陷入生活困境；而当经济开始复苏时，正如经济增长并不产生收入分配的涓流效应一样，普通劳动者的生活也不会随着经济的整体复苏自然而然回到正常轨道。

财政政策走到宏观调控舞台中央

货币政策与财政政策需要协同发力，财政政策因其具有针对性更强、实施机制更直接见效等特点，应该发挥更重要的作用。本来，这两个宏观经济政策工具箱之间的分工和配合关系，一直是宏观经济学旷日持久的话题，近年来又迎来一个新的讨论高潮，其中一些研究领域的发展以及得出的政策实施建议，也出现在美国总统候选人的竞选主张之中。

在关于经济长期停滞的原因究竟来自供给侧因素还是需求侧因素的争论中，人们不自觉地形成了某些共识，即认为货币政策并不能独自承担刺激经济增长的重任，甚至由于发达国家处于长期低利率甚至负利率状态、实施量化宽松政策，在遭遇经济冲击的情况下，货币政策工具捉襟见肘，宏观经济调控的空间十分的狭促。因此，人们认为应该更多使用财政政策手段，但是在政策工具的选择上却莫衷一是。

针对新冠疫情的特殊冲击，人们可能会暂时搁置种种观点分歧，取得更多的政策共识。在诸如战争和灾难等紧急状态下，用于维护国家安全、国民经济和人民生计的必需支出，如补贴居民收入、对中小微型企业的纾困，以及支付基本社会保险等，既是政府的天然责任，也是居民个人和民营经济所难以承受的。同时，在这种特殊的艰难时刻，正常的公共财政收入也无法满足大规模额外支出的需要，需要政府根据自身的财政结构特点和支出的性质，分别通过提高一般公共财政赤字率或者增加政府债务予以解决。

可见，在货币政策与财政政策协同作用中，财政政策如今有着居于主角位置的趋势，而货币政策重在配合前者的实施。疫情大流行下不得已的停工停产，最先带来的是公开失业和就业不足，进而居民的收入遭受损失甚至丧失殆尽，严重威胁低收入家庭的基本生计。即便在有条件或者完全复工复产的情况下，被中断的供应链也需要时间进行修复，何况全球疫情大流行还可能进一步断裂供应链。因此，财政大规模支出确保社会保险和社会救助的充分给付，较之保障金融环节的流动性充足远为重要和对症。

即便是现任或者前任中央银行家们，实际上也承认面对这场疫情影响，货币政策的作用相对而言居于辅助性地位。例如，两位美联储前主席伯南克和耶伦在一篇合作的文章中，指出货币政策此时的作用在于满足以下需要：其一，在居家隔离和电子交易条件下对流动性的额外需求；其二，在这种特殊情况下，贷款人在放贷时需要额外的信心；其三，无论是短暂疫情过后的经济复苏，还是疫情持续更久致使企业和家庭受困，都需要信贷能够做到招之即来。此外，货币政策还需承担他们没有提及的货币融资（monetary financing）功能。

可见，由于财政政策具有更直接瞄准关注对象的特性，预期能够有效帮助企业和家庭纾困，因而在应对疫情经济冲击中针对性更强，应该居于宏观政策的舞台中央。与之对应，货币政策在某种程度上可以说充当配角，着眼于帮助政府筹资，以及确保这些纾困和救助政策的实施不会受到流动性不足的制约。

流行病学曲线决定经济复苏轨迹

新冠疫情发展的特点和方向，决定经济复苏的时间、方式、路径和效果。因此需要依据事件发展的进程和顺序，按照宏观政策的类型和手段特点，选择恰当的出台时机。在疫情暴发的早期，流行病学倒V字形曲线处于峰值前的上升阶段，为了控制疫情大范围传播，最重要的任务莫过于实施严格的防控措施，包括封城、隔离、取消聚集活动等等，这时不可避免要减少甚至遏制经济活动。而在疫情发展达到峰值之后，倒V字形曲线进入下行阶段，在疫情传播确保可以得到控制的情况下，经济复苏便居于更高的优先序。相应地，宏观经济政策以及其他政策手段也受这个特点的影响，需要选择恰当的时机依次出台，否则不能取得预期的成效。

例如：旨在刺激居民消费特别是鼓励补偿性消费的政策，在社会尚处于隔离状态时就不能产生预期效果；旨在保持必要且充分流动性的货币政策，可能在不同阶段都是需要的，但是应该与每个时点的主要政策目标相适应，而不应成为一个独立的目标；旨在恢复和刺激投资的宏观经济政策，也不能实施于经济活动开始恢复之前，全社会处于普遍隔离的期间；至于保障居民基本生活的社会托底政策，则应该以各种形式贯穿于疫情发展及其经济冲击的始终。

疫情防控与恢复经济活动都是不得不为的硬要求，必须科学处理两者之间存在的取舍权衡和两难决策。虽然新冠病毒死亡率低，但是，也正是这个特点使其流传速度快，最终以感染人数巨大而造成生命健康的损失。因此，以全社会动员的方式实行严格防控措施，是不可避免的，也是中国为世界贡献的一个放之四海而皆准的硬道理。与此同时，在疫情得到总体控制的条件下，及早复工复产也是头等大事，同样是颠扑不破的硬道理。然而，两个硬道理之间的确存在着取舍权衡因而两难抉择的关系。

从实施武汉封城和各种全国性隔离措施以来的经验看，空间与时间分离、以时间换空间的双轨制过渡方式，是一个成功的经验。按照地区之间疫情发展的阶段性特点，把防控和复工复产任务重点做出区分，正是由于在前一阶段不惜代价地进行防控，才得以在确保感染人数不发生反弹的前提下，在后一阶段加快经济复苏的进程。

鉴于世界上其他地区仍处于新冠病毒流行病学倒V字形曲线的上升阶段，包括中国在内的各国经济复苏过程中还可能经历W字形的轨迹，甚至，人类很可能将与这个病毒的流行长期打交道，因此，根据中国应对疫情的成功经验和遭遇过的两难处境，可以把这种空间与时间分离的双轨制过渡模型，进一步扩展为时间和空间并行的更新版本。

这个版本的模型有以下几个关键步骤。第一，在具备条件的情况下，对于敏感人群尽可能做到全面检测，以便分期分批地把检测后的人群分为两组——安全组和风险组。第二，在确保两组人群不发生相互交叉的情况下，让安全组人群随即进入复工状态，同时对风险组人群继续隔离并进行连续排查。第三，随着检测和收治的覆盖面越来越大，安全组人数的比重逐步扩大，风险组人数相应缩小，双轨制趋于向安全单轨过渡。通过采取这种过渡办法，防控隔离与复工复产之间的时间差便可以实现最小化。

这次大流行及其造成对全球的经济冲击，与历史上的疫情大流行、经济衰退和危机事件有着诸多的相似性，例如，疫情本身的不确定性和信息的不充分性，导致市场的震荡和经济复苏的徘徊踟蹰，都是经济史上耳熟能详的情景。同时，此次事件也有诸多独特之处。除了新冠病毒本身演化和疫情传播方式的特殊性之外，中国经济在世界经济的巨大占比和增长贡献，中国制造业在全球供应链的中枢地位，中国经济增长动能的转换，以及世界处于更高全球化阶段的同时，逆全球化暗流也被推向高潮等等，都对中国和世界应对这场经济冲击提出了前所未有的挑战。

此外，这次疫情及经济影响事件也暴露出一系列在常态下被忽视的问题，如公共卫生应急响应体系、全球化条件下国家之间协同合作、紧急物资储备、供应链的维护与修复等等，都受到严峻的挑战。正因为如此，经济学家需要进行更深刻的思考，提出对解决所面临各种困境的对策建议，同时能够未雨绸缪预见将来。

巨大不确定性下的宏观政策组合[①]

CF40成员　彭文生[②]

经济预测面临巨大不确定性

截至2020年4月6日，新型冠状病毒全球累计确诊病例达127万，近7万人死亡。疫情对经济的影响是我们思考当前和未来一段时间经济运行和政策应对的关键。新冠病毒在全球的传播蔓延大大超出之前的预期，对经济的冲击也大幅超出预期，在欧美甚至引起经济大萧条的担心。在中国，有关疫情影响的一个重要争议是2020年的经济增长是否还应该设定目标，如果是，设在什么水平，以及为实现此目标需要的政策支持力度。

我们想强调的是，疫情冲击和一般的经济周期波动不同，也不能和2008年全球金融危机或20世纪30年代的大萧条相比。疫情的源头是外生的，是和经济没有关系的冲击，其影响经济的传导机制和经济内生的冲击（比如股市崩盘或金融危机）也不同。疫情关系人的健康和生命安全，疫情冲击不是单纯的经济问题，我们在思考宏观政策时应该有人文经济的视角。

许多国家都在实施各种形式的"社会隔离"措施，以减缓病毒的传播。在全球疫情蔓延早期，欧美很多国家迟迟不愿意采取这些措施，部分欧洲国家甚至寄望于牺牲一部分"心爱的人"以达到"群体免疫"的效果。随着疫情的蔓延，欧美国家终于行动起来，开始推动"社会隔离"，经济活动停摆也随之而来。中国

---

①本文为作者在2020年4月7日向中国金融四十人论坛提供的独家文章。
②作者系中国国际金融股份有限公司首席经济学家、研究部负责人。

最早发生疫情，也最早采取严格的隔离措施。在这些措施下，中国仅用较短时间就控制住了国内的疫情，然而经济上也遭受了巨大打击。

我们做经济预测是基于对近期经济运行机制的理解，基本上是线性外推，背后的假设是模型不变，在经济遇到巨大的外生性冲击时，这个假设就不合理了。中国一二月的经济数据包括工业增加值、社会零售和投资等数据大幅低于预期，美国近期的初次申请失业人数大幅超出预期，都显示了机制变化带来的误差。首先，冲击的源头，疫情的未来演变存在较大的不确定性。我们可以假设三种情况。

情况一，全球疫情得到有效控制。情况二，发展中国家疫情波浪式发展，蔓延时间延长。截至4月初，新冠疫情已经蔓延至超过200个国家和地区，在感染者跨区迁移存在可能的前提下，全球疫情可能出现波浪式发展的态势，显著推迟本次疫情结束的时间。所谓波浪式发展指的是疫情严重地区的人口基于安全考虑向疫情平缓的地区迁徙，造成疫情平缓地区的首次或多次暴发。而这又会促使该地区人口向其他疫情平缓的地区迁徙，造成其他地区的首次或多次暴发，甚至周而复始。

从全球角度来看，发展中国家由于疫情的防控能力相对疲弱，南亚、南美和非洲未来出现疫情波浪式发展的概率较大。波浪式发展的情形可能使得全球疫情结束的时间拖至今年下半年甚至更久。在这种情况下，全球政府更需要通力合作，援助发展中国家进行感染者的识别、隔离和治疗工作。同时这也意味着其他国家必须延长"外防输入"的措施实行，这对全球经济的拖累将大于第一种情形。

情况三，新冠病毒流感化，与人类长期共存。更糟糕的情形是病毒以"游击战"的形式在全球各地区、各季节轮动传播，经常变异出新的亚型。从2010年到2015年全球因流感导致的呼吸道系统疾病引发的死亡人数平均为8.8万人。新冠病毒的致死率高于流感病毒，因此每年致死人数有可能也会高于这个数字。这不仅会对经济活动带来更长期的影响，也会对全球的医疗系统带来更多挑战。从当前形势看，有效治疗手段和疫苗的研发都需要时间，各国政府需要在更长时间跨度内分配社会资源应对新冠疫情。

其次，疫情对经济冲击的力度存在非常规的不确定性。在疫苗研发成功之前，控制疫情只能靠隔离措施，由此对经济活动的影响不是我们一般理解的供给与需求冲击，它体现为一个物理限制，社交隔离使得人们不能外出工作和消费。一般的经济周期波动，一个重要影响因素是价格的灵活性，价格越灵活，经济自我稳定的机制就越强。比如，需求降低导致失业增加，工人接受工资下降，后者改善企业的盈利空间，促使企业增加对劳工的需求，就业增加。但疫情下，我们面临物理限制，价格调整失灵，冲击完全落在量上，实体经济包括就业、经济增长受到的影响大。一般的经济分析和预测都是建立在我们对价格弹性的理解和把握上，在价格不能发挥作用的极端情况下，预测的不确定性大幅增加。

不确定性意味着预测犯错的可能性大，对疫情演变过于乐观与过于悲观两种情形都存在，但犯错的成本不一样。假设6个月后回头看，我们现在对疫情演变的判断过于乐观，过早或者过度放松隔离措施，导致的结果是疫情反复，但经济恢复较快。如果我们对疫情的判断过于悲观，没有及时和充分放松隔离措施，导致的结果是疫情得到有效控制，但经济恢复慢，就业和经济增长受损大。

这两个判断错误，哪个对经济社会的危害更大？后一个误判对经济活动影响较大，但经济损失可以补回来，前一个误判导致疫情反复，生命损失难以挽回，而为了最终控制疫情需要付出的经济代价将会更大。显然，犯第二个错误（对疫情的发展过于悲观）的代价较小。政策面临的难题是如何在保障人的生命安全与健康，以及维护正常经济活动之间平衡，这涉及如何看待隔离措施的收益与成本。

隔离的经济账该怎么算

面对疫情冲击，一个根本的问题是"隔离"挽救的生命与经济损失，孰轻孰重？这既是一个容易回答又不容易回答的问题。当我们面对亲人的生命安全时，或者个体的生命安全时，答案比较清楚，生命是无价的。但就整个社会来讲，我们不可能无限制投入资源以挽救生命，比如不会因为要避免交通事故而不发展高速公路，不会因为要避免空气污染而禁止所有的化工厂。也就是说，就整个社会来讲，就公共政策来讲，生命是有价的。

这次疫情冲击下，与经济停摆造成的损失相比，通过"社会隔离"的方式来控制疫情拯救生命是否"值得"，或者说怎么把握好这个度，成为很多人关心的问题。那我们究竟如何看待"隔离"带来的更多生命延续和更多经济损失之间的经济账呢？

经济学文献有一个统计生命价值（VSL，Value of Statistical Life）的概念。经济学家托马斯·谢林（Thomas Schelling）在1968年的论文《你拯救的生命或许就是你自己的》中提出使用统计生命价值来估算生命的货币价值，从统计学角度计算社会为了降低单位死亡风险而愿意支付多少金钱。举个例子，假如一个社会愿意支付1万美元来降低0.1%的死亡风险，那么这个社会评估这一条生命价值就等于1000万美元。对于社会而言，VSL方法将每一条生命都赋予了一定的社会价格。尽管伦理争议的声音不绝，但VSL逐渐成为公共政策领域相对被接受的计算生命价值的方法。根据美国环境保护局的计算，2020年美国18岁及以上人群的VSL平均值为1150万美元。现在VSL作为衡量人们为降低风险的支付意愿指标，以及为提高安全性的边际成本的指标，已经广泛应用于对医学、环境和运输安全方面的公共政策的评估领域。

就本次疫情而言，通过VSL可以计算"社会隔离"所挽救的生命价值，这样就可以跟"社会隔离"所带来的经济损失进行比较。最近，芝加哥大学的迈克尔·格林斯通（Michael Greenstone）和维珊·尼格姆（Vishan Nigam）在2020年3月发表的一篇论文《社会距离重要吗？》（*Does Social Distancing Matter?*）中，利用隔离措施带来的不同年龄阶段死亡率降低的概率，估算"社会隔离"的经济收益。他们认为新冠疫情期间，如果美国采取"社会隔离"会降低不同年龄阶段人口的死亡率，那么到2020年10月左右，一共可以挽救176万不同年龄阶段的人口的生命，共计可以避免7.9万亿美元的社会损失。

利用迈克尔·格林斯通和维珊·尼格姆的方法，我们假设中国由于采取隔离措施，新冠疫情的死亡率在不同年龄阶段降低的幅度与美国相似，同时中美的单位VSL和中美人均GDP成正比。这样我们近似计算出，中国本次隔离大约可以拯救590万条不同年龄阶段的生命，因此带来用VSL计算社会收益约为34万亿人民币。

对如何衡量生命的价值，可以说见仁见智，以上的估算当然也有争议。我们列出这些数字，是想强调疫情冲击的特殊性。

我们在思考经济面临的下行压力时，不能简单地和今年本来的增长目标比较，或者和去年的经济增长比较来评估损失有多大，也不能简单地和历史上的大萧条或全球金融危机比较。疫情本身是来自自然界的灾害，明知道隔离措施对经济活动冲击大，各国政府有意为之，为的是减少生命与健康的损失。经济增长促进民众的福祉，隔离措施保障生命安全也促进民众的福祉，两者要综合起来看。

政策纾困，也是社会保险

肯定隔离措施的价值和必要性不代表宏观政策对隔离措施导致的经济问题没有反应，实际上各国政府都在采取应对措施。宏观政策措施无论在范围和规模上都超出了常规的理解，但大的方向是纾困，而不是刺激经济。物理隔离措施导致生产和消费停顿，企业和个人面临收入陡然减少和现金流紧张，政策应对是对个人和企业尤其中小企业补贴，主要是财政（减税、转移支付）和结构性信贷（或者说政策性金融）措施，也包括央行增加流动性供给以应对金融市场的恐慌情绪。

之所以说是纾困而不是刺激经济增长，是因为隔离措施使得人们的生产和消费活动受到限制，货币刺激的作用不大。纾困的作用是帮助受冲击的个人和企业渡过难关，避免大规模的企业破产和长久失业，这样疫情消退后经济活动能够很快反弹并恢复正常。也就是说疫情的冲击好像是按下一个机器的暂停键，纾困好比维护机器，只要机器还在，暂停键取消后经济就会快速恢复常态。

纾困的一个重要视角是结构性，和收入分配联系在一起。这次疫情下的无接触经济凸显收入分配的新视角。过去我们关注的重点在于极少数富人（1%）和绝大多数（99%）的居民之间的差距。这次疫情下，收入差距扩大更多体现在无接触经济从业人员（大约20%～30%）和接触经济（大约70%～80%）的从业人员的分化。在这次疫情中金融、教育、科技、高端服务等行业从业者没有受到过多的影响，他们可以通过在线工作，远程工作进行替代。但是制造业工人，低端服务业从业人员等中低收入阶层，承受了很大的冲击。

如何理解接触经济从业人员受到的冲击和政策救济？在纾困的视角之外，还有一个社会保险的视角。隔离措施防控疫情有外部性，也就是需要所有人配合，一部分不配合的话效果会大打折扣。对于有接触经济从业人员来讲，配合隔离措施的收益具有社会性，但成本（不工作的损失）是否应该完全由自己承担？显然从社会整体利益来讲，这种个人的损失应该社会化，即由整个社会分担。这种社会保险最终只能由政府承担。

这是为什么这次疫情下财政政策在各国都发挥了主要作用。但反映社会治理机制、发展阶段、历史路径的差异，社会保险机制在各国的落地存在差异。欧洲的一个重要特征是企业的工资负担（70%~80%）直接转移给政府财政了（包括个体经营户），初步为3个月，美国则主要靠现有的失业救济体系外加一次性发放现金。政策差异导致的结果是美国的失业人数大幅增加，而欧洲则没有出现大规模失业。美国的现金发放虽然吸引眼球，但实际上欧洲的社会保障发挥了更好的作用。

美国的现金发放政策有点像直升机撒钱，应对需求冲击有效，但应对供给冲击效果受限。实际上，大规模失业本身将加剧这次疫情对美国经济供给端的冲击，或者说是供给冲击一个重要载体。尽管这样的失业大概率是短暂的，相关失业人员也得到政府救济，但失业毕竟意味劳动者和雇主的分离，不利人力资本积累，和欧洲比较，美国的模式不利于疫情过后经济活动的恢复。

中国这次应对疫情的政策措施也明显和以往应对经济下行压力的政策不同，更多和救助企业和个人联系在一起，包括有针对性的免征增值税和退税、阶段性减免企业社保费、贷款财政贴息、企业缓缴住房公积金、延期申报纳税等。但和发达国家尤其欧洲比较，中国的社会保障体系还处在发展阶段，存在纾困措施落地的问题。正因为这样，对中国来讲，应对疫情的关键是从供给端出发保就业，比如把救助企业和要求不裁员结合起来，这样才有助于可持续的经济增长。

供需平衡与增长目标

对疫情冲击的属性，是供给较大还是需求冲击较大，存在争议。在疫情暴发期，隔离措施限制人们外出工作和消费，所以是供给和需求的双冲击。同理，疫情消退后需求和供给会同时恢复。这是和一般的经济波动最大的不同。在经济周期下行期或金融危机时，经济面临的是需求不足，体现为增长和就业下行，同时伴随通缩压力。疫情冲击下，增长和就业下行但没有通缩压力。一个含义是，以需求刺激为导向的宏观政策可能带来物价上升压力，宏观经济运行体现滞胀的特征。

这样的逻辑推理面临两个方面的挑战。首先，从动态的角度看，供给和需求问题可以相互转化。就中国而言，疫情在本土的大规模传播基本已被阻断，民众在第1季度的劳动供给不足带来的收入下降，意味着第2季度的总需求将会受到影响，因此一定的需求管理有合理性。这个视角对美国尤其欧洲可能不适用，因为供给对需求的外溢效应没有中国的情形大，反映了欧美政府的社会保险措施的作用。

其次，对于全球化的经济来讲，由于疫情在不同国家蔓延的时间点有差异，一国的供给冲击可能外溢为另一国的需求冲击。进入第2季度，随着中国复工复产的稳步推进，外需（出口订单）不足成为一个重要障碍，内部需求刺激存在一定的合理性。

那么如何理解动态和开放经济环境下的供需平衡问题？现阶段总需求不足是主要矛盾吗？在全球范围来看，不存在需求与供给错配的问题，第1季度中国面临供给和需求的双冲击，3～5月份欧美面临供需双冲击，后面可能是其他地区。例如：3月19日，特斯拉宣布两座美国工厂暂时停产；3月21日，意大利宣布全国非必要行业的生产活动一律停止。中国在第2季度的外需订单少了，但外部的供给（进口供应）也少了。

在正常情况下，一个可以用来缓解通胀压力的渠道是进口。但疫情的蔓延正在导致海外供给受到抑制。在全球疫情没有明显缓解的背景下，不能低估供给端的约束。大规模的需求刺激可能更多体现为通胀上升压力，而不仅仅是贸易逆差（2008年全球金融危机后中国的大规模刺激导致贸易顺差大幅下降）。

一个根本的问题是供给和需求冲击哪个更重要？首先，疫情冲击是实体变量冲击，不是名义变量（比如货币政策紧缩）冲击，货币政策的对冲作用有限。更深层次来讲，隔离措施带来的物理限制使得货币的作用降低，货币经济条件下一般不适用的萨依定律这时反而适用了，也就是供给创造需求，或者说供给才是最重要的。以需求刺激为导向的政策的风险是滞胀和资产价格上涨，尤其是房地产泡沫。

供给比需求重要的判断对经济增长的目标也有含义。一般来讲，宏观政策在总需求管理方面已经建立了一套相对成熟的机制，但对缓解供给的约束作用有限。也就是说当供给是主要矛盾时，经济增长受到的约束比较刚性。关键是这样的刚性约束对经济增长的影响存在巨大的不确定性，这是在重新确立2020年的增长目标时需要重视的问题。

一个客观理性的方式是把2020年上半年作为一个特殊时期，一个百年不遇、政策无法对冲的灾害来处理，宏观政策以促进经济增长在下半年恢复到潜在水平为导向，比如5%~6%的同比增速。这样做的好处是"忘记"已经发生的不以人的意志为转移的特殊冲击，着眼于未来的可持续增长，提振民众的信心。实际上，如上文所述，隔离措施保障人民群众生命安全的价值远超其导致的GDP损失，GDP只显示了防控疫情带来损失的一面，无法体现保障民众生命安全的一面。给定疫情的特殊性，我们需要综合看待今年的经济社会发展。

走出疫情的供给侧结构性改革

提升供给能力应是政策重点。新冠病毒全球大流行之下，社会各界对于政策取向的争议较大，尤其是在美国推出2万亿美元的救济法案，并意欲再推出2万亿美元的基建方案后，对于中国是否应该也推出救济或者基建刺激方案的争论更多。基于以上分析，走出疫情的关键是重视供给端，当前政策的着力点应该是在维持疫情得到控制的同时，采取有效措施促进复工复产，保就业。

稳妥而有序地退出社交隔离，是未来几个月恢复生产生活的政策关键。退出社交隔离的前提是疫情扩散被严格控制在小范围内，不会再挤兑短期相对有限的医疗和医护资源。在新冠病毒疫苗没有出现之前，这意味着我们至少需要在两个方面持续发力：一是大规模的新冠病毒检测隔离体系，二是有效的流行病追踪。这不仅需要社会人力物力的较大投入，还依赖于高效的社会组织和管理体系。

中国目前的疫情防控面临"内防反弹、外防输入"的艰巨任务。要把疫情蔓延控制在小范围内，不仅要对内部和外部输入的有症状患者进行检测隔离，还要对无症状感染者进行检测隔离，同时追踪检测这些感染者的接触者以及他们的接触者。检测范围越大、检测周期时间越短，定位接触感染者越准确，疫情的蔓延范围就越可控。"及时发现、及时隔离"是把疫情的扩散严格控制在小范围内并逐渐退出社交隔离的关键所在。而这项工作是一项社会系统工程，需要医疗、社区、公安、海关、科研等多部门协同。

就宏观政策本身而言，无论是从国内还是从国际的视角来看，目前的讨论对疫情对供给侧的冲击重视不够，存在过度强调不对称的需求刺激的风险。这有可能造成对经济更大的衍生伤害，埋下滞胀的压力。

因此，宏观政策应该以恢复和增强供给能力为重点，在加大第1季度社会保险补偿的落地力度的同时，应该避免没有供给能力形成的纯粹需求刺激措施。有两个方面值得探讨：一个是如何把增加需求和促进新的供给结合起来，另一个如何维护现有的供给产能。

具体来讲，一个可能是政府加大投入力度，在检疫检验环节、防疫物资生产等相关领域，在受到疫情冲击而产生了供给缺口的农业、物流等领域创造一批临时性或通用型的就业岗位，包括以工代赈的形式。其次，大力放松市政管理措施，允许或者补贴鼓励民众以摆摊等自主择业的方式增加就业和供给能力。再次，大力增加减税或者提供定向纾困资金的力度来提高企业的存活概率，防止产能急剧收缩，包括增加并真正有效发挥财政对小微企业融资担保的扶持。还有，引导公共、私人部门更大力度地投资数字经济的基础设施和技术，在提升服务业效率的同时，增加无接触经济的就业机会。

应对百年不遇的大灾，财政扩张的力度应该突破惯性的约束，对应疫情对经济的冲击，一次性增加相当于10%GDP的政府债务是有必要的，也是合理的。关键是如何用好这个资源转移，促进经济的可持续发展。

以上只是几个具体可能的例子，重要的是思维范式。疫情是需求和供给双冲击，也超越经济层面，宏观政策不应是传统的需求刺激导向，大规模基建不可取，指望房地产拉动需求更不应该。政策应对需要人文经济的视角。

刺激政策的得与失[①]

CF40资深研究员　张　斌

美联储刺激计划——支持借贷

新冠疫情危机后，各国出台了很多刺激政策。美联储本轮刺激政策力度超过2008年，升级版量化宽松在舆论上引起较多不满。在客观评价美联储政策之前，需要先了解美联储"大放水"政策的类型和细节。

第一，把利率降为零，借钱无需付利息。

第二，出台各种贷款支持计划。比如，美联储可以直接购买政府发行的国债，购买银行出售的住房抵押贷款支持证券，购买资产抵押证券，以支持政府、银行和企业的融资行为。同时还对大型雇主、中小企业和地方政府提供信贷支持。

第三，支持其他与美联储有货币互换协议的国家。如果这些国家出现美元流动性短缺，美联储也可以进行货币互换提供美元流动性。因为国外很多机构持有大量美元计价的资产，包括美国国债和美元债券。如果这些外国机构因美元短缺而抛售这些资产，将对美国市场产生较大冲击。美联储通过货币互换借出美元给这些国家，能够起到稳定美国金融市场的作用。

美联储为什么要"大放水"？

第一，新冠冲击使经济陷入严重萧条的风险大增。由于新冠疫情的冲击，美

---

①本文为作者在2020年3月22日的浦山讲坛第7期"刺激政策得与失"上的演讲。

国经济已出现不同程度的停摆，美国大部分经济学家都认为，美国可能会陷入不同程度的衰退。衰退已是必然，只不过是严重程度不一，因此必须采取刺激政策。

第二，金融市场急剧动荡，流动性短缺，可能影响金融体系的正常运转，使经济雪上加霜。美股连续熔断，股票、债券、大宗商品等市场都出现非常剧烈的震荡，还伴随着流动性短缺的问题。这可能造成金融机构不能正常工作，致使金融市场发债、银行贷款等融资行为受限，流动性不能有效传导至消费者和企业，加大经济的下行压力。

第三，大萧条是供求之间被放大的恶性循环。为了防止大萧条，需要尽早行动，越早采取措施，陷入恶性循环的幅度越低，救助的成本也越低。也有经济学家认为这是市场自身下沉和经济政策救助的赛跑，市场下沉得越深，政策托举的困难越大，政策救助开始得越早越好。

第四，表面上看美联储的政策是支持债务人，但其实同时也是支持债权人，进而支持金融体系正常工作，支撑全社会的购买力。借贷行为才能使商业银行信用创造的机制发挥作用，为全社会增加更多现金流和购买力。比如，新增一笔住房抵押贷款，这笔贷款从银行转到债务人账户，再转移至房地产商，又从房地产商转移至政府（买地）、员工（职工薪酬）及其他企业，最终形成了企业、居民和政府新增的金融资产，增加了全社会的购买力。

在新冠疫情危机之下，很多企业面临现金流断裂风险，保证企业获取贷款并正常运营，对于维持全社会现金流转和购买力，以及总需求的稳定至关重要。

对美联储无限量QE的不同意见

对于美联储的做法，各界有不同的意见。

第一，最典型的意见是，现在主要的问题是新冠疫情，而发钱治不好新冠肺炎。对此反驳的观点认为，美联储管不了新冠，但是它要负责新冠带来的经济损失，不能因为新冠让经济受到更严重的损失，所以才需要放水。

第二，有人批评特朗普绑架了美联储，美联储丧失了独立性。但是在美国，赞成或反对特朗普都是政治主导。美联储只是在做好分内的事，没有非常明确的证据证明美联储被特朗普绑架。事实上，美国很多主流经济学家（民主党居多），对美联储现在的做法也非常赞同。

第三，还有一种批评意见认为，美联储放水没用，因为很多钱会囤积在金融部门，企业得到的钱并没有那么多。这种说法有一定的道理，但是反过来想，现在金融市场十分动荡，金融机构有流动性的困难，企业融资也有困难。如果银行、金融市场没钱，那企业就更得不到钱。增加银行和金融市场的流动性，一定程度上能改善企业融资条件，为企业带来帮助。

第四，有批评认为危机背后是结构问题，比如收入分配等政策扭曲、社会保障政策、教育体制等，发钱不能解决这些结构问题。对此反驳的观点是，结构性问题交给结构性政策工具解决，解决不了也不必付出大萧条的代价。大萧条可能会让结构更恶化。

第五，还有一种比较常见的批评是发钱太多会出现后遗症，低利率刺激金融资产价格泡沫，泡沫出现会带来一系列新问题。对这种批评意见的反驳是，这是一个两害相权取其轻的问题。如果不刺激，经济陷入衰退的危害更大。有人认为低利率自然造成资产价格高，但资产价格高不等于资产价格泡沫。防范金融资产价格泡沫主要还是靠宏观和微观审慎监管，不应该绑架货币政策。不能因为担心出现资产价格泡沫，就不采取货币政策刺激经济，资产价格泡沫和总需求不足是两个问题，需要两种解决手段，二者不能混为一谈。

第六，有观点认为，美元搞了"大放水"，美元就成废纸了。美元的基础是美国经济和金融体系，二者同为美元成为强势货币、国际货币的依托。美联储职责在于保护美国经济金融体系，使之正常运行，避免经济陷入大萧条。因此，美联储放水是在保护美国经济和金融体系，也是在保护美元。

第七，还有一种意见是低利率刺激经济效力下降，贷款需求不足，应该依靠财政政策发挥作用。美国主流经济学家多数赞同这个观点。有些经济学家指出，正是因为财政政策不积极，才把货币政策逼到了零利率甚至负利率的地步。财政政策如果更积极一点，货币政策空间就更多一点。因为财政政策背后政治因素更多，处理过程更困难，当财政政策在刺激总需求方面无所作为时，货币政策即使效率低也要进行刺激。

中国需要加大政策力度吗

在新冠疫情冲击的背景下，各国财政政策力度是近几十年来最大的一次，远超次贷危机期间。比如，美国出台了2万亿美元的刺激计划（相当于GDP的10%），直接给居民和低收入群体发钱、为在疫情中失业的人补偿工资、为疫情期间不裁员的企业提供贷款鼓励、为受困企业设计贷款产品、为州政府及医院提供融资等等。德国、澳大利亚、西班牙、意大利、希腊等发达国家也都在做不同形式的财政刺激，且力度都很大。

应对政策可以分为两部分：一是纾困政策，直接发钱，不同国家占比不同，大概是GDP的1.5%~3%之间；二是各种信贷支持，可能占到GDP的10%~20%。如果按此比例，中国大概要拿出1.5~3万亿元用于财政直接帮扶、纾困，还需用10~20万亿元的刺激计划帮助经济复苏。

那么，中国的相关支持政策需要加码吗？是否需要额外发力以避免经济下行？

国内现在既有好消息也有坏消息。好消息是，国内疫情得到控制，复工情况也在改善，并且我国金融体系的运转相对比较正常。坏消息是，经济停摆力度大、时间长，企业、居民和地方政府资产负债表显著恶化，制约总需求；国内口罩短期内摘不下来，国外需求大幅下行使产业链供应受到威胁，为国内企业造成供求双杀；大量就业机会受到威胁。

总的来说，关于中国是否需要刺激政策也有不少争论，主要集中在以下几方面：

第一，"放水"的钱都去了房地产行业，只会造成房价泡沫。这个观点有一定合理性，但是要看到事情的另外一面：新增一笔住房抵押贷款，钱通过地产商流向千家万户，增加了全社会购买力。在这个过程中，对房子购买力可能会增加，确实会使房价上涨。但解决高房价不应该绑架货币政策，不让货币政策发挥作用，勒紧全国人民的钱袋子，而应该立足于土地供给和公共服务，通过改善供给才能真正按住房价。否则，社会信贷不再活跃，经济陷入衰退、失业激增，这会付出更大的代价。

与国外大城市相比，我国一线城市的房价并不高，房价相对较高的其实是郊区。国外一个中产收入家庭在中心城区买不起房，但是能够在郊区买一套住房，也可以靠近大城市生活。中国郊区房价也很贵，中等收入家庭依旧无法负担。郊区房价高的重要原因是人口都希望流入大城市，改善生活，得到更好的就业机会，但是大城市的住房供给存在很大问题。在大城市买房60%～70%是支付了土地的价格，地价高不在于缺地，而与土地政策、郊区公共服务配套、基础设施建设、城轨交通等不足有很大关系。

第二，"放水"的钱都去了国有企业，不能提高效率。这种说法有一定的道理，但也有误解的成分。过去几年，信贷增长最快的是居民部门和融资平台，这背后主要的原因是经济结构转型。从工业企业看，非国有工业企业的负债在全部工业企业负债的占比从2011年的35%上升到2018年70%。同为工业企业，银行在信贷资源分配上并没有歧视非国有工业企业，反而使之增加了负债额度。

第三，"放水"会加剧系统性金融风险。确实，过去几年杠杆率快速提升，金融系统性风险是在上升的。系统性金融风险主要来自地方融资平台，问题主要在于找商业金融机构借钱建设公益项目。

从部门来看，居民部门坏账率很低，还本付息有保障。政府部门官方承认的债务率不高，国债投资价值仍受欢迎，偿债能力有保证。私人企业部门坏账率虽在上升，但总体规模较小，长期可以消化风险。系统性金融风险主要来自融资平台，地方融资平台在过去10年里大规模融资，相当多的地方融资平台在大规模"借新还旧"，自身产生的现金流不足以偿还贷款的本息。

融资平台基建增速较10年前已大幅放缓，但还本付息仍有压力，主要有两方面原因。

一方面，地方政府收入在下降。近年来，我国工业部门的增长在减速，而工业是税收的一大来源。另外，过去地方政府基建项目主要是铁路、公路、机场等，能够带来现金流。而现在基建支出越来越偏向城市公共设施，大部分是公益类项目，现金流状况很差，基建的收益在下降。

另一方面，基建融资成本高企。地方政府基建项目的资金大多来源于商业金融机构，而非国债或地方政府债，这使得资金成本高企。用高成本的资金去做没有收益或收益很低的基建项目，且有些基建项目分布不合理、设计不合理，这些都导致了偿债压力上升。

第四，基建造成了很多"鬼城"，浪费资源。确实基建布局存在一些规划问题，但不能因此否定所有的基建项目。也应该看到基建配套工程有效推动了我国城市化进程，数以亿计的农民工进入城市生活，未来城市发展和人口转移仍然需要基建支持。

第五，刺激政策会加剧产能过剩。判断产能是否过剩不能直接看产量和供求状况，因为未来需求的变化难以准确预测，钢铁就是典型的例子。判断产能过剩更适合用间接的办法，观察产能积累过程中有没有政策的扭曲，有没有特别的补贴，这些是难以持续的。解决产能过剩问题，关键是要去除政策扭曲，而不应该直接限制生产。

总体而言，反对和赞成刺激的声音都有养分。刺激政策该做还是要做，必须吸取过去的教训。

刺激政策如何趋利避害

第一，需出台纾困政策，用财政资金直接帮助疫情中的受损群体。疫情期间，中低收入群体、劳动密集型企业、服务业都受到了巨大打击。中小企业资金流断裂、订单锐减，很难继续生存。因此，各地政府出台发放消费券，同时提供失业救济、税收减免、无息贷款等政策十分必要。这不仅有助于救助受损群体，还有助于防止需求过快下降，从而稳定经济运行。

第二，以2%～3%的通胀率（核心CPI）和就业为准绳，把握总量刺激政策的边界。振兴经济、防止经济陷入衰退，需要一定的刺激政策。但刺激政策是有边界的，并非力度越大越好。刺激政策的边界在于通胀。通胀是反映总供给、总需求力量对比的核心指标。需求如果大于供给，就不应该再刺激需求，2%～3%的通胀是最合适的通胀水平。这里以核心CPI作为衡量依据，剔除了CPI中食品和能源价格的影响，从而反映绝大部分商品和服务价格的变化。稳定通胀在2%～3%核心CPI的水平，同时保持相对充分的就业，应该以此为准绳来决定刺激与否以及刺激的力度。

第三，公益性基建项目应由政府出资，且基建项目要与人口、产业的流动方向一致。"4万亿"刺激计划中，正是公益类项目向商业金融机构融资，导致了大量隐性不良资产和全社会杠杆率的大幅上升。因此，本轮刺激政策的公益性基建项目应由政府发债筹资，降低资金成本。另外，基建项目不能全国普遍进行，而是要为人和经济发展服务，与人口的产业的流动方向保持一致。目前中国仍围绕着建设城市圈、都市群的核心发展，这些地区需要大量基建投入。而在人口流出、产业发展水平低的地区，更需要帮扶低收入群体的政策。

第四，应尽可能使用总量政策手段，避免针对特定行业的政策手段带来新的政策扭曲和产能过剩。

第五，刺激政策不是万能的，应抓住机遇推进结构改革。刺激政策只能保持总需求相对稳定，很多深层次的问题还需要推进结构改革来解决。越是在经济困难的环境下，越应该抓住机遇推进改革性的政策。

借鉴国际经验，有效应对危机①

CF40资深研究员　张晓慧②

危机应对政策的首要原则

在美国，针对20世纪30年代大危机的研究已经形成了一个庞大的经济学科，甚至有人把它称作是经济学研究体系当中的"圣杯"。恐怕也正是因为对危机有非常持续深入的研究，所以美联储和美国财政部针对当前疫情所采取的对策，才会那么迅速、全面和有现实针对性。

复盘历史上的种种危机，足以让我们认识到，危机时期的经济政策确实需要超常应对。其中重要的是保持市场流动性与维护企业、机构资产负债表的健康，特别是给予中小企业以足够的支持。

只有中小企业和普通老百姓都能保持充裕的流动性与健康的资产负债表，社会稳定、经济复苏才有可能。任何一个处在大危机时期的政府和货币当局，都不应该拘泥于常规经济政策的规则，危机时期的政策原则是"出手要快，出拳要重"。

4月9日IMF和世行召开远程春季会议时，IMF新总裁格奥尔基耶娃在开幕发言上曾经表示，受新冠肺炎疫情的影响，今年全球经济将急剧地跌入负增长，而且预计全球会出现20世纪30年代大萧条以来最糟糕的经济后果。鉴于此，我觉得在

---

①本文为作者在2020年4月25日的CF40第43期季度宏观政策报告论证会暨第294期"双周圆桌"内部研讨会"纾困、振兴与改革"上所做的点评。
②作者系清华大学五道口金融学院院长。

疫情蔓延期间，宏观经济政策的指向恐怕不是刺激经济，此时政策最优先解决的问题应该是用尽所有、竭尽所能为企业和老百姓提供救援和稳定，维持企业生存和人口就业，确保经济在疫情结束以后能够实现强有力复苏。

也正因为当前维持生存才是第一要务，所以明知道对经济会有多么致命的打击，中央仍然在疫情发展第一阶段就果断做出封城断航的决策。当下国内疫情确实得到了控制，但还有很多疫情因素仍在继续深刻地影响着经济活动，尤其是境外的疫情还在发展中，这使得来自欧美的需求大幅下降，很多企业特别是外贸出口领域的中小企业因为没有订单而难以复工复产。

在这个关口上，政策亟须为中小微企业提供一些支持。疫情暴发以来，从中央到地方，从财政到金融，都出台了一大批支持中小微企业的政策措施，但效果却并不尽如人意。

以金融支持为例，今年以来央行三次降准（一次普调，两次定向），总计释放资金高达1.75万亿；此外还分三次提供了1.8万亿元左右的再贷款再贴现额度，其中最近提供的1万亿再贷款再贴现主要投向为中小微企业提供资金支持的中小商业银行。而商业银行也对中小微企业的贷款提供了展期、暂停还本付息、担保等支持，但目前看来还是有不少企业因为现金流断裂，面临倒闭。

如何切实支持中小微企业，让他们得到真正的实惠而不是额外的债务负担，我觉得这恐怕不仅仅是简单提供资金所能实现的。像很多有识之士提出的那样，当务之急是破除针对中小微企业的高门槛、玻璃门等体制机制障碍，为他们提供信息、技术、信用、管理、人才方面的支持，从而帮助他们寻找能够形成权益的投资而非增加额外债务负担的资金支持。实现这一目标，只能依靠体制机制的改革，所以当前最重要的任务是坚定不移地持续推动改革。

财政政策应发挥主导性作用

从宏观政策角度来说，面对疫情，财政政策与货币政策不仅要"双剑合璧"，必要时可能也需要"剑走偏锋"。

如果按照常规套路来应对疫情，政策可能存在许多的掣肘。比如，财政没有无限的资金能力，中央银行需要保持一定的独立性，金融机构更需要维持自身资产负债表的健康，等等。所以，IMF的经济学家才会提议成立特殊目的机构，让财政、央行以及金融机构共担风险，但是这个提议肯定需要假以时日才能付诸实施。

财政政策之所以应该发挥主导性作用，主要因为货币政策的效力多年来已呈逐渐下滑之势，各国当局竞相放水大量投放的货币最终并没有全部服务实体经济，很多是在为货币运行自身服务。这使得金融跟经济的关系越来越疏远，货币金融政策越来越多地只作用于为实体经济运行创造合适的宏观环境。

这样说并非否认货币政策有助于实体经济良好运行的宏观环境的重要性。事实上，在这次的疫情应对中，美联储以创造便利实体经济进行结构性调整的环境作为货币政策第一要务的政策导向及其背后的宏观调控哲学更值得我们深思和借鉴。

在全球放水、国内流动性继续保持合理充裕的环境下，我国货币信贷供应仍有必要继续保持增长态势。但货币政策的重心可能应该根据市场的变化主要放在结构和价格两个方面。具体而言，就是要继续以多种政策工具支持受疫情冲击大的领域和薄弱环节，通过降低政策工具利率来推动信贷利率下行，使得货币政策更有针对性，更加适度和更为有效。

在要求财政政策发挥主导性作用时可能还需要考虑，当货币政策边际效应不断递减的时候，财政政策出马会不会对货币政策的传导机理和传导效率产生影响？财政政策应该或者能够取代货币政策吗？财政政策和货币政策应该如何协调配合才更有助于提升货币政策的传导效率。

现代货币理论值得再思考

我们近期做的理论研究和实证分析表明，货币政策的变化不仅会影响需求，还会通过阻碍僵尸企业出清等方式影响经济的供给结构。尤其是在利率下行的过程中，货币条件的变化对供给的影响甚至可能会超过对需求的影响，从而可能出现"越刺激、越通缩"等反主流的现象。

正是因为货币政策传导机制中出现了上述新情况、新现象，才使得"现代货币理论"在最近几年受到了国际社会的广泛关注。MMT从货币创造理论入手，通过金字塔货币体系，剖析了危机为什么会发生，财政政策为什么可以发挥以及如何发挥更大的作用，从而为我们解决现实问题提供了一个别样的视角。

或许，我们可以将现代货币理论看成是广义信用货币理论的一个组成部分。目前主流的信用货币理论主要关注银行体系的信用创造，而现代货币理论则强调，正如银行体系不需要存款即可发放贷款（也就是平常所说的"贷款创造存款"）一样，政府实际上也不需要靠税收取得资金，而是可以通过货币创造来进行财政支出，也就是"支出创造收入"。如果这一说法成立，那么政府会获得更强大的财政支出能力和更广阔的扩张空间。换言之，如果单纯从更好地发挥财政政策的作用、疏通货币政策传导机制的角度来看，现代货币理论或许有它的合理之处。

问题在于，现代货币理论的提出与非常规货币政策的常态化紧密相关，主要发达经济体在货币政策大幅收窄后冀望依靠财政来"驱动"货币，但从本质上看仍是需求刺激。现代财政政策的理论基础并不来自现代货币理论，但现代货币理论试图通过财政赤字货币化的方式为财政政策的进一步扩张打开空间。只是这种空间是有限的，且可能引发道德风险。换言之，不仅过度扩张的银行信贷有风险，过快增长的财政扩张同样也有风险。过度依赖政府投资、挤压市场活力和降低经济效率，也会在推高债务后形成金融风险。因此，二者都存在一个"度"的问题。

一些现代货币理论的拥护者认为，只要没有产生通胀，财政赤字货币化可以不受任何限制，这其实是一种误解，现代货币理论的主张并不是这么极端。《现代货币理论》的作者明确指出，政府没有支付能力的约束并不意味着政府可以没有节制地支出。他列出了应限制政府支出的五个合理理由，包括过度支出会导致通货膨胀、增加对汇率的压力、损害私营部门利益、还可能导致不当激励，并指出财政预算是管理和评估政府项目的一种手段。所以，我们在考虑扩大财政支出时，应当注意其约束条件和前提条件，关键是如何提高资金的使用效率。只有高度重视经济供给侧结构性改革，着力推动经济结构调整，出清僵尸企业，激发经济内生增长动力和活力，才能确保需求侧和供给侧政策相互配合，共同推动经济稳定可持续发展。

危机应对政策退出要及时

从疫情的发展和应对来看，我们对全球宽松政策长期不能退出的可能性要有充分的心理准备。这意味着我们在设计非常规政策应对的初期，就必须尽可能地考虑退出机制。

应对新冠疫情这类如此惨烈的公共卫生危机，不可能也不应该允许政策去不断试错。在目前状况下，一连串的试错会导致经济和社会雪上加霜，因为中国在这方面是有前车之鉴的。

2008年全球金融危机爆发时，中国本身并没有遭受巨大的冲击，为了预防危机延伸到国内和实现中国经济在全球的率先复苏，中国政府果断推出了4万亿的一揽子经济刺激措施。

但由于对次贷危机对中国经济的冲击估计过高，宏观政策应对的力度也有些过大，更因为事先未能设计好退出机制，且将结构性改革搁置一旁，结果导致大量资金通过国企进入房地产领域，不仅引发了国内产业结构的恶化，导致了某种程度的"国进民退"，同时还把中国的房价推到了历史的最高峰，这些问题直到现在都还没有消化掉。今天令我们头痛的过剩产能、地方政府债务、房地产泡沫等问题，其实都是那次刺激政策的后遗症。

过去，周小川行长在总结应对国际金融危机经验的时候总是强调，应对危机出拳要快、力度要大，更重要的是退出也要及时。这可能也是我们在应对新冠疫情、实施宏观经济政策时必须谨记的教训。

全球经济再次衰退时我国的应对之策[1]

CF40学术委员会主席　黄益平[2]

疫情蔓延可能提供了引发全球衰退的导火线

在新冠肺炎疫情暴发之初，有两个方面的因素会使得这次疫情的经济影响与非典不同，一是线上经济可以部分缓解疫情的冲击，二是更高的人员流动性可能会令病毒传播更快更广。即便如此，大家也没有觉得新冠肺炎会是盖茨曾经预言的可能令3000多万人丧命的那个新病毒。但最近两周病毒在全球传播的速度和广度，与非典的情形完全不同，也大大出乎世人预料。新冠肺炎最大的经济冲击也许并不是在中国，而是在南亚、中东甚至非洲的一些发展中国家，很多发达国家包括美国、日本、法国和意大利等也无法幸免。

随之而来的是资本市场的恐慌。2月下旬以来，美国有线电视网（CNN）所编制的"恐慌与贪婪指数"一直处于极度恐慌状态。2月最后一周纽交所综合指数下跌了11%，总体股市市值损失达到3.4万亿美元，相当于2019年美国GDP的16%。这是自二战结束以来的第三大跌幅，仅次于2008年的"次贷危机"和1987年的"黑色星期一"。新冠肺炎还在蔓延，恐慌情绪尚未走到拐点，一些国家开始采取比较激烈的管制措施，还有一些国家则不知该如何应对。无论是哪种情形，对经济活动尤其是资本市场情绪，都不是好消息。

真正令人担心的是，新冠肺炎的传播和资产价格的回调会不会引发更大的危

---

[1] 本文为CF40战疫系列要报之13，写作于2020年3月8日。
[2] 作者系北京大学国家发展研究院副院长。

机。2019年8月1日，美联储决定不再收缩资产负债表，意味着量化宽松政策的退出再次变得遥遥无期。对于欧美日央行长期执行宽松货币政策的担忧，有美方经济专家包括美联储官员回应说，经济增速和通胀率都很低，恰恰表明货币政策宽松的力度还远远不够。现在通胀率很低、失业率也不高，意味着菲利普斯曲线[①]十分平坦。上一次出现这样的情形在2003～2004年，当时很多人认为宏观经济政策调控已经进入黄金时期。后来的结果也表明平静的海面下却在酝酿着惊涛骇浪。

"只要通胀压力没有起来，货币政策尽管放松。"货币学派旗手弗里德曼总结的"货币数量理论"为上述政策理念提供了理论依据。但自20世纪80年代以来，美国的货币政策起起落落，消费者价格却一直保持在相对较低的水平，货币数量与价格水平似乎已经脱钩。纽约大学教授、前印度央行副行长阿查里亚（Acharya）利用欧洲数据所做的研究发现，在货币政策条件已经十分宽松的条件下，如果进一步宽松，反而会造成通缩的压力。因为大量的流动性支持了僵尸企业，增加低效率的生产，加剧产能过剩的矛盾。次贷危机的经历说明，货币政策环境持续宽松，也许没有推高通胀率，但免费的午餐是不存在的，这也是"现代货币理论"受质疑的一个原因。

美国金融体系中是否存在像次贷危机前那样的金融风险？大多数美方专家的判断是，现在看不到有那么严重的风险因素。即便有问题，也相对和缓，比如资质差的企业在市场上借了很多钱，股票价格或许已经被高估，而债券市场也存在泡沫的风险。他们还认为，虽然短期内看不出有什么因素会触发新的经济衰退，但如果发生，无论是财政政策还是货币政策，都已经没有2008年时的政策空间。值得关注的是，新冠肺炎的传播是不是正好提供了一个引发衰退的导火线？资产

---

①菲利普斯曲线是用来表示失业与通货膨胀之间交替关系的曲线。

价格下调10%，会使得本来相对温和的风险比如资金错配变得十分严重。

当然，全球经济在2020年并不一定会发生经济衰退。但过去两周这个风险已经明显上升，经合组织（OECD）最近将2020年全球经济增长预测从2.9%下调到2.4%，预期英国和欧元区增长0.8%、日本增长0.2%。美国经济增长稍好一些，但高盛的首席经济学家预测美国起码会出现一个季度的负增长，哈佛大学教授、美国前财务部长萨默斯表示，"我们只是处于这场危机的初期阶段"。

3月3日，美联储采取了激烈的政策反应，降息半个百分点。可惜没有见到任何效果，这次美联储可能过早地浪费了"弹药"。2008年的时候，市场担心交易对手风险、流动性枯竭，货币政策宽松能够见效。现在市场担心病毒传播导致经济活动停顿，货币政策发挥不了什么作用。前欧洲央行行长特里谢甚至认为，现在如果各国央行联手宽松，恐怕只会加剧市场恐慌。

内外夹击下今年的经济形势较为复杂

外部经济环境的突然恶化，对中国来说是个坏消息。原先乐观估计，如果能在未来一个月内把疫情完全控制住，那么中国的经济活动应该很快就可以开始复苏。但现在看来，外部环境很难支持重演2003年那样的V形反弹。因此，今年的经济决策，比2008年更为困难。当年只要使出浑身解数保增长就可以了，现在的情形则非常复杂：一方面，这次的经济困难并非单纯的外部冲击，而是内外夹击；另一方面，经过上一轮"4万亿"的刺激政策，整体杠杆率已经非常高，特别是在地方政府与国有企业，进一步举债的空间极其有限，宏观经济政策刺激增长的效果也明显减弱。今年刚刚与美国签订了第一阶段贸易协定，如果落实当初的承诺，今年国际收支的压力会非常大。

目前的经济政策按照主要目的可以分为两类：一类是"救灾"，另一类是

"重建"。当然两类政策之间会有重叠。过去这段时间各级政府宣布的很多政策，包括延期社保基金缴费、减免物业租金与水电费用、补贴贷款利率等，大多是"救灾"，帮助遭遇困难的企业渡过难关。这些救助政策的核心目标应该是避免在大批中小微企业倒闭、大量工人失业和银行不良资产全面上涨之间形成恶性循环，酿成系统性的风险。因此，政策目的不是为了救助个别企业，而是为了保障经济与社会的稳定。中小微企业最大的风险是现金流断裂，政策可以从增加营业收入、降低运营成本和获取外部融资三个方面入手。

现在疫情传播的势头初步得到遏制，政府也开始一手抓疫情防范、一手抓复工复产，政策重点应该转移到"重建"上来。在全球经济风险上升的情况下，国内经济政策变得尤其重要。在"平常时期"不应该采取过度的货币与财政政策宽松，但现在不是"平常时期"。现在需要关注的是，下一个季度经济能不能挺住？而逆周期调控是宏观经济政策的本义。在采取宏观调控的同时，最好能支持结构改革的推进，尽量不要让一些结构性矛盾过度恶化。与此同时，还要注意平衡轻重缓急，比如"财政赤字不能突破占GDP3%的红线"，这是非常教条的解读。重视3%这条红线，要重点关注政府资产负债表的健康，不能僵化地守3%的红线。

对宏观逆周期调控政策的具体建议

财政政策应该更加积极地稳增长。在执行的过程中，要防范三个方面的倾向。一是不能总是像守"退休金"那样守着财政资源，不舍得拿出来。"忙时吃干、闲时吃稀"，这是老百姓总结出来的生活哲理。二是要避免上级政府出政策、不出钱的现象。过去地方政府大力卖地、债台高筑，在一定意义上也是出于无奈，要达到各种政策要求包括经济增速，无米之炊是做不出来的。不要轻易把责任甩给地方,更不应甩给企业。中央对于增发专项债还是提高财政赤字要统筹安排。三是刺激增长要有创新,不能总是"铁公机"老一套。最好能兼顾短期稳增长、长期提质量的目标。

最近中央政治局常务委员会会议决定,要加大公共卫生服务,应急物资保障领域投入;加快5G网络、数据中心等新型基础设施建设进度;要注重调动民间投资积极性。这三个方向都非常好,第一是改善民生,尤其是补因疫情暴露出来的短板。第二是"新基建",符合中国经济进一步发展的需要。第三是改变中国经济增长的动力结构,这是一直想做而没有做成的。相比较而言,市场还有一种非常好的思路,建议以"二次房改"增强经济的短、中、长期动力。每年兴建1000万套安居房,套均面积50平方米,每年直接投资10万亿元,既支持了短期的增长,也帮助解决了农民身份的问题,为长期增长打下坚实的基础。

货币政策也应该进一步宽松,但要掌握合适的时机与力度。最近美联储的经历已经表明,当市场主要担心病毒传播时,降息基本不起作用。对中国也一样,在疫情被控制住以前,大幅宽松货币政策的作用很有限。可以考虑进一步降息、增加流动性,但同时需要关注货币政策传导中的一些问题,比如流动性宽松不见得能直接帮助到中小微企业,首先要看流动性能否补充到离这些企业最近的金融机构,比如农商行、城商行、数字金融机构等。但适度增加流动性,降低融资成本,对于企业改善资产负债表、增强经济活力,都是有益的。

未来宏观经济政策的基本逻辑与施力重点①

CF40特邀嘉宾　刘　俏②

新冠疫情下宏观经济政策的基本逻辑

人们普遍将新冠疫情定性为对经济的外生冲击。正如伯南克所说，新冠疫情像一场自然灾害，让中国及全球经济在短时间内陷入完全休克状态，经济活动及社交接触基本冻结。从1～2月国内经济社会运行数据可以看出，市场严重低估了疫情对实体经济的冲击。正因如此，欧美等国意识到社交疏离带来的经济活动停顿，将对其实体经济产生深远影响，从而接连出台了重量级的经济刺激政策。

全球产业链中断、外需变化以及疫情二次暴发的可能性给中国经济带来第二次冲击。1～2月社会经济运行数据反映出我国已经遭受了一次冲击。但目前中国与全球经济体系、全球价值链都有深度关联，意味着在欧美国家经济活动停滞后，中国可能遭受经济上的第二次伤害。这不仅在于境外输入病例可能导致国内疫情二次反弹，还在于全球疫情对供应链、外需环境变化的影响。

第二次冲击对中国经济的实际影响可能会超出此前评估。第1度的GDP数据是一个很重要的观察指标，可以反映出疫情冲击的程度。此外，判断疫情对全年经济的影响，还需要结合美国、欧洲等国的疫情发展情况。

中国经济核心逻辑正在发生变化，经济运行本身面临较大挑战。我国全要素

---

① 本文为作者在2020年3月29日的CF40双周内部研讨会第284期"全球应对疫情：财政政策和货币政策的角色与作用"上所做的主题演讲。
② 作者系北京大学光华管理学院院长。

生产率已从改革开放早期平均4%的年增速降到目前的2%以下，下滑明显。在此情况下，在未来保持较高水平的经济增速面临很大挑战。换言之，总量意义上的GDP增速已经很难反映出中国经济的真实情况，而全要素生产率增速、产业结构变迁、微观经济基础活力、收入分配结构、居民生活质量、全球价值链参与度和定位、研发强度和创新能力、投资资本回报率（ROIC）等社会经济结构层面的指标，更能够反映中国经济的真实情况。

疫情下宏观政策应有其基本逻辑。面对类似疫情这样的"自然灾害"，宏观政策的出发点在于应对灾难带来的损失，维持住灾后经济复苏的经济基础。在这种情况下，可以不再纠结总量增速目标，在摆脱原本是刚性的增长目标的约束后，政策意图会更加清晰、政策手段会更合理。

针对疫情给经济社会带来的损失，要明确宏观政策的力度和施力侧重，保障社会稳定和企业持续经营，夯实疫后经济反弹的基础。现在大家开始担心本轮经济全球化会戛然而止，中美可能彻底脱钩等问题，要考虑到这些疫情可能产生的后果，以此为出发点，使政策举措不至于进退失据。确保宏观政策不至于恶化我国现有的经济社会结构性问题。

消费、中小微企业和"新基建"

消费、中小微企业和"新基建"应成为政策施力的侧重领域。与过往危机不同，疫情对中国经济直接冲击最大的领域是消费和中小微企业，这两个关键词的背后是"就业"二字。而"新基建"只能作为次重点，其对于解决中国经济社会发展结构性问题有很大价值，但在应对短期实体经济大幅下滑方面"量级"不够。

首先，消费拉动经济的重要性提升。2019年消费对我国GDP增长的贡献占

57.8%，而在投资方面，在高速增长阶段结束后，我国缺乏"量级"足够大的基建投资项目。因此，目前消费对稳定我国经济增长，甚至疫后经济反弹的作用更大。但疫情本身又给消费带来了很大的直接冲击，同时又通过中小微企业给消费造成了很大的间接冲击，企业面临困难，居民收入下降，消费意愿和能力都会下降。

其次，中小微企业面临困境，就业问题严峻。北大光华管理学院卢海教授团队最近使用智联招聘大数据进行分析，今年1~2月新招聘的职位和人数同去年同期相比下降大约30%，就业问题非常严峻。疫情对就业的影响程度和行业、企业规模、企业类型等因素密切相关。行业分布上，遭受疫情直接冲击的文化、传媒、娱乐、服务业，招聘职位下降程度最大。企业规模上，中小微企业招聘职位与去年相比下降比例超过40%。

从复工情况来看，通过比较春节后三周与节前三周职位数的变化，可以看到去年春节一结束职位数增加约150%，各行业基本在100%以上。而今年春节之后，服务业的职位数比春节前还少，其余行业增幅也不大，交通运输及政府部门职位数增加最多，也仅不到40%。

最后，"新基建"重要，但很难解决短期经济大幅下行问题。据估测，5G基础设施投资至2026年约达到1.15万亿元，而在2020年新增投资额估计仅为2288亿元。从该角度而言，"新基建"很重要，有助于中国保持较高的全要素生产率增速，实现再工业化（产业互联网），再工业化对保持一个国家全要素生产率的增速非常重要。但是，"新基建"的投资量级不足以应对经济遇到的短期重大冲击。因此，需要重新判断我国未来应对疫情、恢复经济的政策着力点及对应的政策力度。

以财政政策为主导的具体政策建议

我国需要一个力度更大的宏观经济政策组合。经济刺激或经济复苏方案需要力度更大，应更加侧重财政政策，关注消费和中小微企业领域。货币政策则需保持高度灵活性，保证市场和企业层面流动性相对充裕。

针对消费，首先可考虑通过提高个人所得税起征点、降低税率等途径刺激居民消费。在保持个税税率级距不变的情况下，将税收起征点由5000元/月调高至6000元/月，3.6万元/年至14.4万元/年各税档预扣率降低1%，14.4万元/年至66万元/年各税档预扣率降低3%，超过66万元/年部分降低5%。此举可增加2900多亿元的个人可支配收入，对促进消费是有利的。

其次，可考虑采用消费券政策或现金发放政策，补贴低收入就业人群，促进内需回补。建议对受疫情影响较重的低收入就业人群发放消费券补贴，并向疫情严重地区湖北省倾斜，湖北省就业人群全员发放消费券。由于低收入群体恩格尔系数较高，消费券会更有效地转化成真实消费。

经测算，若以每人1000元的标准发放消费券，除湖北外低收入就业人群与湖北省就业人群合计将获得2627.31亿元的补贴，这对刺激消费、恢复市场活力具有重大意义。另外一个可行的思路是针对我国所有成年人全民发放为期3个月、价值1000元的消费券，总额大约为9000亿元。根据文献估计，大约25%会转换为消费，实际成本为2250亿元。通过发行特别国债等方式，财政应能承担这部分成本，这对激活市场经济活动可以发挥较好的作用。

针对中小微企业，首先，建议所有档企业所得税税率在未来3个月下调20%，对应一般企业所得税的税率由25%降为20%。基于2019年3～5月全国企业所得税总额合计12848亿元，假定2020年3～5月全国企业所得税的税收额不变，则可以为企业节约税金2570亿元。如果力度可以更大，可以将所得税下降延伸到整个2020年。

其次，建议由财政直接给小微企业提供贷款。由于货币政策传导机制不畅，中小微企业融资难的问题很难解决。建议发行1万亿元特别国债成立"中小微企业稳定基金"，通过商业银行支持中小微企业，并由国家与商业银行共同承担信用风险。这样既直接提供信贷给中小微企业，帮助其解决现金流问题，又可以避免商业银行的道德风险，为疫后经济复苏保留必要的微观经济基础。

针对基建，建议基建侧重于民生相关的领域，如老旧小区改造、租赁住房、中心城市和都市圈的基础建设及公共服务设施建设等。这些领域的工程项目在投资量级与资本收益率方面具有优势，对未来中国经济的持续健康发展能起到促进作用，不会变成无效投资，反而能形成有效需求。因此，应积极筛选储备民生领域的基建项目，扩大投资拉动经济增长的空间。

09

战略部署新重点

战疫增长模式下的目标、政策与改革[①]

疫情冲击经济的若干特点

2020年是一个特殊的时间节点。2019年，中国经济取得了一些具有历史意义的标志性成就，如经济总量接近100万亿人民币，人均收入达到1万美元。进入2020年，中国要实现全面建成小康社会的目标，全面脱贫、治理污染、防范重大风险三大攻坚战要如期收官。但在新冠疫情的严重冲击下，第1季度的大部分时间经济处在停摆状态，出现了-6.8%的下滑，之后开始逐步恢复。由于海外疫情仍处在纠结状态且走势有很大不确定性，中国经济将被迫转入内防反弹、外防输入的"战疫增长模式"。此次疫情对经济的冲击主要呈现出以下特点：

第一，这次经济大幅下滑，是由于一次意外的超级外部冲击，而非经济内部出了问题，如需求严重不足、杠杆率过高等。这是与以往金融或经济危机的明显不同之处。

经济恢复取决于两个因素：一是疫情持续时间，二是生产能力受损程度。如果疫情持续时间不长，生产能力受损有限，疫情过后可出现V型反弹；如果疫情持续时间较长，或生产能力受损严重，反弹就不那么容易。除了尽快控制住疫情之外，尽可能减轻生产能力受损，保护生产力，是短期政策的重点。

第二，第二波冲击大概率大于且长于第一波冲击。第2季度后，海外疫情对

---

①本文来源于《中国经济报告》2020第3期，2020年6月5日。
②作者系中国发展研究基金会副理事长、全国政协经济委员会副主任。

中国进出口影响加大，将会成为对中国经济的第二波冲击。有关研究推测，中国进出口全年将会出现15%～20%的下滑，其中服务贸易降幅更大。

有一种观点认为，由于净出口在GDP中的占比较低，只要净出口不出现大的负增长，那么对国内增长的影响就有限。这在正常增长情况下是对的，但如果出口短期内下滑幅度过大，导致大批出口企业停工停产，将会直接影响到国内的消费、投资和就业。通过投入产出分析可以看出，出口下降一个百分点，将会影响到0.2个百分点左右的GDP。近期有关信息显示，外贸企业订单断崖式下跌的情况已经出现。2008年国际金融危机对中国经济的冲击也证实了这一点。当时出口从高点下降了30个百分点，带动GDP下降了7个百分点 。

第二波冲击何时缓解，直接取决于国际疫情走势，而国际疫情有三个很大的不确定性。第一，美欧日等国一段时间后出现拐点，但在现有管控模式下，可能难以像中国一样短期内清零，会出现一个相当长的尾部；第二，印度、非洲等发展中国家尚未进入暴发期；第三，疫情是否会跨年度甚至长期存在。在此背景下，第二波冲击在时间上将会大大长于第一波冲击，带来的增长减值也大概率超过前者。

第三，稳增长首先和重点是稳消费。以往遇到经济下滑，我们首先想到的是花钱搞投资，特别是搞基建投资，这与当时的增长阶段和经济结构有关。2008年应对国际金融危机冲击，实行4万亿刺激计划，当年支出法GDP增量中，投资所占比重为62.8%，消费比重为42.5%。到了2019年，支出法GDP增量中，投资比重已经降为17.2%，消费比重则上升到66.9%，居民消费比重为49.5%。这组数据表明，现阶段要稳增长，首先和重点是稳消费，尤其是居民消费。这个大头稳不住，经济整体就稳不住。投资尤其是基建投资已经成了小头，靠小头稳不住大局。

战疫增长模式下的目标和短期政策

由于疫情冲击难以在短期内结束，且有较大不确定性，我们将不得不面对并适应这一个现实，即从常规增长模式转入相当长时期的"战疫增长模式"。这种增长模式的显著特点是，需要支付一个"战疫折扣成本"，就是说，总是要拿出部分资源去内防反弹、外防输入，经济难以开足马力运转，实现潜在增长率。

在这种情况下，对增长目标的评估应有相应调整。建议采取"相对增长率"的评估方法，就是用中国增长速度与世界平均增长速度的比值或差值，评估中国经济的增长状况。采取这种方法的基本背景是，中国经济已在较大程度上融入全球经济，而且这次疫情冲击也是全球性的。与以往相比，如果这种比值是稳定或上升的，表明中国经济表现是好的，反之则是差的。以差值为例，2019年世界经济平均增速2.9%，中国是6.1%，相对增长率为3.2%；如果2020年世界增速为-2.5%，中国为3%，相对增长率就是5.5%，是高于去年的。

需要说明，这里所说的相对增长率是一种评估增长状况的方法，而不是可以直接采用的增长目标指标。这种评估方法的一个好处是，不必过于拘泥于以往的增长目标，特别是避免用过度刺激办法去实现常规增长模式下制定的目标，而是在战疫增长模式背景下，科学务实地制定并实施增长目标。

关于2020年的增长目标，建议采取"中央提要求，地方提指标"的办法。国家层面可以提出增长目标要求：稳增长、稳就业、稳民生，坚持高质量、可持续发展不动摇，力争可实现的增长速度和发展成果。但不提出量化增长指标。

省级政府可提出量化增长指标。好处是：从各自实际出发，不搞一刀切；调动各省的自主积极性；引入地方竞争。国家建立各省发展状况全面评估和激励机制，有关支持性政策与各省发展状况挂钩。

短期政策要聚焦于"恢复""救助""避险"。恢复就是把中断了的供求重新连接，有人强调扩大需求，其实当务之急是恢复需求。救助帮助那些处境艰难、甚至日子过不下去的企业和个人，重点是中小微企业和低收入人群。避险是要防控经济中已有结构性矛盾可能引起的风险，防止老矛盾引出新问题，重点是防止金融体系由于流动性紧张引发的停摆和混乱。

从这个角度说，财政政策重点是救助，国家已决定发行特别国债，所筹资金应主要用于救助。货币政策的重点是避险。应该说，这次美联储反应相当快，通过提供充足流动性稳定预期，防止金融体系的混乱乃至崩溃。当然代价也很高。中国央行采取了积极有效政策，3月份社会融资指标大幅上升。当实体经济突然减速、几乎停摆的情况出现，只有加大注入流动性，才能保障经济的连续运转。但中国经济与发达经济体的区别是，二者处在不同的发展阶段，中国还有相当大的结构性增长潜能，刺激经济主要靠结构性潜能而非宏观政策，所以，中国应该也有能力使货币政策保持正常状态，而不必跟随去搞负利率。

对如何救助受困中小微企业和低收入人群，有几个问题需要讨论。

第一，对低收入人群到底是直接发放货币补贴还是发放消费券。发达国家的普遍做法是直接货币补贴，直接就发到居民账户上去了。我们的短板是低收入人群识别和补贴的基础设施还没有普遍建立起来。数字技术发展到目前水平，搞这个"新基建"应该不难，当下的需求也提供了一个补短板机会。短期内，可以利用已有的渠道信息，如贫困地区贫困人口、城市社保体系中的低收入人群、个税申报系统等。这种补贴至少要注意三点：确实补助到低收入人群；尽可能多地去消费；不能走形式，下毛毛雨，要有适当大的量，比如达到低收入人群一个月的收入或消费水平。近期地方政府发消费券，主要是刺激当地消费，普遍或抽签式发放，并非直接针对困难的中小微企业和低收入人群，与救助初衷有一定距离。

第二，要给第二波冲击下的外贸受困企业留下足够"弹药"。救助企业的资源要均衡使用，"子弹"不能一次打完。第二波冲击刚刚开始，峰值和尾部在什么地方还看不清楚。出口企业是中国经济中最有活力和竞争力的一个部分，如果这部分企业倒下，对中国经济的伤害难以估量。要把救助资源的大头放在这个领域。

第三，用对受困企业员工发放工资补贴或消费券的办法兼顾救助企业和救助低收入人群。对受困企业中一定收入水平之下的员工，由政府发放一定数量的工资货币补贴或无过多限制的消费券，以帮助企业稳定员工队伍。这种办法能较好解决低收入人群识别问题，特别是救助城市无法纳入统计体系但很需要救助的农民工。这样就可以把稳企业、稳就业、扩消费、降成本几件事情结合起来，使政策更好地起作用。

新基建前程远大，但要遵循市场规律和产业规律

近期热炒的"新基建"，与中央原有的提法已大幅扩容。要防止把新基建当个筐，什么都往里装。

新基建的内容，有关媒体列了七项。城市轨道交通、特高压其实是搞了多年的老基建了。城市轨道交通，也就是通常说的地铁，改革开放前就有了。前几年有的地方轨道交通项目被国家叫停，原因是超出实际需求且负债过高；特高压优缺点都较明显，此前也有不小争议。把这两项算进去，确实勉强了。5G和充电桩很有前景，但要与服务对象的增长相适应。5G应用已经起步，但深度使用需要垂直领域应用场景的逐步拓展，这一点华为的任正非先生有清醒认识，说得很到位。充电桩所服务的电动汽车面临着补贴退坡，当下正处在一个发展的瓶颈期。至于数据中心、人工智能、工业互联网、物联网等，都属于信息产业或其中某个细分领域，多少具有平台特性的部分，贴一个"基础设施"的标签未尝不可，正是在这个意义上可称其为数字基建。

重要的是，一定明确作为新基建主体的数字基建与"铁公机"类的老基建在技术属性、投资方式和运行机制上的明显区别。

首先，数字基建基本上（如果不是全部的话）不是公共产品，是企业经营的商品（或经济学所说的私人产品），而老基建大部分属于公共产品或准公共产品；

其次，相应地，主要由企业投资而非政府投资建设。企业投资就会有硬的预算约束，要讲究投资回报；

再次，也是非常重要但很少被提及的一条，新基建大都是成长中的新技术，技术路线和市场前景不确定性强，投资风险更大。一旦选择失误，大量投资就可能打了水漂，所以较多采取风险投资方式。政府最好不要直接插手，交给企业和市场选择才是明智之举。相比之下，老基建虽然也有低效率问题，但通常确定性强，比如从市区到机场，修一条高速路不会错到哪里去的。

把这些问题说清楚了，政府在此过程中应该做什么也就清楚了。新基建前程远大，真心要把新基建搞好，首先要给其营造一个正常的发展环境，主要是企业自主决策，市场起决定性作用；政府不直接干预，不添乱，多包容，重点是促进和维护公平竞争，提高监管水平，提供有效信息服务，提升相关人力资本。

以数字基建为主的新基建，本质上属于新技术驱动的新产业，发展快一点还是慢一点，要遵循市场规律和产业规律，不大适合作为短期刺激政策工具；要防止一哄而起，"运动式增长"，留下一堆无效投资和烂尾工程；也不需要受到某种产业政策的照顾，拿补贴、吃偏饭，搞出新的不公平竞争；少一些概念炒作，多一些专业深度研究，即使资本市场需要概念，也应遵守客观、专业、审慎原则，否则投资者是会受到伤害的。这方面以往的教训太多了，如能有所吸取，将有助于把新基建这件好事办好，在高质量时代有所进步。

着眼点、立足点要从短期刺激政策转向结构性潜能

经济遇到困难就想到用刺激政策，除此之外，还有没有更合理且管用的办法？观察和解决问题的思路要有一个调整。

改革开放以来，中国经济经历了30多年10%左右的高速增长，过去十年进入增长阶段转换期，到去年为止，增速还在6%以上；逐步转入中速增长平台后，今后十年，仍有可能保持5%~6%或5%左右的增速。这样的增速明显高于美欧日等发达经济体。前段时间讨论中国经济增速，一种观点主张通过大力度刺激政策"保六"①。如果中国远高于发达经济体的增速靠的是刺激政策，那么发达经济体这些年空前宽松的宏观政策至少也应该将其增速搞到6%以上。我曾经用一个例子说明宏观政策的作用，假定宏观经济如同一个水深2米的泳池，水面会出现波动，宏观政策可以使这种波动减小，但水深由2米变成1.5米或1米，或者反过来，由1米升到1.5米或2米，宏观政策是无能为力的，而要靠结构性潜能。

中国经济远高于发达经济体的增速，主要靠的是结构性潜能。这种结构性潜能，就是经济学上所说的后发优势，通俗地说，是作为一个后发经济体，在技术进步、产业结构和消费结构升级、城市化进程等方面的发展潜能。在中国高速增长期的相当长时期内，高增长靠的是高投资，而高投资主要由基建、房地产、出口等驱动。经济由高速转到中速，这些结构性潜能逐步减弱。转入中速增长期后，需要有新的结构性潜能替代，这就是我们通常说的增长动能转换。

发达经济体增长对宏观刺激政策有更多依赖，因为它们的结构性潜能已经很少了，增长主要靠更新性需求拉动，如：房子破了，需要翻修；汽车老了，换个新的，等等，靠边际更新维持经济增长。美国在发达经济体中增速相对高一些，

①"保六"是指全国GDP增速保持在6%之上。

一是有创新，大部分创新首先出现在美国；二是过去一些年移民带来了更多的需求和低成本供给。如果中国某个时候不得不主要依赖刺激政策维持增长，应该是已经进入低速增长期了。

所以，对现阶段的中国经济，不论是短期内应对疫情冲击稳增长，还是未来一个时期保持中速增长，着眼点、立足点都应转到结构性潜能。我们还有结构性潜能可用，还没有到山穷水尽、不得不主要依赖刺激政策的地步。任何时候都会有宏观经济政策，但在促进增长的意义上，这类政策仍是短期和相对次要的，且应与结构性潜能相配合。平时都在讲中国仍处在重要战略机遇期，但一遇到问题还是盯住刺激政策，多少有点令人费解。正因为如此，调整观察和解决问题的思路是必要的。

建设都市圈是一个被逼出来、不得不为之的选项

进入中速增长期后，结构性潜能的内容将发生很大变化。从空间角度看，今后五到十年，最大的结构性潜能就是都市圈和城市群加快发展。

近几年城市化进程的突出特点是人口，特别是年轻人口向一线城市、几大经济圈和内地若干中心城市集聚，这其中包括农村进城，但更多地则是由其他城市转向中心城市。农村结构、城乡结构和城市结构都在经历着未曾有过的历史性变迁。据有关研究，数万个村庄正在消失，上百个城市人口减少，处在收缩状态。

集聚效应加强、生产率提升，是城市化进程的一幅画面，另一幅画面则是已有的大型超大型城市内部结构性矛盾加剧，甚至到了不可持续的地步。

房价飙升，一些城市房价进入全球高房价前列。由于房价是城市的基础价格，房价升高必然带高城市运营成本，各类产业竞争力相应受损。高房价吸收了大量社会购买力，脱实向虚的资源流向长期难以扭转。

制造业和部分服务业由于成本压力不得不从城市核心区退出，又面临着既要降低成本，又不能远离供应链网络的两难选择。有些企业开始调整产业配置，一个典型案例是华为的部分业务由深圳转到东莞的松山湖，但大量企业未必有这样好的机会和条件。

城市的老龄化加快，以北京为例，2019年60岁以上的老龄人口已达350万人，为户籍人口的四分之一。这部分人口基本上不需要早起晚归上班了，很多人想到郊区找一个面积大一点、成本低一点、环境好一点的生活居所，但难以如愿。与此同时，大量年轻人在城市核心区买不起房，不得不到边远地区租房买房，每天上下班承受很大通勤压力。

随着城市核心区人口密度增加，除了高房价外，拥堵、污染、生活环境品质下降等城市负外部性增加，居民的实际生活质量感受与收入和消费水平的提高并不对应。面对严重雾霾，人们提出这样的问题：我们吃饱了、穿暖了，生活水平有了很大提高，为什么呼吸一口新鲜空气反而难了。

中国的城市化率达到60%，还有大约20个百分点的上升空间。如果上述结构性矛盾无法解决或有所缓解，作为集聚效率最高的大型超大型城市，对将要进城的农村人口和其他城市人口，已经腾不出多少空间了。事实上，近些年来这样的空间正在被压缩。

显然，我们正面临着持续推进城市化进程、提高全社会资源配置效率与既有城市结构性矛盾之间的冲突。在这种冲突的夹缝中，加快建设都市圈是一个必然选项，准确地说，是一个逼出来的、不得不采取的选项。

从国际经验看，发达经济体在与中国目前相似阶段，也出现了人口从城市核心区向郊区流动的态势，带动了大都市圈的逐步形成。有些地区，若干都市圈相互连接，进一步形成大经济区或城市群。

所谓都市圈，在空间形态上，简单地说，就是在一小时通勤圈，或已有核心城市周边50～70公里左右范围内（当然，不同地理环境有较大弹性），发展起一批小镇或若干小城，相互连接后形成新的城市网络体系。

从增长动能角度看，小镇小城需要新建改建大量居民住宅、公共基础设施，小镇小城之间用轨道交通等连接，产业聚集的小镇小城也要有制造业投资，这些都会形成可观的需求增长空间。

产业结构将会在空间调整重组。对成本敏感的制造业和中低端服务业企业转至都市圈的小镇小城，在降低成本的同时，亦可继续分享城市专业化分工体系的好处。高技术含量、高附加值的服务业和其他产业分布于城市核心区。由于产业发展已经进入分化重组、市场份额和利润向头部企业集中的阶段，都市圈的产业布局将有明显地域专业化、集中化特色，且主要集聚在头部企业，一哄而起、遍地开花的可能性不大。

人口就业居住结构也得发生重要改变。城市核心区相当数量已退出一线工作岗位的老龄化人口可转至小镇小城，并形成养老特色的新社区。由核心区转到小镇小城的部分产业带走配套的就业人口。与此同时，都市圈的小镇小城可吸收大量农村进城和其他城市转入的人口。

如果把都市圈发展仅仅理解为扩大需求、调整产业和人口布局，那就低估了其应有的潜能和意义。在技术进步、绿色发展的大背景下，这一轮都市圈发展应该也完全可以不重复发达国家的老路，而走出一条具有中国特色和时代特色的绿色发展新路。从城市规划、能源、交通、建筑到各类产业发展，都可以采用绿色发展的理念、技术、工艺、材料、设备、方法等，如无废城市、海绵城市、分布式可再生能源、被动式建筑、新型空调等。在资金筹措上，采取绿色融资办法。还可积极探索生态资本服务价值核算方法，使之可度量、可货币化、可交易，推动绿色发展由主要是政府提供的公共产品转向企业个人能够日常进行的经济行为。

　　绿色发展要摆正人与自然的关系，以人为本。为了保护生态环境，划出一些特殊区域和特殊红线是必要的，但不意味着除此之外的其他区域特别是城市区域就可以放任不管了。城市是人们日常生产生活的地方，生态环境状况对人们生活质量有更为直接密切的关系。国际上的有关成功案例表明，在城镇居民住宅区，不仅社区范围内要增加植被，建筑物的表面、顶部、阳台以至室内，都可以不同方式绿化，形成新的生态和生物多样性系统。目前城市核心区的一些居民尤其老龄人口有到都市圈小镇小城居住的需求，一个重要意愿就是房前屋后种花种菜种草，与自然亲密接触，提高生活质量。

　　还有一个大家很关心的问题：中国人是不是只能住高层建筑？在发达国家，一般在城市核心区有一些高层建筑，除此之外的其他城镇，基本上是低层独立住房，也就是我们说的"别墅"。中国为什么不能如此，通行的说法是中国人口多，人地关系紧张。然而，且不与中国全国相比，即使与东南沿海地区相比，日本人口密度也是高于我们的，但日本居民多数是独立住房。进入OECD行列的欧洲国家，大多数人口密度不低于我国沿海地区，独立住房是很普遍的。

　　一个基本逻辑是，城市化提高了居民居住用地效率，从全局看节约了土地。住在高层建筑还是住在低层独立住房，生活质量有相当大差异。在都市圈小镇小城建设中，如果能多建一些或基本上都建成低层独立住房，可以明显提高居民住房质量，从节约用地角度也是可接受的。

　　概括地说，都市圈发展通过疏解核心城市的结构性矛盾、扩展城市化空间，小分散、大集中，实现大城市超大城市的转型升级。都市圈的发展，重点是那个"圈"的发展，通过"圈"与核心城区的结构调整和再平衡，提升城市发展的空间、质量、效率和可持续性。具体说，有利于产业结构调整，特别是制造业在降成本的基础上提高专业化水平；有利于人口结构调整，大幅度改善居住环境和生活品质；有利于职住平衡，减缓拥堵、污染和通勤压力；有利于进城农民工和其他外来人口改进居住条件，获取应有的基本公共服务；有利于扩大投资和消费需求，提高已有产能利用率，形成重要的经济增长新动能；有利于带动创新和绿色发展，促进生产生活转向高质量、可持续、有韧性的新发展方式。

以北京为例，可在北京周边50～70公里范围内，或北京、天津、保定和正在建设中的雄安相连范围内，建设几十个或上百个小镇和若干小城，通过高铁和城际轨道相互连接，逐步形成一个首都大都市圈。

其中部分小镇以养老和居住为特色。部分老龄人口可以转到这些小镇居住。与发达国家相似，有些中等收入群体可以在城市核心区和外围小镇有两套住房，工作时住在城里，节假日到小镇休闲。在小镇就业者、部分"拿个电脑就能工作"的人士也可以小镇居住为主，如要到城市核心区开会聚餐看演出，乘坐高铁城铁半个小时就到了，来去应相当方便。北京大学徐建国副教授提出大城市应为进城农民建设"安居房"的建议有现实意义和可行性。可在城市核心区和外围小镇小城，由政府出面组织资源，分批建设较低成本、面积适宜的安居住房，作为一项基本公共服务产品向进城农民提供，有利于他们安居乐业，降低企业用工成本，加强职业培训教育，提高人力资本，从根本上消除贫困，扩大中等收入群体。

相当多的小镇或小城应以产业集聚为特色。由于特定原因，北京聚集了大量企业总部，特别是央企和金融机构总部，这也是北京城市功能过多的一个原因。有人提出这些企业总部应外移，但现实地看，大量外移难度也很大。可以考虑将部分企业和事业机构总体转向周边小镇，不仅国企，民企也可加入，形成一批航空、航天、石油石化、电信、军工、教育、金融、媒体、文化娱乐等小镇小城，重点提供高端专业化服务。起步阶段，重点招收外地留京高校毕业生，给首都都市圈户口指标，创造一个稳定就业发展的机会。发展到一定规模，有较成熟工作生活条件时，吸引更多城市核心区员工到小镇小城工作。部分小镇也可以传统制造业和中低端服务业（如大型批发零售市场）为主，吸引推动京津冀传统产业的聚集和升级。现在每个县都有几个开发区难以形成规模优势，也不利于利用城市核心区的优质协作资源。

如果这样的首都大都市圈能够发展起来，将对疏解非首都功能、优化提升产业结构和资源配置效率、增强经济增长动能、改善居民生活质量和生态环境、持续推进和改进城市化进程等，都能起到积极作用，并为全国都市圈建设起到重要示范作用。

都市圈建设需要在六个方面深化改革、调整政策

回到现实，都市圈建设面临不少思想观念、体制机制和政策方面的阻力与约束，这就是深化改革要解决的问题。

首先，加快大城市城乡接合部的农村土地制度改革。十八届三中全会明确提出，农村集体建设用地与国有土地同价同权、同等入市，同时也要创造条件使宅基地流转。近些年虽有探索，但进展不及预期。面对建设都市圈的紧迫需求，大城市周边城乡接合部的农村土地制度改革不能再拖下去了。都市圈建设过程中，除特定公共用途要由国家征地外，一般应通过集体土地直接入市满足需求。

土地管理法已对集体建设用地入市开了口子。宅基地流转目前仍限于集体组织内部，而真正的需求是在外部。有观点认为宅基地属于集体财产，只能在集体组织内部流转。依此逻辑，国家所有的土地也只能在国有机构之间直接流转，那还有什么个人住房交易和房地产市场。宅基地流转过程中可能出现的问题完全可以有的放矢地加以解决，不能因为这些问题而回避这项改革。理论和实践都证明，农村集体土地进入市场才能真正保护农民利益，因为不流转不交易农民利益是多少都搞不清楚。

由来已久的小产权房问题也无法再回避了。说小产权房不符合规划，确实如此，本来就不允许盖，当然不可能有规划。但需要问一个基本问题：农民是否有在属于自己的土地上盖房子的权利？如果真正承认农民对土地的集体所有权，这个问题并不难回答。改革初期的联产承包制，就是把农民在自己的土地上生产什么、如何生产的权利还给农民。而现在面临的问题，是能不能把农民在自己的土地上是否盖房子、如何盖房子的权利还给农民。把这些权利还给农民了，并不意味着他们一定要盖房子、一定要流转宅基地，而是承认、保护他们的本应有的选择权。农民盖房子，也包括在国有土地上盖房子，都要服从于国家建设规划，这是另一个层面的问题。所谓的小产权房问题，首先是该给农民的权利不给，叠加了不符合国家建设规划，一个错误引出了另一个错误。解决这一问题，要从头开始，正本清源，在农村土地制度改革、建设都市圈的大框架下，应给农民的权利要给，应缴的税费要缴，不符合规划的要纠正，把小产权房问题解决与都市圈小镇小城住宅建设统筹推进。

第二，优先完善都市圈农村社会保障体系。对农地入市、宅基地流转，人们一个担心是有的农民会不会居无定所，影响稳定。过去长时期内，我们把农村土地作为农民安身立命的最后屏障，城里找不到工作了，还可以回到农村。这在过去是有道理的。随着市场经济的成熟和现代社会保障体系的发展，我们完全可以用现代社会保障体系替代农村土地这种原始的、低效率的保障方式，把稀缺的土地资源解放出来，实现高效率的配置利用。农地入市、宅基地流转获取的收入，应优先用于完善相应地区农村人口的社保体系，使他们与城里人一样不再依赖于土地保障，在提高土地利用效率、增加收入的同时，由更为有效和稳定的社会安全网托底。

第三，以强有力的制度政策措施防范以权谋私的腐败行为。在城乡接合部搞农地入市、宅基地流转，有些握有权力的干部会不会借机捞好处、搞腐败，也是大家所担心的。以往此类问题不仅存在，有些地方还相当严重。近年来反腐败力度加大，情况好转，但制度建设、政策措施必须挺在前面。可对一定级别的党政领导干部在城乡接合部的房屋交易行为实行严格审查制度，增强透明度和社会监督。对相关腐败案件从严惩处，并加强曝光，以起到警示作用。

第四，推动农村基层治理结构的改革转型。农村集体土地的所有权归集体组织，但这些年农村基层组织治理能力不足，有些地方家族势力过大，管理混乱，集体财产收入被装进少数干部腰包的事例时有披露。此外，随着由农村转为城市，传统的农村治理结构向城市社区治理结构转型也势在必行。所以，都市圈建设过程中，要加强相关农村基层组织建设，遏制基层腐败，完善乡村基层民主选举制度，认可并保障农民的合法权益，提高透明度，加强监督监管，集体经济组织管理和行政管理职能也要适当分开。这方面已有一些成功经验，可借鉴推广。

第五，国土空间规划形成机制也要改革、创新、完善。国家正在推动三规合一，很有必要，也提供了一个反思和改革的机会。空间规划很重要，定下来就要执行，要有权威性和强制力。然而，规划也是人制定的，人的认识具有局限性，也会出错，因此规划的调整和纠错机制不可缺少，这并不否定或削弱而是增强规划的权威性。关键一点是，规划不能无视而要尊重来自市场、社会和实践的信息。比如，大城市的城乡接合部出现大量"违规"的城中村，以致达到法不治众的程度，而这些城中村为众多外来人口特别是农民工提供了低成本居所，对城市发展、竞争力提升起到了非常重要的作用。到底是原有的规划错了还是如此之多的人民群众的选择错了？又如，近些年为推动区域平衡发展，对人口流出的部分中西部地区分配较多建设用地指标，利用率不高，有的开发区大量占有农地，招不来几个像样企业；而对人口流入、城市化潜力大的东南沿海地区，分配的建设用地指标相对较少，导致有项目缺土地，推动地价房价上升。这样的政策导向是否符合市场化、城市化发展规律，是否真正有利于区域协调发展，也需要反思并做出必要调整。

建设都市圈，应在空间规划的思路、机制和方法上做出必要调整和完善，有些地方可能需要重新规划。近期国务院将部分土地使用审批权下放给省一级政府，其中试点永久基本农田转为建设用地和国务院批准土地征收审批事项委托部分省、自治区、直辖市人民政府批准，这些试点省区均为都市圈发展潜力大的地区。此项重要改革将有利于地方政府从各自实际出发，集中利用土地资源，为都市圈建设提供有力支持。

第六，创新都市圈建设的体制机制政策。建设都市圈要立足于调动市场力量，充分发掘全社会消费、投资和创新的潜能。政府的作用也很重要，问题是如何以正确的方式发挥正确的作用。大城市政府通常人员素质较高，组织协调能力较强，在建设都市圈过程中有很大创新空间。建议试行区带镇体制，即核心城市的一个区，带都市圈若干个镇，发展目标、责任、权利、利益都捆绑在一起，所带镇创造的GDP、财政收入、就业等，都算到区的名下；区所辖核心城区内需要疏解的功能，可优先转到所带小镇；同时区也要利用各种资源推进所带镇的规划、建设和运营。各个区所带镇之间既竞争、又合作，逐步形成有活力、有创造力、可持续的发展机制。

以上几个方面的改革都很重要，但都不容易，有的是长期以来未能啃下的硬骨头。深化改革的机制也很重要，应坚持顶层设计、基层试验。顶层设计，主要是指方向、划底线。所谓指方向，应当是明确改革要有利于推动城市化进程，有利于提高全要素生产率，有利于满足人民群众日益增长的美好生活的需要。所谓划底线，是指坚持土地公有制性质不改变、耕地红线不突破、农民利益不受损三条底线。在此前提下，应当给地方、基层、企业和个人更大的自主选择空间，允许、鼓励、保护担当精神和创新精神，因为究竟什么样的做法适合国情、省情、市情，事先并不清楚，需要通过大量试错纠错，才能找到对的办法。这是中国改革开放过程中被事实证明行之有效、应继续坚持的一条基本经验。

实质性深化改革是最好的刺激政策

目前讨论投什么的较多，其实不论消费还是投资都有潜力，关键是投到什么地方，用什么机制去投。如果能够充分释放都市圈和城市群加快发展这个中国经济现阶段最大的结构性潜能，用一句时尚的话语说，将会形成是中国经济增长的"新风口"。近期中共中央、国务院出台了"关于构建更加完善的要素市场化配置体制机制的意见"，社会上反应积极热烈，对解决都市圈建设面临的诸多体制机制政策问题，可以说恰逢其时，切中要害。相对于短期刺激政策，改革通常被认为是慢变量。事实证明，在特定时期，如果相关条件基本具备，与发展方向契合的改革措施也可以成为快变量，更重要的是，这样的改革措施所激发的增长动能不仅体量更大，而且效率更高、可持续性更强。在此意义上可以说，实质性深化改革是最好的刺激政策。

建议以落实中央文件为契机，尽快推出以要素市场化改革推动都市圈建设的一揽子改革发展计划，要点如下。

1. 有关城市，重点是人口持续流入、发展潜能大的大城市或城市群，加快制定或修订都市圈建设规划，并尽早公布，起到提振信心、稳定预期的作用；

2. 开工建设一批前期准备充分的都市圈轨道交通、通信工程等基础设施建设项目；

3. 制定规划，并着手分期建设主要面向外来人口特别是农村进城人口的安居房工程；

4. 推动农地入市、宅基地流转，选择若干小镇，开展核心城市老龄人口下乡养老社区建设试点；

5. 引导、鼓励核心城市内相关制造业、服务业企业疏解至都市圈低成本区域，通过产业集聚、转型升级，逐步形成核心竞争力突出的专业化小镇；

6. 相应加快都市圈小镇小城商场、餐饮旅馆、教育、医疗卫生、体育健身、文化娱乐等基本公共服务和配套商业服务设施的建设；

7. 调整户籍政策和其他人口流动管理政策，为外来人口在都市圈小镇小城安居乐业、就业创业营造有利环境；

8. 相应推动与建设都市圈相关的各项体制机制改革和政策调整取得实质性进展；

9. 可选择粤港澳大湾区和若干发展潜力大的省会城市作为都市圈改革发展综合试验区，率先突破，取得可复制、可推广的经验。

初步估算，都市圈建设每年能够为全国经济增长提供至少0.5到1个百分点的增长动能，不仅为应对疫情冲击，更重要的是为今后相当长一个时期中速高质量发展提供有效支撑。

对症下药应对疫情冲击下半场①

CF40资深研究员　张　斌

对症下药应对疫情冲击

　　疫情带来的损失有些已经充分暴露，有些尚未充分暴露，需要重点关注接下来的风险。首先，短期内的信贷塌方风险。房地产销售大幅下降势必伴随着住房抵押贷款大幅下降，地方政府土地收入大幅下降势必影响到地方政府基建相关贷款。近年来住房抵押贷款和基建相关贷款在我国新增贷款中占比超过60%，如果二者双双大幅下降，再加上企业贷款难有起色，全社会新增信贷可能面临塌方风险，这会严重打击全社会新增购买力和总需求，给宏观经济带来新的压力。从疫情好转到房地产销售好转，再到房地产经营状况和预期好转，再到购置土地增加需要时间，并非疫情好转之后新增信贷压力立即消除。**其次，地方政府收入和支出缺口放大的次生伤害风险。**地方政府收支缺口放大，可能会延迟一些经常性开支的正常支付，会让一些对抗疫情的优惠政策难以真正落地，会因为资金问题延迟项目开工，会从不合理渠道筹措资金，会向企业摊派，这些都会给接下来的经济运行带来新的压力。**再次，需要关注新冠病毒传播在国内大幅度缓和以后会不会长期持续，新冠病毒会不会在国外大面积传播及其对全球经济带来的影响。**

　　需要根据疫情冲击的特征设计应对政策。一是根据各地疫情和防治能力安排

---

①本文为中国金融四十人论坛2019年第4季度宏观政策报告的专题报告，报告执笔人为张斌、朱鹤、张佳佳、钟益。报告经过2020年2月22日CF40季度宏观政策报告论证会第42期暨"双周圆桌"第277期研讨会的现场论证。

复工，尽快让经济恢复到正常轨道。二是合理补偿在疫情冲击受损失的部门和群体，这些政策措施的价值不仅在于补偿，更重要的作用是避免企业承受过度压力而大量破产，恢复全社会购买力，这些政策措施有助于同时恢复供给和需求，提高社会总产出。结合上面的分析，重点补偿和帮助对象是小微企业、劳动密集型服务业和低收入劳动者。三是为尚未充分暴露但可能会发生的损失做好事前准备。

从政策工具角度看，财政政策应该发挥主导作用。财政政策具有精准定向、暂时性、政策时间滞后短等特征，适用于应对疫情的一次性短期冲击。各地政府采取了鼓励复工的政策优惠措施，中央政府出台了帮助恢复物流的一揽子措施，出台了阶段性减免企业社保缴费、缓缴住房公积金等措施。这些措施精准定位地帮助了小微企业。人力成本在劳动密集型产业总成本中占比高达60%~70%，社保缴费和公积金在人力成本中占比30%~40%，减免企业社保缴费能够有针对性地缓解小微企业和劳动密集型企业困难。除了这些已经出台的政策，还可以进一步考虑对劳动密集型服务业给予1~3个月的税收减免，给低收入群体发放消费券。

尽快发行特别国债弥补政府收支缺口，这是防止广义信贷塌方和地方政府收支缺口次生伤害的关键保障。发行特别国债增加了全社会的广义信贷，弥补了疫情阶段的商业贷款下降，有助于保持广义信贷增长的基本稳定。凭借政府信用发行低成本、长周期的特别国债是为收支缺口融资的最佳方式。需要汲取过去经济刺激方案的教训，政府收支缺口不能让地方政府从商业金融机构融资，这样做其实是放弃了利用政府信用低成本融资的优势，不仅融资成本更高，而且可能给金融机构留下大量不良资产，增加系统性金融风险。政府收支缺口不能让企业买单，这样做没有起到帮助居民和企业部门渡过难关的政策初衷。粗略估算，大致需要1~1.5万亿元特别国债规模填补各项优惠政策和增加支出所需的资金。

货币政策中的总量政策工具不适合应对疫情冲击。货币政策中的总量政策工具不具备针对性，不能限定特定时间，且有较长的政策时滞，不适合用于应对疫情冲击。货币政策的主要任务：一是确保市场流动性充裕；二是防范疫情可能对广义信贷带来的严重负面冲击；三是力争让经济增速重回潜在经济增速。货币总量政策发挥作用有较长的时间滞后，这要求货币政策调整不能只看眼前，必须具有前瞻性。

需要与时俱进地调整房地产信贷相关政策。在过去房价持续高涨、囤地囤房盛行的时期，对开发商贷款的严格限制有一定合理性。近年来房价相对稳定，房地产市场集中度提高，依靠囤地囤房盈利模式难以持续，并让位于快进快出提高周转率的盈利模式，对开发商贷款的严格限制起不到防控房地产开发商投机炒作的目的，反而是制约了住房供给，不利于抑制房价上涨。住房抵押贷款不仅关系到房地产企业销售收入，也关系到房地产部门产业链和地方政府基金收入，是保持经济活力的重要支撑。对住房抵押贷款的政策限制需要根据地方情况因地制宜，给地方政府留下更大的政策灵活性。房地产信贷相关政策调整并非专门应对疫情冲击，但能起到防范疫情冲击下房地产销售下降带来的连锁反应，防止短期内住房抵押贷款和基建相关贷款叠加的信贷塌方风险。

反思深层次矛盾

十九大报告提出，我国社会主要矛盾已经转化为人民日益增长的美好生活需要和不平衡不充分的发展之间的矛盾。不平衡不充分发展的重点内容之一是社会公共管理和服务，此次新冠病毒从扩散到暴发进一步暴露出了社会公共管理和服务存在的短板，需要深刻反思，推进相关领域的改革。

首先，经济增长对居民生活满意度的改善作用会逐渐让位于改善公共管理和

服务，政府的目标和职能需要及时调整，从发展型政府向服务型政府过渡。进入人均收入1万美元社会以后，大部分国民的基本生活有保障，人均GDP提高对居民生活满意度改善在递减。卫生、医疗、教育、公共安全、交通等方面改善成为进一步改善广大居民生活质量的重要支撑，也是广大居民评价政府职能更重要的标杆。从发展型政府向服务型政府过渡是民心所向，势在必行。

其次，改善公共管理和服务依托于合理的问责机制。完善公共管理和服务离不开合理的问责机制，正如建设市场经济离不开价格机制。问责机制发挥了指挥棒作用，告诉公共管理和服务提供者，哪些是社会最迫切需要改善的公共管理和服务，正如价格机制告诉企业资源向哪里流动。问责机制奖励或者惩罚公共管理和服务的提供者，正如价格机制奖励高效率企业、淘汰低效率企业。

再次，问责机制需要宽松的舆论环境，多一点小噪音可以避免大混乱。对公共管理和服务提供者的问责有真知灼见，也必然有偏见和谬见。我们应该对民众有信心，宽松的舆论环境下听起来杂乱，然而不同的声音会让各种压力释放，趋向理性和正义的声音最终会占据上风。过于严格的舆论环境未必能全部消除偏见和谬见，可能抹杀了真知灼见，表面的安静下可能隐藏着更大的抵触和矛盾。

推动公共卫生防疫领域供给侧全面改革①

CF40学术顾问 黄奇帆②

扩大公共设施投资，提高公共卫生供给质量

2020年初，突如其来的新型冠状病毒肺炎疫情给中国社会与经济带来了巨大冲击。国家高度重视此次防疫工作，成立了由李克强总理任组长的专门领导小组，习近平总书记亲自指挥，多次对防控疫情做出重要指示。

自2020年1月20日起，中央政府建立起来的防控疫情体系正在发挥巨大的作用，体现了中国在如此巨大的公共卫生灾难面前的应对能力、大国担当。

但是，面对如此巨大的公共卫生事件我们不得不反思，我们有没有可能从根本上杜绝这样大的疫情的发生、把疫情消灭于萌芽状态呢？这是不是说明我们现有的公共卫生体系、传染病防治工作有很多系统性的问题呢？有很多专家学者对湖北武汉的疫情应对已经提出了大量意见和建议，都有一定的道理，但我从宏观上来看，武汉的防疫应对问题不是湖北独有的，公共卫生与传染病防治领域是中国经济供给侧结构性改革的落后领域、甚至是盲点，从2003年非典到2020年的新冠，中国公共卫生体系的短板始终没有很好补上，整个公共卫生系统在人员、技术、设备各方面都远远落后，这才是导致我们缺乏防控大疫能力的根本性的原因。

大疫当前是坏事、也倒逼我们深刻反思，国家应该大力加强公共卫生、传染

---

① 本文写作于2020年2月11日。
② 作者系中国国际经济交流中心副理事长。

病防治领域供给侧的全面改革，解决该领域方向性的问题、系统性的问题、基础性的问题，让该领域成为推动中国社会与经济发展的重要引擎。

中国经济经过40年改革开放已经进入到一个发展的关键时期，1978年中国GDP总量为3679亿元，2018年达到90万亿元。40多年来，中国经济发展的一个重要引擎就是不断释放各种消费，高度重视消费拉动经济的发展。在2010年，消费拉动、出口拉动、投资拉动差不多各占三分之一的贡献率。最近5～10年，中国经济通过供给侧结构性调整，消费拉动快速增长，到2019年消费拉动已经占GDP60%左右，出口和投资占了另外40%。如果要进一步保持国家经济的长久增长，形成新的增长动能，就必须要继续保持或扩大消费对GDP的拉动作用。消费拉动经济发展包括个人消费和政府公共消费两部分，个人消费虽然还有一定的上升空间，但增长空间的比重不大，有巨大潜力的是政府的公共消费。以往的政府投资在基础设施领域占比比较大，公共设施投资和消费比重不足。公共消费包含教育、卫生和文化等方面，政府在这方面的投资比重往往比较低。以医院为例，1978年全国医院数量为9293个，2018年为33009个，增长了3.55倍。在这四十年GDP增长240倍背景下，我们看到卫生方面的投资就显得很不够了，2018年中国卫生领域政府财政支出1.6万亿，占GDP比重不到1.7%。

所以，疫情之后，国家要加大对教育、卫生、文化等公共设施的投资，尤其是加大公共卫生服务设施的投资。这里有个概念，如果政府财政拿1000亿投资在高速公路、铁路这些基础设施项目上面，这1000亿转化为当年的GDP一般最多只有30%左右；但是如果这1000亿投资在教育、卫生等公共服务及其设施上面，其转化出来的GDP可以达到60%～70%。就这个意义而言，同样的财政投入，如果投入到公共卫生领域，对GDP的拉动反而更好。同时，它还能满足人民群众的需要，形成社会服务的平衡。

为此，政府财政应该把原有投向基础设施的钱，转移一部分到公共卫生等公共设施领域里面来，提高公共卫生领域的供给质量，用这一政府消费促进中国经济的可持续、高质量发展。

中国医疗及公共卫生系统投资空间巨大

这次的新冠疫情表现出我国现在的医疗与公共卫生系统，除了北上广深杭等医疗设施比较发达的大城市以外，整体上普遍存在各种医疗设施还不够健全的情况。许多的大城市三甲医院数量配置都不到位，中等城市、小城市各级医疗机构的配置也很不充足、不合理、不平衡。为什么大城市的大医院忙得不得了呢？实际原因是整个城市的医疗资源设立不齐全、不合理，已有的各级医疗机构设施差别太大，小医院的设施太差，所以老百姓就都往大医院跑了。实际上，我们对比发达国家的医疗体系可以看到，美国、日本即使是小医院，配备的设施是和大医院一样的。所以对各个城市医疗防疫系统的补全建立以及高质量设备的投资，就是公共设施消费的具体内容，政府投入的每一台设备也就变成了方便民众的公共服务设施。国家要像修铁路、高速公路一样，修建中国公共卫生领域的基础设施，中国3.3万多家医疗机构可能会变成5万家、6万家，而政府主导的医疗机构的高质量设备投入就是一个巨大的增量市场，能够极大带动经济的发展。

另外，除了硬件配置不到位以外，医护人员的配置也是远远不够。现在很多医院，医生和护士普遍缺员，一般医院里的编外的医生和护士占编内的50%，也就是说一座医院里面医护人员2/3是编内的、1/3是编外的。那我们为什么不增加10万、20万个编制，让这些编外的医生护士进入编内呢？进入编内，表面上看起来是要增加政府的财政支出的，但事实上，这一方面是我所说的扩大政府公共卫生消费投资；另外一方面，政府给予的编制补贴，是有一个杠杆效应的，要知道医护人员并不是完全吃皇粮的，现在的医生在医院里面给人看病，政府在编制上的投入往往只占医院实际收入的五分之一，所以从总体上看，政府这个编制投入是理所应当的公共投入，更何况它还带来了巨大的社会效益。

全国2000多个县、400个地市州大都存在着各级医院等医疗体系不健全、人数也不到位的现象，如果我们健全体系、扩大编制，通过财政对公共卫生服务的支出，不仅可以大大缓解14亿中国人医生护士不足的现象，同时还可以拉动政府消费，比基础设施投资更高效率地带动了GDP增长。到2018年末，我国卫生人员总数有1230万人，按照美国1900万卫生人员总数来看，我们国家还有巨大的发展空间，如果通过政府投入让卫生人员总数达到6000万～8000万人，将会极大推动我国未来GDP的提升。

预防型公共卫生防疫体系有长远投资效益

虽然国家现在也有传染病防治的相关机构，但从社会系统治理的角度来看，中国各个城市目前都还缺少一套完善的公共卫生体系、传染病防范体系、ICU重症隔离资源管理体系。这三个概念可以说每个常规医院里都可以有，但是常规医院毕竟是常规医院，它往往不具备控制传染的基础设施。为什么2003年的非典、现在的新冠，大量感染人员常规医院无法收治，就是因为他们的基础设施，比如空调、排污等，没有办法控制传染，也就没办法收治传染病人了。

所以一个国家、一座城市需要一个独立的公共卫生防疫体系，包括按照收治传染病标准来设置的具有足够床位数的各种医院，也包括与控制传染相关的其他基础设施。这些投资很多人看起来，可能是一种浪费，因为可能有一些设施我们十年都不会用。但对一个国家、一座城市来说，有了这些设施就能够避免百年一遇的对城市毁灭性的打击。就像是上海黄浦江的防洪大堤，我们必须要按300年一遇、500年一遇的洪水标准来建，否则一旦真有了大洪水，是数以千万计的老百姓的生死问题。所以建立这样一个公共卫生防疫体系，就是要做到防患于未然，就得把百年一遇的事情当作现实的事情，把这套系统高质量建设好，搞好以后宁可有部分闲置浪费，比如花掉了1000亿，它的折旧利息都很高，但是这是社会整体运营质量的提高，是社会公共保障能力的提升。这个概念就和我们花了几千亿去做环保、绿化、保护生态是一个道理，不能急功近利去看当前的投入产出比，也不能说有了这个系统就希望每年来一次瘟疫来让它发挥伟大作用。而是要看到这个体系长远的投资效益，它是一个国家面对巨大公共卫生灾害时的强有力的保障。作为公共服务的这样一个系统，当然不能完全靠市场、靠民间、靠企业来建设，而是要依靠国家、城市的公共投资来建设。因为公共消费是政府特别是中央政府该做的，关键时刻更是如此。

美国的这套系统是直属总统管理的，公共卫生系统有事情汇报，是直接向总统的卫生安全委员会汇报、并报给总统的，它已经跳出了常规的医疗卫生管理系统，是一套独立的体系。所以，中国也需要建立一套完善的社会应急组织体系，一旦出了应急防疫问题，从一个县到一个地市、到一个省、直到整个国家的紧急防疫应对系统就启动了。就像是国家的灾害委员会，一旦出事的话，几个层次一报就报到国务院的应急办去了。

所以，国家的公共卫生防疫系统也应该直接上升到国家层面，由国家和各级政府主导投资建立。整套公共卫生防疫系统具有一套独立的治理体系，这个治理体系包含三个层面。第一个层面是应急响应体系，就是层层拉警报、层层预警的报告制度和紧急行动的预案与落实措施。第二个层面是用于防疫的物理设施的管理与使用方式，比如那些隔离病房，可以1万张床位集中放在几个定点医院，也可以各个医院都分散有一些。这样，一旦有疫情发生，病人可以马上得到集中隔离，避免扩散传染。第三个层面是疫情时期的紧急征用机制，一座城市一旦出现疫情，就相当于进入战时状态，一些民用设施可以被政府按照预案征用，包括酒店宾馆、体育场馆、展览馆、房产商闲置的房产等，用于隔离大量疑似、密切接触的人群，通过广泛隔离人群，来控制传染源。这三个层面都不能是临时决策，而是有预案、有准备的。

这个公共卫生与防疫系统不是每个城市的卫生局或者哪一家三甲医院，兼顾着就可以建设起来的。这个系统是社会公共卫生事件的"战备"职能，跟医院本身的基本诉求是不一样的，所以必须由中央统筹规划、各级政府投资建设。通过前面的分析，可以看到这笔投资对政府来说各方面都是值得的，具有长远的投资回报。

加强公共卫生与防疫的人才培养和基础科研工作

从湖北省的疫情中不难看到，公共卫生防疫人才是多么短缺，黄冈市一个外行的卫健委主任被火线撤职，从一个点上说明我们必须要尽快解决公共卫生与防疫人才不足的问题，解决问题最长远有效的方法就是办教育。

在我国的高等教育三千多个大专院校的学科设置中设有公共卫生与预防医学专业、设立公共卫生学院的大学比重很低，仅有80余家。但这些公共卫生学院往往重预防、轻应急。一旦涉及应急防疫，就涉及文、理、医、工、经的融合，涉及政治、经济、公共管理等多个学科的交叉，所以各所现有公共卫生学院的课程设置应该做大调整，重视应急防疫方面的教育。

公共卫生与防疫人才的培养一定要扩大规模、提高质量，要鼓励高校设立公共卫生学院，尤其是传统的文理工科强校，要加强公共卫生学院的建设，据我所知即使是清华大学也没有公共卫生学院，只是在清华大学医学院下设有清华大学公共健康研究中心，很多双一流大学也没有公共卫生学院。所以我第一个建议，就是教育部要鼓励双一流大学（985、211大学）设立高质量的公共卫生学院，而不是只有医学院校来设置这一专业。财政部要有专门的投资来建设这种类型的公共卫生学院，这样才能快速培养一批既懂得公共卫生，又懂得系统防疫、应急响应的人才队伍。

第二个建议是国家应该建设一所国家重点的单体公共卫生与防疫大学，比如叫作"中国公共卫生大学"，类似于美国的"卫生与公众服务大学"和"国立卫生研究院NIH"。该所大学要教学与科研并重，为国家培养高端的公共卫生与防疫人才，同时集中力量建立公共卫生与防疫的研究体系、实验室体系，汇集全球高端科技人才，承担中国乃至全球的公共卫生领域的前沿研究工作。

建设公共卫生学院与公共卫生大学，要打开大门、加强国际合作，可以跟国际知名机构合资、合作建设整个学院或大学，也可以在一个公共卫生学院里面某个实验室跟国外公共卫生学院或研究机构合作。也就是说在这个问题上要开放，一切瘟疫是人类共同的敌人，必须站在全人类的角度来研究和解决这一问题。这方面不要格局太小，而是要从人类命运共同体的角度，破除阴谋论，真正发挥中国在全球公共卫生与防疫领域的引领作用。

此外，对其他现有的公共卫生与防疫研究机构要进行梳理，加强公共卫生、防疫研究的体系性、针对性，政府要加大这方面的投入。现有的很多研究机构，比如一些病毒所，还没能真正发挥作用、研究水平比较低。政府所建立的新型研究机构要不仅仅研究中国的病毒，也要研究世界其他国家的病毒，让中国在病毒和防疫研究方面走在世界前列。

加大公共卫生与防疫的比重

这次新冠疫情应该是给我们各级政府上了很重要的一课，我们一定要痛定思痛、引以为戒，加大公共卫生与防疫基础设施、运营体系、专业人才培养等方面的工作力度，在"十四五"的五年时间里，从中央到地方花上2000亿到3000亿把整个中国的公共卫生系统的短板给补上，善莫大焉。

所以，我建议各级政府在制定"十四五"计划时，一定要充分重视公共卫生与防疫基础设施、运营体系、人才培养等方面的投资与管理运营规划。要意识到补上公共卫生这个短板无论从短期还是长期来看都是不亏的，我们前面专门讨论了投资公共卫生类基础设施对GDP的高效率拉动作用，也就是说，只要我们规划合理、落实有力，这个投资将会是中国经济全面进入高质量发展的标志。

新冠疫情牵动万民之心、牵动全球经济，这次疫情给中国带来经济上的巨大损失是不可避免的，我们现在重中之重还是要在党中央领导下，打赢这场防疫保卫战，通过一系列宏观、微观政策的迅速调整尽量避免对经济（尤其是民营经济）造成太大的冲击。

不管怎样，我们已经看到这样一个公共卫生事件所带来的数以万亿计的经济损失。所以我们用5～10年时间投入几千亿来建立和完善一个国家级公共卫生与防疫体系，是非常值得的！通过该体系做到防患于未然，尽量避免今后再在中国出现非典、新冠这样破坏力巨大的传染病的流行。

一个社会的文明程度就体现在公共基础设施的水平上，过去的一段时间中国在住、行方面的政府投资巨大，现在到了必须要在卫生、防疫这类的基础设施上加大投资的时候了。中国有制度的先进性，有强有力的组织保障体系，我们有充足的理由相信，在党中央的领导下，通过"十四五"乃至更长时间的建设，我们一定能够建立一套完善的国家公共卫生与防疫基础设施，从容应对各种疫情，让疫情对社会经济的影响降到最小！